ELKE VESPER

Jetzt erst recht!

FÜR MEINE TÖCHTER ANJA UND MAREIKE
UND FÜR MEINEN SOHN ROBIN

ELKE VESPER

Jetzt

STARKE FRAUEN ZWISCHEN 60 UND 100

erst

ERZÄHLEN VON LEIDENSCHAFT,

recht!

NEUGIER UND ANDEREN WAGNISSEN

Mit Fotos von Lena Jacobsen

KNESEBECK

INHALTSVERZEICHNIS

JETZT ERST RECHT!

Darüber
will ich schreiben,
solche Frauen
will ich kennenlernen,
will sie als
alternative Frauenbilder
in die Welt setzen.

ELKE VESPER

WARUM DIESES BUCH?

»Ich hasse mein Spiegelbild: über den Augen die Mütze, unterhalb der Augen die Säcke, das Gesicht zu voll und um den Mund der traurige Zug, der Falten macht. Die Menschen, die mir begegnen, sehen vielleicht nur eine Fünfzigjährige, die weder gut noch schlecht erhalten ist… Ich aber sehe meinen früheren Kopf, den eine Seuche befallen hat, von der ich nie mehr genesen werde.«, so Simone de Beauvoir in ihren 1963 veröffentlichten Memoiren *Der Lauf der Dinge*.

Selbst diese wunderbare Frau betrachtete sich dermaßen verachtend. Doch welche Frau kennt den abwertenden Blick in den Spiegel nicht!

Dieser Blick auf »alte« Frauen hat eine lange Tradition. Seit jeher waren sie in vielen Kulturen der Missachtung und dem Gespött durch ihre Umwelt ausgesetzt. Und auch in klassischen Märchen wird die »alte Frau« häufig assoziiert mit »hässlich« und »unglücksbringend« (in der Bildsprache trägt sie die dicke Warze auf der langen Nase und einen Buckel). Was lernen da kleine Mädchen über ihre Zukunft?

»Es ist bekannt, dass die Frauen häufig, nachdem sie ihre Genitalfunktionen aufgegeben haben, ihren Charakter in eigentümlicher Weise verändern. Sie werden zänkisch, quälerisch und rechthaberisch, kleinlich und geizig, zeigen also typische sadistische Züge, die ihnen vorher nicht eigen waren …« Dieser Ausspruch Sigmund Freuds ist nur einer von vielen männlichen Diffamierungen der Frau nach der Menopause.

Selbstverständlich hat das Konsequenzen: In Studien zu Frauen ab sechzig in Deutschland zeigt sich, dass sie ängstlicher, zurückhaltender und bescheidener in der Beurteilung ihrer Kompetenzen sind als alte Männer, die eine optimistischere Selbsteinschätzung zeigen, obwohl sie sich in den objektiven Leistungen nicht signifikant von Frauen unterscheiden.

So ungefähr vor sieben Jahren stieß ich ständig auf Nachrichten über Frauen, die anders alt wurden oder waren, als es offenbar üblich war. Zufall? Unbewusst suchte ich sie wohl. Ich verschlang Artikel und Videos über Frauen, die ihrem Leben im Alter eine neue Wendung gaben. Frauen in Johannesburg, die im Alter boxen lernten. Alte Frauen in Indien, die erstmals zur Schule gingen und den Analphabetismus hinter sich ließen. Madonna Buder, die Nonne, die mit fünfzig zu joggen begann und dann jahrzehntelang Marathon lief, überhaupt die vielen Frauen, die im hohen Alter Yoga machten, tanzten, joggten. Alte Frauen, die für ihre Rechte demonstrierend in Lissabon auf die Straße gingen. Eine Berlinerin, die es sich zur persönlichen Mission machte, Nazi-Propaganda aus dem öffentlichen Raum per Spray oder Spachtel zu entfernen. Eine über achtzigjährige Russin, die durch die Welt reiste und ihre Erfahrungen auf Instagram postete. Eine Japanerin, die mit achtzig Discjockey wurde, so energiesprühend und eigenwillig, dass sie in die USA zu Techno-Partys eingeladen wurde. Iris Apfel, die Frau mit der beeindruckend großen Brille, die sagt »Weniger ist weniger und mehr ist mehr«, die wagemutige Mode propagiert und mit neunzig ihren ersten Modelvertrag unterschrieb. Die Models ab sechzig, siebzig, achtzig, neunzig. Schöne Frauen, immer schon, und jetzt erst recht. Ich recherchierte und recherchierte, konnte gar nicht genug kriegen. Es formte sich die Absicht: Darüber will ich schreiben, solche Frauen will ich kennenlernen, will sie als alternative Frauenbilder in die Welt setzen.

Mein Ursprungstitel lautete »Gefährliche alte Frauen«. Denn es lag auf der Hand:

Diese Frauen sind gefährlich für eine Gesellschaft, die von der defizitären alten Frau schwadroniert und profitiert.

Eine patriarchale Gesellschaft hat ein enormes Interesse daran, »alte« Frauen ihrer Kraft zu berauben. Auch heute noch werden Frauen auf ein Gefäß reduziert, das in jungen Jahren mit dem Begehren des Mannes gefüllt wird – und wenn der sexuelle und Fortpflanzungsnutzen fortfällt, so um die Menopause herum … was passiert dann? (Eine prosperierende Verjüngungsindustrie zeugt davon, wie verzweifelt viele Frauen nach einem Ausweg aus der Unsichtbarkeitsfalle suchen, wie sie ihren Wert zu erhöhen versuchen, indem sie vorgeblich »jung« sind und in der Konkurrenz um männliche Aufmerksamkeit mitmischen können).

Was würde aus einer Gesellschaft, in der »alte« Frauen, von denen es jährlich mehr gibt, jungen Frauen beispielhaft zeigten, dass ein erfülltes, kreatives, lustvolles Leben möglich ist, ohne sich über männliches Gefallen zu definieren? Es würde gesellschaftliche Machtverhältnisse gewaltig ins Wanken bringen.

Das Gefährliche ist auch die Botschaft: Wir lassen uns nicht in die Nische der »Oma« pressen. (Bitte nicht missverstehen: Kindeskinder im Leben zu haben, ist wundervoll, ebenso wie es ein Schatz ist, Kinder zu haben. Ich selbst habe drei Kinder und fünf Kindeskinder, die ich alle sehr liebe, und der Kontakt zu ihnen beglückt mich immer wieder. Viele der Frauen in diesem Buch sind glückliche Großmütter, aber sie lassen sich nicht darauf reduzieren. Und auch die Frauen, die keine Kinder haben und also keine »Oma« sind, führen ein erfülltes Leben ohne Mangel.)

In der Nische der »Oma« ist Frauenfeindlichkeit komprimiert: Die alte Frau muss nun ihren Wert beweisen, indem sie für die Enkel sorgt. Der volkswirtschaftliche Nutzen, den sie mit ihrer aufopfernden Tätigkeit für die Unterstützung ihrer berufstätigen Kinder durch Betreuung der Enkel leistet, wird selbstverständlich einkalkuliert. Auch dass alte Männer statistisch kürzer im Krankenhaus bleiben, weil ihre Frauen die Versorgung übernehmen, findet als wirtschaftlicher Nutzen für die Krankenkassen keine Erwähnung. Ganz im Gegenteil: Es wird als ultimatives Glück der alten Frau definiert, für die Enkel und einen Mann sorgen zu dürfen. Alles andere gilt als Mangel.

Die Fakten sprechen für die lebensfrohe alte Frau: Manche Alltagspflichten fallen weg, nun hat sie ihre Kraft für sich. Viele Frauen mussten während ihres gesamten Lebens auf praktischer Ebene kreativ sein, um mit äußeren Widrigkeiten zurechtzukommen. Psychische Flexibilität und soziale Kompetenz sind Dinge, die sich die meisten Frauen während ihres Lebens aneignen mussten. Sie verfügen oft über ein stabiles soziales Netzwerk und sind auf körperliche und soziale Wechsel vorbereitet.

Das anstrengende Geschäft, einem Mann gefallen zu wollen, erübrigt sich, das setzt Energie frei (vorausgesetzt, sie unterwirft sich nicht dem Jugendlichkeitszwang).

Hinzu kommt: Etwas anders machen, Experimente wagen, kreativ sein kostet meistens nicht besonders viel Geld. Nur Zeit, und die steht alten Frauen zur Verfügung.

Wären Frauen sich all dessen besser bewusst ... Welch ein Wandel!

Der Titel dieses Buches lautet *Jetzt erst recht!* Genau: Jetzt erst recht werden wir lustvoll ausschöpfen, was vielleicht vorher brachliegen musste, reisen, malen, singen, so lieben, wie es uns gefällt, und vielleicht auch uns Ruhe gönnend auf dem Sofa liegen und lesen, jetzt erst recht wollen wir leben als der ganze Mensch, der in uns angelegt ist, und sowieso bleiben wir immer Frau, auch wenn wir keine Kinder mehr gebären.

Ich war so neugierig auf die Geschichten der Frauen, die voller Erfahrung und auch Weisheit sind.

Ich wollte mich erkundigen und zuhören. Dann geschah ein Wunder nach dem nächsten:

Wenn ich im Bekanntenkreis von meinem Plan erzählte, wurden mir Frauen genannt, die ich unbedingt befragen sollte. Die Geschichten waren vielzählig. Jede Frau ein Juwel. Und fast jede zog eine nächste nach sich.

Ich erzählte meiner Nichte, Lena Jacobsen, einer wundervollen Fotografin, deren Fotos eine ganz besondere Sensibilität und Ästhetik ausstrahlen, von meinem Projekt, und sie sagte zu meiner Überraschung spontan: Da mache ich mit!

Ich zögerte. Lena war damals 35. Passte das? Doch dann begeisterte ich mich für die Idee, mit einer jüngeren Frau zusammenzuarbeiten. Dieses Projekt war ja nicht nur für »alte« Frauen, sondern sollte auch junge Frauen ansprechen und aufmerksam machen: Es gibt ein spannendes, erfülltes Leben jenseits der Zeit der jugendlichen sexuellen Attraktivität, jenseits der Gebärfähigkeit und jenseits von althergebrachten Mustern.

Lena hatte Lust, die Schönheit »alter Frauen« zu zeigen, gibt es doch auch heute noch in den Medien vor allem Fotos von jungen Frauen.

Und ich hatte Lust darauf, gemeinsam mit ihr zu arbeiten und zu reisen.

Wir begannen mit Spanien, Frankreich, Österreich, der Schweiz.

Doch dann kam Corona, und alles brach zusammen.

Keine Reisen, keine Gespräche.

Ich schrieb in der Coronaisolierung in meinem Wintergarten mit Blick ins Grüne zwei Romane. Lena bekam ein zweites Kind.

Als Treffen wieder möglich waren, immer noch unter eingeschränkten Bedingungen, legte ich wieder los, organisierte Verabredungen, plante Reisen. Doch irgendwie hatten die Menschen sich verändert. Ich bekam mehr Absagen, die Frauen schützten ihr privates Refugium stärker. Umso kostbarer waren die Gespräche, die folgten.

Wir haben in diesen Jahren so aufregende, inspirierende Frauen kennengelernt, dass ich über Freuds verunglimpfende Sätze heute nur schallend lachend kann. Manche haben sich sogar nie mit einem abwertenden Blick betrachtet. Die mögen sich einfach. Und das sind keinesfalls Frauen, deren Leben eitel Sonnenschein war.

Mir persönlich hat die Arbeit an diesem Projekt unendlich gutgetan. Ich weiß heute: Es gibt ebenso viele unterschiedliche Möglichkeiten, alt zu werden, wie es Frauen gibt. Doch eines hatten alle Gesprächspartnerinnen gemeinsam:

Sie schätzen und
würdigen sich selbst,
ihr Leben – und ihr Alter!
Jetzt erst recht!

Elke Vesper

JETZT ERST RECHT!

Ich war so neugierig auf die Geschichten der Frauen, die voller Erfahrung und auch Weisheit sind.

ELKE VESPER

Julia Aguilleaume

GESPRÄCH IM JANUAR 2019

MADRID, 1920 GEBOREN
2019 GESTORBEN

»

KALTE HÄNDE UND KALTE FÜSSE, ABER DAS HERZ IST WARM

«

Manolo, ein spanischer Freund, sagt: Du musst meine Mutter kennenlernen. Sie ist genau die Richtige für dein Projekt. Julia ist ein Opfer des Franco-Regimes. Sie hat immer darüber geschwiegen. Aber vor ein paar Jahren, da war sie schon alt, da begann sie zu sprechen.

Wenig später schickt er mir ein Foto von ihr. Es zeigt eine junge, sehr schöne Frau mit schulterlangen gewellten Haaren, einem selbstbewussten Lächeln, einer dreireihigen Perlenkette in einem Pelzmantel. »Das war kurz vor Ende des Krieges«, schreibt er, »und ich war gerade geboren. So möchte ich sie in Erinnerung behalten.«

Viele Opfer schweigen, oft ihr Leben lang. Eine alte Frau, 99, die bereit ist zu sprechen, das interessiert mich. Also fliegen Lena und ich nach Madrid, wo Julia gemeinsam mit ihrer Tochter Chita wohnt.

Vor dem Treffen schreibt mir Manolo noch einmal: »Opfer mögen sich nicht erinnern. Das halten sie nicht aus.« Will er mich warnen?

Januar in Madrid. Der Himmel ist strahlend blau, die Temperatur um den Gefrierpunkt. Am Abend wimmelt es draußen von jungen Menschen. Spanisches Leben findet draußen statt, selbst im Winter halten sie sich vor den Restaurants auf, lebhaft redend und trinkend. Sprechen sie über alles, auch über Traumata der Vergangenheit?

»Die Zeit, wo sie sich zitternd ihrer Erinnerung gestellt hat, ist vorbei. Sie war fast siebzig, als sie in ihr Dorf zurückgegangen ist und gesprochen hat.«

Julia wohnt im Stadtzentrum bei ihrer Tochter Chita, einer 65-jährigen jugendlich wirkenden Rentnerin mit lebendigen klugen Augen. Chita führt uns in den Salon. Da sitzt eine lächelnde Frau auf einem Sessel und schaut uns aufmerksam entgegen.

Eine kleine alte Prinzessin, schießt mir durch den Kopf. Im selben Moment bedaure ich Manolo, dass er seine Mutter als junge Frau in Erinnerung behalten will. Diese alte Frau ist ein Juwel.

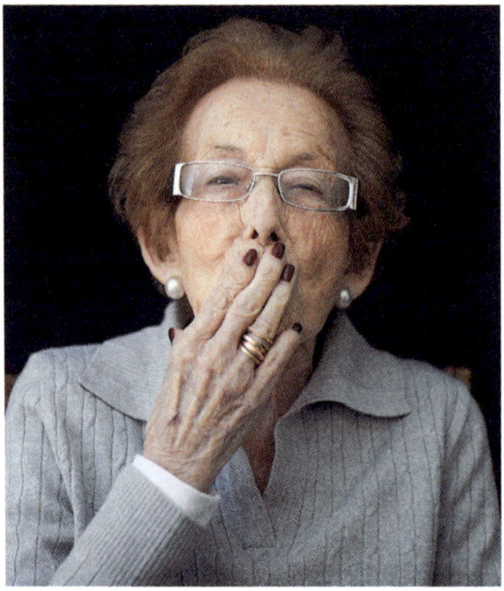

Sie ist zart, winzig, hat leuchtend rote Fingernägel, sehr gepflegte Hände, trägt eine Designerbrille von Dolce & Gabbana und sagt irgendwann: Ich creme mir das Gesicht immer mit sehr schöner Creme ein, die meine Enkelin mir gibt. Ihre Stimme ist zart wie die ganze Frau.

Chita hingegen spricht kraftvoll. Sie sagt, es sei angenehm, mit ihrer Mutter zusammenzuleben. Die Mutter sei sehr positiv.

Irgendwann wird Julia aufstehen und durch den Flur zur Toilette gehen. Chita wird sie an die Hand nehmen wollen. Julia schiebt die Hand energisch fort. Lass das! Meine Angst, die Erinnerung könne Julia überfluten, verfliegt im Nu.

Die Zeit, wo sie sich zitternd ihrer Erinnerung gestellt hat, ist vorbei. Sie war fast siebzig, als sie in ihr Dorf zurückgegangen ist und gesprochen hat.

Sie spricht auch jetzt, und vor meinen Augen öffnet sich ein Lebenspanorama.

1920 in einem kleinen Dorf Cangas del Narcea in Asturien wurde Julia geboren. Mein Vater hatte das größte Geschäft im Dorf, ein Kaufhaus, dazu ein Fuhrunternehmen, wir waren reich. Meine Garderobe wie die meiner Mutter wurde aus Paris bestellt. In Spanien mangelte es an eleganter Kleidung, Spanien war ein Agrarland. In den Dörfern gab es keinen Pariser Chic.

Bei Julias Geburt herrschte eine Diktatur unter Primo de Rivera. Als dieser sich nicht länger halten konnte, wurde die »Zweite Republik« ausgerufen. Eine Koalition aus linken Parteien übernahm die Regierung.

In diesem Jahr, 1931, wurde den Frauen das Recht zu wählen gewährt. Das sagt nichts darüber aus, wie sie in ihren Ehen und Familien von den Männern behandelt wurden, doch fortan besaßen sie das Recht auf eine politische Stimme. Zu diesem Zeitpunkt wurde in Spanien auch die Zivilehe eingeführt. All das missfiel der einflussreichen katholischen Kirche sehr.

Mein Vater war nicht nur reich, er war auch Sozialist.

Gemeinsam mit seinem Bruder, der der Kommunistischen Partei Spaniens angehörte, setzte er sich in Organisationen und mit seinem Geld dafür ein, dass auch sozial benachteiligte Kinder in Spanien die Möglichkeit zu einer Schulbildung erhalten sollten.

Meine beiden älteren Brüder entwickelten sich zu überzeugten Sozialisten und Republikanern. Ich hingegen besuchte weiterhin die höhere Schule, die von Nonnen geleitet wurde. Ich spielte Klavier und trug schöne Kleidung. Julia lacht. Ihr ist die Kluft zwischen der Politisierung der Männer der Familie und der Rolle der ignoranten Frauen durchaus bewusst.

Der verehrte Vater arbeitete viel und diskutierte mit seinem Bruder und anderen Genossen über Politik. Julias Brüder beteiligten sich leidenschaftlich.

Inzwischen hatte ich vier jüngere Schwestern bekommen, alle ebenso zierlich wie ich, alle lernten in der Schule brav wie ich und waren ebenso schön gekleidet.

Im Oktober 1934 begnügten sich die Linken nicht mehr mit Diskutieren. Aufstände in Barcelona und Madrid scheiterten, zur größten Erhebung kam es in Asturien, wo eine »Arbeiterallianz« gegründet wurde. Der Aufstand wurde von General Francisco Franco brutal niedergeschlagen.

In mir formte sich der Wunsch, mehr zu tun, als nur Klavier zu spielen. Ich hatte gute Schulzeugnisse, lernte leicht. Ich war zwar nicht so politisch wie die Brüder, aber die Enge des Lebens in unserem kleinen Ort bedrückte mich von Tag zu Tag mehr.

Es wirkt, als verlaufe Julias Entwicklung synchron zu der Entwicklung Spaniens. Am 16. Februar 1936 siegte bei den Parlamentswahlen die Volksfront aus linken Parteien. Vier Tage später wurde Julia sechzehn Jahre alt.

Julias Vater, sein Bruder und auch Julias Brüder jubelten über den Sieg. Ich hingegen besuchte weiterhin die Nonnenschule, hatte keine wirkliche politische Meinung, ebenso wenig wie meine Mutter und meine vier jüngeren Schwestern.

Ein Freund des Vaters kam von Madrid nach Cangas und kümmerte sich dort um das Postwesen. Auch er war Sozialist. Ich lernte seinen Sohn Adolfo kennen, wenig älter als ich. Er hatte schwarze Augen und dichte schwarze Haare. Obwohl ein eher kleiner Mann, war er für mich beeindruckend groß.

»Die heute noch spürbare Fassungslosigkeit über das, was sie gesehen hatte, hielt sie nicht davon ab, aktiv zu werden.«

Der Volksfront war wenig Zeit vergönnt, ihre Ziele durchzusetzen. Einen Tag vor dem 14. Juli, an dem die Franzosen ihre Revolution von 1789 feiern, führten in Spanien reaktionäre Generäle einen Putsch durch.

Meine Brüder gingen in den Widerstand. Einer flog als Pilot für die Republikaner, der andere kämpfte zu Lande für die Volksfront.

Ich frage sie nach der Ehe ihrer so unterschiedlichen Eltern, der Vater Sozialist, die Mutter Katholikin, der Vater kämpferisch, die Mutter schön und fromm.

Ich habe meine Eltern als Liebespaar in Erinnerung. Abends flanierten sie Arm in Arm durch die Straßen, wie es in Spanien so üblich ist. Mein Vater liebte und verwöhnte seine schöne elegante Frau. Mitten in den Wirren der Republik gebar meine Mutter noch einen Sohn. Ich absolvierte zwischenzeitlich bei den Nonnen mein Abitur. Direkt anschließend ging ich zu meinem Vater, baute mich, klein wie ich war, groß vor ihm auf und sagte: Ich will nicht mein Leben lang nur Klavier spielen und nichts tun, ich will studieren.

Mein Vater sah mich lächelnd an: Julia, meine Schöne, du machst mir so viel Freude. Was willst du denn studieren? – Medizin. Ich will Ärztin werden.

Sie hatte lange Zeit darüber nachgedacht, wer sie sein wollte, nun gab es für sie keine Frage mehr. Heilen wollte sie, kranke Menschen und solche, die in revolutionären Wirren verletzt wurden.

Mein Vater lächelte, strich mir übers Haar und sagte: De acuerdo – einverstanden. Und so war es verabredet.

Kurz darauf, Julia hatte noch nicht mit ihrem Studium begonnen, 1938, fielen die Truppen Francos und Mussolinis in Asturien ein. Auch in Cangas de Narcea.

Zufällig war Julia gerade bei ihrem Vater in seinem Geschäft, als franquistische Soldaten mit angelegten Gewehren hereinstürmten und auf den Vater schossen.

Sie kannten ihn nicht, er kannte sie nicht, sagt Julia, und in ihre Augen traten Tränen. Er hat nichts Böses getan.

Die heute noch spürbare Fassungslosigkeit über das, was sie gesehen hatte, hielt sie nicht davon ab, aktiv zu werden.

Er hat nichts Böses getan, sagte sie immer wieder.

Sie hatte sich zwar nicht viel um Politik gekümmert, aber sie wusste, was die Franquisten im Land anrichteten. Sie wusste, dass überall, wo die franquistischen Soldaten gewütet hatten, anschließend Massengräber ausgehoben und die Ermordeten hineingeworfen wurden (später sprach man von 140.000 Toten). Zumindest davor wollte sie ihren Vater bewahren.

Es war Frühling, und es war schon sehr warm. Mir lief der Schweiß über den Körper. Ich sah aus, als hätte ich gebadet. Mein helles Kleid klebte an meinem Körper. Das war mir egal. Auch die lüsternen Blicke der Männer waren mir egal. Es wäre mir auch egal gewesen, wenn die Soldaten mich gleich mit getötet hätten. Mir war nur wichtig, dass mein Vater auf den Friedhof kam. Er sollte in geweihter Erde und nicht in einem Massengrab seine Ruhe finden.

Sie entdeckte, dass ihre Stimme auch laut sein konnte. Sie herrschte die verstört herumstehenden Männer an, sie sollten gefälligst eine Schiebkarre besorgen. Dann machte sie sich auf den Weg. Es war ein aussichtsloses Unterfangen, der Friedhof lag am Ortsrand. Sie wusste nicht, wie lange sie unterwegs sein würde, aber sie biss die Zähne zusammen. Die Straßen waren vollkommen verwaist.

Da kam ein franquistischer Soldat auf mich zu, nur wenig älter als ich. Er schaute mich an, und mir war bewusst, welchen Anblick ich bot. Er kam zu mir und wollte mir die Karre aus der Hand nehmen. »No!«, sagte ich und packte fester. Es war, als wären meine Hände an die Griffe geschweißt. Der Soldat hätte mir die Hände abhacken müssen, um mich davon zu trennen. Dabei wusste ich, dass dies andernorts geschehen war, Hände, Haare, Brüste, vor nichts hatten die Schlächter Halt gemacht.

Der Soldat hielt ein vorbeifahrendes Auto an und bedeutete dem Fahrer, dass er mit Julia und dem Leichnam zum Friedhof fahren sollte.

Ich setzte mich nach hinten, nahm den Kopf meines Vaters auf den Schoß und streichelte ihn zart. »Er hat nichts Böses getan«, sagte ich dem Fahrer und dem Soldaten, der auf dem Beifahrersitz Platz genommen hatte, sein Gewehr zwischen den Beinen.

Er war ein guter Mensch.

Der Fahrer sagte keinen Ton, er war nicht aus dem Dorf.

Der Mann fuhr bis vor den Friedhof, wo er dem Soldaten half, meinen Vater hineinzutragen, an eine Seite, wo Zypressen Schatten spendeten. Wir versteckten den Leichnam hinter den Bäumen dort, ich gab Acht, dass sein Kopf weich lag. Immer wieder streichelte ich sein Gesicht. Die Augen standen offen, in ihnen lagen sowohl grenzenloses Erstaunen als auch Angst. Ich schaute einige Minuten hinein, dann schloss ich sie sachte.

Als sie sich erhob, waren beide Männer fort. Die Franquisten waren nicht alle

Schlächter, sagt Julia. Der eine, der hat mir geholfen.

Sie sucht den Pfarrer auf, es gibt ein Familiengrab der Aguilleaumes. Sie wird unruhig, sie weiß, dass die Mutter mit den fünf kleinen Geschwistern allein zu Hause ist. Alles Weitere muss sie dem Pfarrer überlassen.

Ich hastete nach Hause. Da bot sich mir ein Anblick, den ich niemals vergessen werde.

Die Nachbarn plünderten das Kaufhaus meines Vaters, und daheim kauerten sich meine Geschwister um die benommene Mutter.

Vor ihren Augen gingen die Nachbarn ein und aus und nahmen die wertvollen Möbel mit. Die Blumenhändlerin griff nach einer antiken Wanduhr, es schien ihr nicht im geringsten peinlich zu sein, selbst als ich sie sprachlos musterte.

Ich nahm meine Mutter, meine Geschwister, alles Geld, was ich auf die Schnelle zusammenklauben konnte, die nötigsten Kleidungssachen und setzte mich hinter das Steuer des Autos meines Vaters, das hinterm Haus stand und verschont geblieben war. Mein Vater hatte mir spielerisch ab und an gezeigt, wie man damit umgeht. Jetzt hatte ich keine Wahl. Ich startete und fuhr los.

Julias Leben war zerstört, ihre Jugend mit einem Schlag vorbei. Ihre Mutter war nicht in der Lage, mit der Situation fertig zu werden. Nun musste Julia die Führung übernehmen. Mit ihren Schwestern, dem kleinen Bruder, der noch ein Baby war, und einer traumatisierten Mutter schlug sie sich durch Spanien durch, immer auf der Flucht vor faschistischen Soldaten, die sie getötet hätten, sobald sie ihnen in die Hände gefallen wären.

Wenig später erfuhr sie, dass der Bruder ihres Vaters ebenfalls erschossen worden war.

Manolo wird mir nach meinem Besuch bei seiner Mutter schreiben: »Die Opfer belasten sich mit der Schuld der Täter, und deshalb wollen sie sich nicht erinnern. Die Täter empfinden keine Scham und keine Schuld.«

In Frankreich regierte ab Juli 1936 die Volksfront unter Léon Blum. Julia und ihre Familie kamen in Toulouse unter. Menschen nahmen uns auf. In der Schule hatte ich Französisch gelernt, nun sprach ich es bald wie die Menschen im Midi, aber spanisch ausgesprochen, mit hartem r und kurzen Vokalen.

Als der Krieg endete, war Julia neunzehn Jahre alt. Sie war immer noch religiös, aber nun verachtete und verabscheute sie die katholische Kirche. Ihre beiden Brüder kämpften weiter in der Résistance.

Julia ging mit ihrer kleinen Familie nach Madrid, traf Adolfo wieder, den Freund aus Jugendtagen, verliebte sich oder erinnerte sich an frühere Verliebtheit, heiratete und gebar Manolo.

Seit damals leben sie in der Wohnung, in der ich sie besuche. Julia, ihre fünf jüngeren Geschwister, ihre Mutter, Adolfo und dann Manolo. Die Wohnung ist nicht riesig, hat drei oder vier kleine Zimmer. Wir haben uns eingerichtet, sagt Julia lächelnd.

Es war besser als auf der Flucht. Wir hatten ein Zuhause.

Mein Vater war so gut, wie nur wenige Menschen sind, dieser Satz kommt Julia immer wieder über die Lippen. Und, staunend: Ich war so jung und hatte so große Verantwortung. Kurz nach Manolos Geburt fuhr sie zum ersten Mal wieder nach Cangas. Sie wollte Blumen auf das Grab ihres Vaters legen.

Der Riss durch die spanische Gesellschaft zog sich auch durch die Familien. Adolfos Vater war Deputado der Linken gewesen, doch Adolfos Schwester war eine Anhängerin Francos, vor ihr musste verschwiegen werden, was Julias Brüder taten.

Ich gebar zwei Söhne und zwei Töchter. Ich führte eine ähnliche Ehe wie meine Eltern, am Abend gingen wir Arm in Arm in den Straßen flanieren und zum Aperitif. Mein Wunsch zu studieren gehörte der Vergangenheit an. Mein Mann war Rechtsanwalt. Nur mit ihm ging ich nach draußen. Ich war zu Hause und kochte und sorgte für die Kindererziehung und für die Mutter, die bis zu ihrem Tod mit 76 Jahren bei uns blieb.

Chita erzählt, dass sie und ihre Geschwister Colegios von Nonnen und Mönchen besucht haben. Julia betet bis heute den Rosenkranz. »Nachts«, sagt Chita, »wenn ich sie beten höre, bin ich beruhigt, dann weiß ich, dass sie noch lebt.«

Sie sagt: »Wir wussten immer, dass unser Großvater erschossen worden ist, dass die Franquisten Mörder sind, aber wir haben uns niemals geängstigt. Wir durften nur nicht draußen darüber sprechen.«

Als Julias Söhne auf die Universität kamen, gingen sie in den Untergrund, um gegen Franco zu kämpfen. Chita erzählt Geschichten, die wirken, als wäre das Ganze ein großer Spaß gewesen. »Die Polizei kam zu Julia mit einem Foto von Vicente und fragte, ob das ihr Sohn sei. Sie antwortete: Nein, das ist nicht mein Sohn, der ist viel zu schön. Das kann nicht mein Sohn sein.«

Es ist seltsam, etwas über jene Zeit zu hören. Wie leicht die staatlichen Organe belogen werden konnten. Heute weiß die Bürokratie – und nicht nur die – alles über uns. Damals gab es noch die graue Zone der Privatsphäre.

Die Polizei war häufig bei ihnen. Für die Familie war das alltäglich. Chita war die Jüngste. Wenn es klingelte, wurde sie an die Tür geschickt, um durch den Spion zu gucken, wer da war. Dann rief sie laut: Mama, da ist die Polizei, sodass die Mutter Zeit gewann, Dinge verschwinden zu lassen.

Als Franco 1975 starb, war Julia 55 Jahre alt, ihr Sohn Manolo, der Architektur studiert hatte, war dreißig Jahre alt und mit einem holländischen Model verheiratet. Der Ministerpräsident verkündete im Rundfunk um 10 Uhr mit tränenerstickter Stimme: »Españoles, Franco ha muerto«, Franco ist tot, und eine Hysterie der Würdigung begann.

Julia und ihre Familie atmeten auf, fürchteten aber, dass einer seiner Schergen Francos Regime weiterführen würde.

Juan Carlos I. wurde noch im selben Jahr zum König von Spanien proklamiert, damit war er das Staatsoberhaupt. Aber die maßgeblichen Stellen des Staates, der Nationalrat, der Königliche Rat und das Parlament waren durch Franquisten besetzt. Ministerpräsident Carlos Arias Navarro, der Großteil des spanischen Militärs und die paramilitärische Polizeitruppe Guardia Civil, alle wollten die franquistische Diktatur fortführen.

Julia und ihre Familie blieben in der »Clandestinidad«, sie erwarteten nichts von Juan Carlos I., hielten ihn für einen Ziehsohn Francos. Doch der 37-jährige König überraschte Gegner wie Anhänger: Er ersetzte Arias Navarro durch Adolfo Suárez, einen Sozialdemokraten. Dieser führte eine Strafrechtsreform, die Bildung von Parteien und die Pressefreiheit ein.

Am 15. Juni 1977 wählte Spanien zum ersten Mal seit 1936 in freien allgemeinen Wahlen ein Parlament. Am 31. Oktober 1978 wurde die neue Verfassung vom spanischen Abgeordnetenhaus und dem Senat verabschiedet. Julia war 58 Jahre alt. Kurz zuvor war ihr Mann gestorben. Nach einem Schlaganfall elf Jahre zuvor hatte er sich nicht mehr bewegen und nicht mehr sprechen können.

Vor seinem Schlaganfall hatte er noch dafür gesorgt, dass sie einige der Möbel zurückerhielten, die der Familie gestohlen worden waren. Sie wussten, wo die Möbel waren, und Adolfo besuchte gemeinsam mit einem befreundeten Rechtsanwalt aus Cangas die Leute, die die Sachen gestohlen hatten.

Ich frage Julia, was sich nach dem Tod ihres Mannes in ihrem Leben änderte. Alles. Seit seiner Krankheit schon ging ich nicht mehr nach draußen, außer eins meiner Kinder begleitete mich.

Wenig später ereignete sich das dritte Drama ihres Lebens. Ihr Sohn Vicente

»Die Partido Popular wehrte sich gegen alles, bis heute will die Nationalstiftung Francisco Franco das Ansehen Francos bewahren.«

starb 28-jährig bei einem Verkehrsunfall, weil er einem Hund auswich und frontal gegen ein anderes Auto knallte.

Über den Tod des Vaters kann sie heute sprechen, der Tod des Sohnes lässt sie verstummen. Bis heute kann es keiner fassen. Vicente war so schön, so klug, so lebensfroh. Warum musste er sterben? Jetzt hätte er endlich leben können, in Freiheit.

Julia hatte 39 Jahre lang im Untergrund gelebt, sie hatte ihren Kindern beigebracht, in der Öffentlichkeit nicht darüber zu sprechen, was zu Hause geredet wurde, sie hatte ihre Söhne und Brüder im Kampf gegen das Franco-Regime im Untergrund unterstützt, hatte ertragen, dass die Menschen, die ihren Vater erschossen hatten, die politische und religiöse Macht inne hatten. Nun sollte das alles vorbei sein? Darauf vertraute ich lange nicht. Als 1981 Angehörige der Armee und der Guardia Civil einen Putschversuch unternahmen, war ich nicht verwundert.

Der Spuk dauerte diesmal freilich nur einen Tag. Der König sprach sich in einer landesweit ausgestrahlten Fernsehansprache eindeutig für die Demokratie aus, so wurde der Putsch vereitelt.

Das Gefühl der gesellschaftlichen Ausgrenzung blieb bestehen. Die Spanier sprachen nicht wirklich über die Zeit unter Franco, von Aufarbeitung konnte keine Rede sein. Erst dreißig Jahre nach Francos Tod wurde die sieben Meter hohe Franco-Statue in Madrid entfernt.

Im März 2005 kündigte die sozialistische Regierung Zapatero an, Franco-Opfer zu rehabilitieren und die Menschenrechtsverbrechen aufzuklären. Die Partido Popular wehrte sich gegen alles, bis heute will die Nationalstiftung Francisco Franco das Ansehen Francos bewahren.

Julias Mann war vor Francos Tod gestorben. Ihre Kinder bekamen Kinder. Alle waren Sozialisten und politisch und sozial aktiv.

Die tiefe Traurigkeit blieb. Gleichwohl ist Julia eine Person mit einer äußerst positiven Ausstrahlung. Sie freut sich über alles, die Enkel, die Entwicklung der Kinder, sie beklagt sich nicht im geringsten.

Und dennoch:

Ich reichte kein Gesuch ein, als Opfer der Franco-Regierung rehabilitiert zu werden. Aber ich fuhr nach Cangas. Da war ich weit über 60 Jahre alt. Ich sah die Uhr meines Vaters in der Floristeria und ich sprach mit der jungen Floristin darüber, was damals geschehen war. Ich ging zu den Familien, die, wie ich genau wusste, meinen Vater denunziert hatten, und sagte: »Ihr habt meinen Vater auf dem Gewissen!« Manche Alten waren schon tot, aber manche lebten noch. Als ich so durch das Dorf zog und anklagte, zitterte ich und meine Stimme bebte. Aber ich tat es. Ich hatte meinen Vater verloren. Ich hatte meinen Mann verloren. Ich hatte meinen Sohn verloren. Was sollte mir noch geschehen?

Ich traf nicht einen einzigen Menschen in dem Dorf, der sagte: Ja, so war es. Alle leugneten, verharmlosten, erinnerten sich nicht.

Ich ging zum Pfarrer, es war nun ein anderer, und erzählte ihm die Geschichte von damals. Er versprach, für ein Erinnerungsstandbild zu sorgen. Heute steht das dort. Als ich aus dem Dorf fortfuhr, empfand ich eine große innere Leere.

Leere von Hoffnung, aber auch von der Verpflichtung, den Leuten von Cangas zu sagen, was sie verbrochen hatten. Sie hatte es gesagt und sie wusste, dass keiner der Verbrecher jemals gerichtet werden würde.

Ein- oder zweimal im Jahr fährt Julia nach Asturien oder Valencia zu ihren Kindern und Enkelkindern in Urlaub. Mit 85 ist sie nach Mexiko geflogen, um ihren Bruder zu besuchen. Julia strahlt: Ich war zweimal in Mexiko. Das ist ein schönes Land. Das waren schöne Reisen.

Beim Abschied küsst sie uns auf beide Wangen. Sie streichelt uns mit ihren kalten Händen. Das ist die Crux des Alters, lächelt sie, kalte Hände und kalte Füße. Aber das Herz ist warm.

Als ich so durch
das Dorf zog und anklagte,
zitterte ich, und meine Stimme bebte.
Aber ich tat es.
Ich hatte meinen Vater verloren.
Ich hatte meinen Mann verloren.
Ich hatte meinen Sohn verloren.
Was sollte mir
noch geschehen?

JULIA AGUILLEAUME

Henrika Jacobsen

HAMBURG,
1922 GEBOREN

GESPRÄCH VON 2018 BIS 2022

»

AHNINNEN ERZÄHLEN GESCHICHTEN ANDERS

«

——— Am 5. Mai 2022 wurde Henrika 100 Jahre alt. Sie feierte in zarter gelber Seidenbluse und schwarzer Hose, einen Tag zuvor war sie beim Friseur gewesen. Zu ihren Gästen zählten ihre sechs Enkel, elf Urenkel, Freunde und Familienangehörige, alle mindestens zehn Jahre jünger als sie. Die Gleichaltrigen waren tot oder im Altersheim und immobil. Die Feier fand im Garten und im Haus statt, drei große Hunde liefen auch herum.

Die ersten Gäste kamen um 12 Uhr, die letzten gingen um 22 Uhr. Henrika thronte die ganze Zeit über in der Mitte, fröhlich, witzig, zugewandt. Sichtlich genoss sie ihr Fest. Einen Mittagsschlaf nach dem Essen oder ein Nickerchen zwischen Kaffee und Kuchen und Abendessen lehnte sie rigoros ab.

Ich habe dieses Fest organisiert. Henrika ist meine Mutter.

Das erste Interview mit ihr findet 2018 in ihrem Wohnzimmer statt. Sie trinkt starken Kaffee, wie immer am Nachmittag. Konzentriert und lebhaft gestikulierend beantwortet sie meine Fragen. Es macht Spaß, ihr zuzuhören. Oft sagt sie: Ich sehe das noch vor mir. Und wenn sie es beschreibt, sehen auch wir es vor uns. Am Schluss sagt sie: Das können wir jetzt jeden Tag tun, das macht Spaß.

Henrika schenkt uns eine Lehrstunde: 100 Jahre hamburgische Geschichte.

»Die Frauen halfen einander im Haushalt, sorgten für die Alten und die Kinder.«

Frauen, das wird sehr deutlich, haben Geschichte nicht nur anders erlebt, sie erinnern sie auch anders, als es die männliche Geschichtsschreibung tut.

Sie wurde in eine große Familie hineingeboren. Ihre Mutter Wilhelmina, Mimi genannt, war 17, ihr Vater Otto 21, die Großmutter 38, ihr aus Holland stammender Großvater 40. Sie erhält den holländischen Namen Henrika.

1922, das war vier Jahre nach dem Ende des Krieges. In Hamburg herrschte Wohnungs- und andere Not, aber die Familie des jungen Paares half in jeder Hinsicht.

Henrikas Geburt, eine Hausgeburt, war ein Trauma für ihre jungen Eltern. Sie schworen sich, dass ihnen so etwas nicht wieder passieren würde. Henrika blieb ein Einzelkind.

Doch ihre Kindheit verlief innerhalb der großen weitläufigen Verwandtschaft mit Cousinen und Cousins. Die Frauen halfen einander im Haushalt, sorgten für die Alten und die Kinder. Die Männer gingen zwölf Stunden täglich arbeiten.

Aber es waren die Frauen, die, wenn es drauf ankam, die Familien ernährten. Eine Freundin meiner Oma arbeitete zum Beispiel während des Ersten Weltkriegs im Schlachthof; sie sagte, komm vorbei, da gibt es immer etwas. Also hat meine Oma sich Stofftaschen genäht und unter dem Rock um den Bauch gebunden. Sie war sowieso sehr rundlich, da fiel das nicht auf. Da war ein furchtbar hässlicher Schlachter, aber sie hat ihm schöne Augen gemacht und war freundlich, da hat er ihr immer was in die Taschen gelegt. Beim Rausgehen wurde sie kontrolliert, aber sie wurde nie erwischt. Die Frauen waren kreativ. Auch nach dem zweiten Krieg ist meine Mutter auf Hamstertour in die Dörfer gefahren, die hat uns ernährt. Mein Vater ging weiter täglich zur Arbeit, aber von seinem Geld konnte man nichts kaufen.

Die Schule gefiel Henrika. Die Lehrerin war ihr freundlich gesinnt, dennoch wurde Henrikas Mutter in die Schule zitiert, weil das Mädchen ständig in der Klasse herumlief, sich anschaute, was die anderen Kinder taten, und sich hinsetzte, wo sie wollte. Nun sollte sie Disziplin lernen. Aber meine Mutter fand das lustig, die nahm das nicht so wichtig.

Als der Übergang auf die Höhere Schule anstand, besuchte der Lehrer ihre Eltern und versuchte, sie von einem Schulwechsel zu überzeugen. Mein Vater wollte nicht. Seiner Meinung nach musste ein Mädchen nicht auf die Höhere Schule. Die sollte heiraten. Brauchte die Nase nicht hoch zu tragen.

Also blieb sie auf der Volksschule, übrigens im fortschrittlichen Hamburg eine coedukative Schule, Jungen und Mädchen gemeinsam. Doch auch in Hamburg gehörte der Rohrstock zur Pädagogik hinzu.

Henrika besuchte danach die Handelsschule, wo sie auf ein Leben als Stenotypistin vorbereitet wurde. Das fand der Vater genau richtig. Sie bedauert die engstirnige Entscheidung des Vaters bis heute.

Ich frage sie nach Mädchenprägung. Sie beteuert, dass in ihrer Familie die Frauen ihr Selbständigkeit vorgelebt haben. Im Verlauf unseres Gesprächs erhalte ich den Eindruck, als hätte es so etwas wie ein Doppelleben der Frauen gegeben, in das Henrika wie selbstverständlich hineinwuchs: einerseits das Leben als Ehefrau, in dem der Mann die Hauptrolle spielte, andererseits ein Leben unter Frauen und Kindern. Der Mann war täglich mindestens zwölf Stunden fort, und währenddessen gab es nicht den geringsten Kontakt zu ihm. Das Leben zu Hause geschah in einer Frauengemeinschaft, Familie, Nachbarinnen, Freundinnen. Wenn Otto Nachtschicht hatte, ging Mimi mit Freundinnen ins Kino. Ein autonomes Leben undercover.

Nach dem Ersten Weltkrieg hatte sich das Frauenbild verändert. Die Frauen trugen nicht mehr die einengenden Korsetts, rauchten und schnitten sich die Haare ab.

Das waren meine Kinderjahre. Ich kann mich gut daran erinnern: Damals hat meine Mutter sich die Haare abschneiden lassen, sie hatte vorher einen langen Zopf mit ihren dicken Haaren. Mein Vater war darüber zornig.

Ich frage, wie sie die Zeit des Nationalsozialismus erlebt hat.

Ich erinnere mich gut an 1933. Berne war eine SPD-Siedlung, aber plötzlich hing die Naziflagge bei einigen draußen. Mein Vater war entsetzt. Er arbeitete beim Hamburger Fremdenblatt, die Zeitung kriegte bald eine Naziverwaltung.

Meine Eltern haben nicht aufgepasst mit dem, was sie sagten. Wir lebten ja unter Sozialdemokraten.

Aber dann war ein entfernter Verwandter plötzlich Nazi. Der war vorher arbeitslos gewesen, jetzt hatte er Arbeit. Meine Großmutter nahm nie ein Blatt vor den Mund, mit nichts, und schimpfte auf die Nazis. Doch dann warnte dieser Onkel sie: Tante Henni, pass auf, was du sagst. Da wusste meine Großmutter, dass sie in seiner Gegenwart besser den Mund hielt.

Henrika wurde auf eigenen ausdrücklichen Wunsch ein »Jungmädel«. Die trugen dunkelblaue Faltenröcke, kleine weiße Blusen, eine braune Kletterweste und Schlips. Sie wollte aussehen wie alle, aber sie besaß keine Kletterweste. Also bettelte sie so lange, bis ihr Vater ihr eine kaufte. Allerdings in dunkelblau, ein letzter kleiner Protest. Henrika fand das gemein von ihrem Vater, sie wollte doch dazugehören. Doch sie gehörte auch mit der blauen Kletterweste dazu.

Ich erkundige mich nach der Pubertät, während des Faschismus.

Das war nicht so, wie ihr das hinterher gemacht habt. Manchmal hatte ich Streit mit meinem Vater. Meine Mutter stand hinter allem, was ich wollte. Sie sorgte auch dafür, dass ich das an Kleidung bekam, was ich wollte. Wir gingen los, suchten aus, dann kauften wir ein Schnittmuster, und sie nähte es.

Abgesehen vom Kriegsbeginn begann 1939 für Henrika viel Neues: Sie wird Stenotypistin bei der Filmproduktionsfirma Roto-Film, bald steigt sie zur Sekretärin des Chefs auf.

Sexualität?

Man hat dann seine Blutungen gekriegt. Meine Mutter wusste sofort, was zu tun war. Es gab Binden, die vorn und hinten geknöpft wurden, so Baumwolldinger. Die wurden ausgekocht. Meine Cousine Ilse und ich haben gemeinsam dicke Medizinbücher nach Sexualität durchforscht. Da waren wir so dreizehn. Über Sexualität wurde nicht geredet. Wenn jemand schwanger wurde, sprach man darüber hinter vorgehaltener Hand. Und Bücher, in denen körperliche Liebe vorkam, durften wir nicht lesen. Mein Vater hatte viele Bücher. Er war ja Mitglied in der Büchergilde Gutenberg. Die waren im verschlossenen großen Schrank mit den Löwenköpfen im Wohnzimmer. Ich bekam die Bücher zugeteilt. Maupassant zum Beispiel durfte ich nicht lesen. Ich bekam nur Knut Hamsun und so, Heimatbücher. Ich habe viel gelesen. Ich holte mir Bücher aus der Bücherei. »Entartete Kunst« gab es da nicht. Da war alles zensiert.

1939, an Silvester, lernte sie ihren späteren Mann Herbert beim Tanzen im Berner Volkshaus kennen. Ihre ganze Familie, Eltern, Großeltern, Tanten und Onkel, waren dort. Herbert, knapp 18 Jahre alt, forderte sie zum Tanzen auf. Sie siezten sich, tanzten sittsam mit Abstand, dann brachte er sie an den Tisch zurück, wo sie mit ihrer Familie saß. Für den Sonntag darauf verabredeten sie sich fürs Kino, besuchten danach ein kleines Restaurant. Dort tat Henrika etwas Verwegenes: Sie trank einen Eierlikör. Selbstverständlich war es Herbert, der zahlte. Von seinem Lehrlingsgehalt als Kupferschmied. Später gestand er ihr seine Angst, sie würde noch einen zweiten Eierlikör trinken. Beim Abschied vor ihrer Haustür gab er ihr einen überaus zarten vorsichtigen Kuss auf die Wange. Das war ihr peinlich. Von da an trafen sie einander von Zeit zu Zeit am Sonntag.

1940 meldete Herbert sich freiwillig zur Kriegsmarine. Er war im Mai 19 geworden, alle seine Freunde waren bereits eingezogen. Er wollte kein Feigling sein. Er arbeitete in einem kriegstauglichen Be-

»Auch aus dieser Zeit berichtet Henrika von der Solidarität der Frauen.«

trieb, hätte einen Kriegseinsatz vermeiden können. Aber er suchte das Abenteuer.

»Herbert und du hattet bis zu eurer Hochzeit 1944 einfach nur eine Beziehung, ohne verheiratet zu sein? Also fünf Jahre lang ›wilde Ehe‹?«

Ja. Wir haben immer aufgepasst. Ich war immer ängstlich. Jedes Mal habe ich gebangt. Es war eine Schande, unverheiratet schwanger zu werden.

Bis 1943 verlief ihr Leben relativ »normal«. Sie erinnert keinen großen Luftangriff. Als der Großangriff 1943 losging, war Mimi allein. Otto hatte Nachtschicht, Henrika war mit Herbert, der gerade auf Urlaub war, bei dessen Eltern in Oldenfelde. Vor lauter Angst floh Henrikas Mutter in den großen Bunker, wäre sie nach unten in den Keller gegangen, wäre sie verbrannt. Bei diesem Großangriff wurde Henrikas Familie ausgebombt. Mimi hatte nur einen Koffer mit Wintermänteln mitgenommen. Ihre Nachbarin wollte sich anschließend umbringen, weil sie »alles« verloren hatte, Mimi sagte nur:

Wir haben Glück gehabt, wir haben überlebt. Dinge kann man ersetzen.

Dieser Ausspruch meiner Großmutter hat mich durch mein Leben begleitet: Menschen sind einmalig, Dinge sind austauschbar. Eine Ahninnenbotschaft, die mir manches Mal den Weg gewiesen hat. Wenn Henrika über die Kriegszeit spricht, gibt es diese Zäsur: Ab 1943 wurde alles anders. Ich hatte immer das Gefühl, von '43 bis '45 habe ich keine Nacht mehr durchgeschlafen. Wir saßen nur immer irgendwann im Luftschutzkeller, immer auf gepackten Koffern.

Sie waren nun Obdachlose und wurden in Berne bei einer Frau Meisenhofen zwangseinquartiert.

Auch aus dieser Zeit berichtet Henrika von der Solidarität der Frauen.

Ihre Mutter und Frau Meisenhofen verstanden sich gut, sie bewohnten nicht nur das eine zugewiesene Zimmer, sondern benutzten wie selbstverständlich Küche und Wohnzimmer mit. Eine Wohngemeinschaft.

Silvester 1943 feierten sie mit einem großen Fest ihre Verlobung. Herbert war gerade in Frankreich stationiert und brachte einen Rucksack voll Wein mit.

1944 im August heirateten sie, auch dieses Fest fand wieder in Frau Meisenhofens Wohnzimmer statt. Viele heirateten, bevor sie wieder »rausgingen«, so waren die Frauen legitimiert, und die Männer hatten eine Sicherheit, dass daheim jemand auf sie wartete. Außerdem gab es zwei Wochen Urlaub, ein wichtiges Argument.

Hochzeitsfotos: Die Braut mit strahlend blauen Augen und fast schwarzen gelockten Haaren, der junge dunkelhaarige Matrose in Uniform lächelt stolz.

»Welche Vorstellungen von deiner Zukunft hattest du beim Heiraten?«, frage ich sie.

Sie lächelt über meine Naivität.

Wir hatten gar keine Vorstellungen, es war Krieg.

Sie war weiter berufstätig, Herbert musste zurück. Es gab keine Kriegsmarine mehr, alle Kriegsschiffe waren ersoffen. Die Marinesoldaten wurden umgeschult für die Landmacht; als Landser wurde Herbert im Januar 1945 gen Osten geschickt. Sie kamen nicht weit. Bei Krimitschau wurden sie von oben angeschossen, Herbert verlor drei Zehen und kam ins Lazarett. Ein Glück im Unglück. So viele Männer fielen noch in den letzten Kriegstagen.

Als der Krieg zu Ende war, erfuhren wir es aus dem Radio. Da wohnte ich schon mit Herbert bei meinen Schwiegereltern. Ich erinnere mich, dass wir durch den Berner Gutspark zu meinen Eltern gingen, auf dem Rasen vor dem See loderten hohe Feuer. Im Schloss war die SS stationiert, und die verbrannten nun alles, auch ihre Uniformen, das war am 5. Mai, meinem Geburtstag.

Wir waren alle so kaputt, so müde. Wir fanden es zwar schön, dass der Krieg zu Ende war, aber da war noch sehr viel Ungewissheit. Hamburg war besetzt. Wir hatten im Hinterkopf: Wie geht es weiter? Wir hatten Angst, dass ein schlimmes Ende auf uns zukommen würde. Man wusste ja, was alles passiert war, im KZ Neuengamme zum Beispiel. Mein Großvater hat für den Deichverband Viermarschlande gearbeitet und erzählte schon 1944 von den armen geschundenen Menschen, die auf den Feldern schufteten und aussahen wie Skelette. Aber er musste schweigen. Wir waren damals vor allem kaputt. Ich habe in der Zeit gesagt:

Ich möchte einmal durchschlafen, einen anderen Wunsch hatte ich gar nicht.

Nach dem Krieg setzten sie bald ein winziges Haus auf ein Grundstück einer Siedlungsgemeinschaft. Herbert und Henrikas Vater holten es in Einzelteilen ab und bauten es dann selbst auf. So hatten sie ein Zuhause.

»Welche Vorstellungen hattet ihr, als ihr Kinder bekamt, hattet ihr so etwas wie Leitsätze für die Erziehung?«

Sie sieht mich an, als würde ich ihr eine sehr seltsame Frage stellen.

Damals ging alles den Bach runter, keiner hatte Geld, alle bisherigen Ideale waren nun Teufelswerk. Uns war nur eines klar: Unsere Kinder müssen eine vernünftige Ausbildung haben, das ist das Einzige, was zählt.

Sie denkt nach, will meine Frage nicht unbeantwortet lassen.

Wir wohnten in dieser primitiven Hütte. Wir wollten raus aus der Enge, es sollte größer, schöner werden. Dafür haben wir uns angestrengt. Und unsere Werte? Sie holt tief Luft, und es klingt überhaupt nicht wie eine Floskel, sondern authentisch, tief empfunden:

Nie wieder Krieg! Unsere Kinder sollten nie das erleben, was wir erlebt haben.

Als dann die Gesetze rauskamen, wieder Wehrmacht, wieder Aufrüstung, ach Gott, was hat Herbert in der Zeit geschimpft. Und wenn man das heute betrachtet, noch größer die Waffen, es ist alles viel schrecklicher geworden.

Henrika ist immer noch Sozialdemokratin, das wird sie immer sein. Aber sie schimpft auch über die Politik der SPD. Sie informiert sich, liest Zeitung, schaut Tagesschau und politische Talkshows. Ihre Haltung gegen den Krieg ist unumstößlich. Für die Flüchtlinge aus Kriegsgebieten ist sie voller Mitgefühl.

Zwei Jahre nach Kriegsende hatte sie eine Abtreibung. Das war im Frühjahr. Im Herbst bekam sie Panikattacken, was allerdings nicht richtig diagnostiziert wurde.

Ich kam aus einer Familie, in der es nie Not gab. Nach dem Krieg hatte ich erstmals einen eigenen Haushalt, aber der war gar keiner. Wir hatten früher eine Waschküche, die Wäsche machte meine Mutter, ich hatte nie gekocht, das Einzige, was ich gerne mochte, war backen. Für mich war alles Neuland: putzen, kochen, die Wohnung sauber halten, in diesem Garten arbeiten, der mehr ein Acker war. Und nichts war da. Seifenpulver bekam man ein kleines Paket für vier Wochen. Aber irgendwie sind wir zurechtgekommen. Komischerweise haben wir die Nachkriegsjahre ganz gut überstanden. Wir hatten den großen Garten und drei oder fünf Hühner und Kaninchen. Wir hatten immer zu essen.

Nach meiner Geburt blieb sie ein paar Jahre zu Hause, auch wegen ihrer zunehmenden Ängste; da erschien ihr früherer Chef mit seiner Frau bei ihr zu Hause und fragte, ob sie wieder arbeiten wolle. Die Firma war zum Gänsemarkt umgezogen. Henrika hatte zwar große Lust, aber sie wusste, dass lange U-Bahn-Fahrten auf sie zukommen würden. Sie nahm das Angebot an und bewältigte Tag für Tag die Panik.

1952 wurde Jörn, ihr Sohn, geboren, und danach legten sich die Panikattacken. Nach der Geburt hatte sie sechs Wochen Mutterschutz. Mit Urlaubstagen verlängerte sie die Zeit, nach drei Monaten begann sie wieder zu arbeiten.

In den fünfziger Jahren begann die Autophase. Ihr erstes Auto war ein »grüner Laubfrosch«, ein VW, den Henrika liebte. Bald gründeten sie eine Autovermietung. Herbert war nach dem Krieg zur Polizei gegangen, eine Sicherheit versprechende Tätigkeit. Beamten war es freilich verboten, neben dem »Dienst« zu arbeiten, also trugen sie die Autovermietung auf Henrikas Namen ein. Wenige besaßen Autos, aber alle waren vom Autofahren fasziniert. Herbert witterte das große Geschäft. Sie begannen mit dem VW, bald kauften sie ein neues Auto.

1954 habe ich meinen Führerschein gemacht. 1955 oder '56, mein kleiner Jörn war drei oder vier Jahre alt, mit ihm an der Hand bin ich mit der Bahn zum Mittelweg gefahren. Dort war das Geschäft von Raffay. Ich wollte unseren neuen VW abholen. Der Geschäftsführer sagte: »Warten Sie einen Moment.« Da war eine Hebebühne mitten im Raum, und dann war es wie im Theater, unser neuer Wagen kam aus der Tiefe hochgefahren. Jörn war atemlos vor Ehrfurcht. Auf dem Fahrersitz lag ein großer Blumenstrauß. Und dann sind wir nach Hause gefahren. Ohne Sicherheitsgurt, selbstverständlich, das gab es ja gar nicht. Jörn hat vorne gesessen. Jörn bewahrte die Begeisterung für Autos sein Leben lang.

1954 hörte Henrika auf, als Sekretärin zu arbeiten. Sie arbeitete nun zu Hause für eine Steuerberaterin. Die Autovermietung wuchs derweil, sie hatten drei bis vier Autos. Herbert arbeitete als Polizist in Schichtarbeit, Henrika verdiente Geld in Heimarbeit als Buchhalterin. In diesen Jahren zogen sie um in das kleine Holzhäuschen, das Henrikas nun verstorbene Großeltern bewohnt hatten. Vorne auf dem Grundstück bauten sie ein großes Haus. 1960 zogen sie dort ein. Dort lebt Henrika heute noch. Ich erinnere mich an überarbeitete, nervöse Eltern in jener Zeit.

Da war auch viel Schönes.
Jedes Fest wurde gefeiert.
Das Entstehen, dass
es weiterging im Leben,
das war eine Freude.

Große Freude bereitete ihr auch das Reisen. Nun hatten sie ein Auto und fuhren regelmäßig in Urlaub an Nord- und Ostsee, 1963 zum ersten Mal nach Spanien. Ich fand das so interessant: einmal ins Ausland. Wie kam ich auf Spanien? Italien war das liebste Ziel der Deutschen, da fuhren alle hin. Aber ich wollte nach Spanien.

1970 gaben sie die Autovermietung auf, nachdem eine junge Frau mit ihrem Auto verunglückt war. Sie verkauften die Autos, erstanden davon eine neue Zentralheizung.

Die Mütter meiner Klassenkameradinnen auf dem Gymnasium trafen sich, anfangs zum Austausch über die pubertierenden Kinder, bald aber entwickelte sich daraus eine feste Institution: Mütterklönklub. Dieser Zusammenschluss mit

> »Dieser Zusammenschluss mit anderen Frauen bot Henrika die Möglichkeit zu einer von ihrem Mann unabhängigen Freizeitgestaltung.«

anderen Frauen bot Henrika die Möglichkeit zu einer von ihrem Mann unabhängigen Freizeitgestaltung. Sie fuhren sogar übers Wochenende weg, obwohl Herbert davon nicht begeistert war.

1970, nach dem Tod der Steuerberaterin und dem Ende der Autovermietung, begann sie wieder, als Sekretärin zu arbeiten. Das war geschickt, denn wir Kinder gingen aus dem Haus. Zu diesem Zeitpunkt war sie 48 Jahre alt. Ihre Loyalität und Zuverlässigkeit waren sehr geschätzt.

1968 war die Auszahlung eines Bausparvertrags fällig gewesen. Also kauften sie – wie viele Deutsche damals – im Franco-Spanien für wenig Geld ein kleines Haus. Einmal im Jahr fuhren sie vier oder fünf Wochen dorthin. Herbert schmiedete Pläne für ein Leben in Spanien auf seiner »Hacienda« nach der ersehnten Verrentung von der ungeliebten Arbeit als Polizist.

Doch 1974 wurde bei ihm Speiseröhrenkrebs diagnostiziert, er wurde umgehend im Universitätskrankenhaus operiert und starb wenige Tage später an einer Lungenentzündung. Das war das Schlimmste in meinem Leben. Wir waren dreißig Jahre verheiratet. Mein Leben war darauf ausgerichtet, mit Herbert alt zu werden. Als er starb, wackelte der Boden. Ich habe ihn so jung kennengelernt, ich hatte nie einen anderen Mann. Er war ein Teil von mir.

Diesen Tod bewältigte Henrika auch durch die Unterstützung von Lieselotte, einer Freundin aus dem MKK, Mutter dreier Kinder, Witwe seit Jahrzehnten. Nun verbrachte Henrika mit ihr die Zeiten, die ohne Herbert so unendlich schmerzhaft waren, die Wochenenden, die Urlaube.

Henrika war 52 Jahre alt, als Herbert starb. Ich habe sie oft ermuntert, noch einmal eine Beziehung einzugehen, bis sie mich angiftete: Du willst immer so emanzipiert sein, aber du kannst dir ein Leben ohne Mann anscheinend nicht vorstellen.

Lieselotte konnte nicht Auto fahren. Also saß Henrika, wenn sie eine ihrer vielen Reisen nach Spanien unternahmen, während 2.500 Kilometer am Steuer. Sie beschwerte sich nie darüber. Ganz im Gegenteil, sie arbeitete die Routen durch Frankreich sorgfältig aus, lernte so immer etwas Neues kennen, übernachtete in besonderen kleinen Hotels und genoss das französische Essen.

Zwei Wochen nach Herberts Tod wurde meine Tochter Anja geboren. Henrika war mit 52 Jahren eine junge Großmutter. Als Anja zwölf Jahre alt war, las Henrika mit meiner jüngeren Tochter, der achtjährigen Mareike, ein Buch über *Unsere Oma*. Diese Oma machte in einem Planwagen gemeinsam mit ihren Enkeln eine lustige

Reise. Daraufhin beschloss Henrika, inzwischen Großmutter von vier Enkeln, zwei von meinem Bruder, zwei von mir, so etwas auch zu unternehmen. 1986, da war sie 64 Jahre alt, fuhr sie mit vier Enkeln im Alter von zwölf bis vier Jahren los. Der Plan war, in einer von zwei Pferden gezogenen Kutsche durch Holland zu ziehen. Die »Kinder« erinnern sich daran bis heute mit Begeisterung.

Mit sechzig ging sie in Rente. Das taten damals viele Frauen. Sie erhielten ihre Rente und durften 390 Mark zusätzlich verdienen. Man durfte nach diesem Gesetz zweimal im Jahr voll arbeiten, so viele Stunden, wie du wolltest. Ich habe das ganze Jahr über gearbeitet, das habe ich mir dann im Sommer und Weihnachten auszahlen lassen. Da ging es mir gut. Das war wunderbar.

»Die Fähigkeit meiner Mutter, um sich herum eine fröhliche und herzliche Stimmung zu verbreiten, ist unglaublich.«

1994 erlitt sie einen Herzinfarkt. In dieser Zeit im Krankenhaus besuche ich sie oft. In St. Georg liegt sie in einem Mehrbettzimmer. Sie sieht sehr klein aus, und jetzt auch alt. Ich kenne sie nur wohlfrisiert, einmal wöchentlich lässt sie sich »die Haare legen«. Nun mache ich mir große Sorgen um sie.

Doch drei Tage später, als ich sie wieder besuche, sitzt sie mit anderen Frauen am Tisch und spielt Karten. In diesem Krankenzimmer herrscht eine andere Atmosphäre als beim letzten Mal, es wird gescherzt, und die kranken Frauen wirken, als wären sie gut befreundet. Die Fähigkeit meiner Mutter, um sich herum eine fröhliche und herzliche Stimmung zu verbreiten, ist unglaublich.

Bereits im kommenden Herbst fährt sie mit ihrer Freundin Lieselotte im Auto nach Polen, besucht Danzig und Sopot. Die blasse kleine Frau aus dem Krankenhaus ist wieder wohlfrisiert und unternehmungslustig. Nach dem Herzinfarkt hört sie auf zu arbeiten. Nun kann sie jederzeit reisen. Das Schwimmen in Spanien hat mich gesund gehalten. Wenn wir in Spanien waren, bin ich ewig geschwommen. Zweimal im Jahr war ich dort, einmal im Mai und dann im Herbst. Ich habe gesund gelebt. Habe viel Rotwein getrunken. Damals dachten wir, das sei gut fürs Herz.

Mit ungefähr achtzig Jahren überwindet sie zum ersten Mal ihre Flugangst. Ich sitze neben ihr, die während des Fluges Briefe öffnet, die ihre Enkelinnen ihr extra zu diesem Anlass geschrieben haben. Sie sind sehr stolz auf ihre Oma.

2005 begann wieder einmal ein neues Leben für Henrika. Benu, 24 Jahre alt, aus Kalkutta stammend, kam nach Deutschland, um in einem indischen Restaurant in Rahlstedt als Koch zu arbeiten. Er suchte ein Zimmer zur Untermiete. Henrika vermietete zu dem Zeitpunkt ein Zimmer in ihrem Haus, um ihre Rente aufzustocken. Wir konnten uns nicht verständigen. Er sprach kein Wort Deutsch, und ich spreche nicht Bengali und auch nicht Englisch. Sie wurde seine Deutschlehrerin. Heute spricht er hervorragend Deutsch, und er sagt: »Ich hatte eine strenge Lehrerin.« Als er Sprachkurse besuchte, erledigte sie täglich gemeinsam mit ihm seine Hausaufgaben.

Sie war 83 Jahre alt. Plötzlich hatte sie wieder einen Lebenspartner. Ganz anders, als wir es uns gedacht hatten, aber ihr Leben veränderte sich enorm.

Benus Arbeit als Koch dauerte oft bis in die späten Abendstunden. Henrika, immer schon eine Nachteule und Spätaufsteherin, wartete auf ihn, und dann tranken die beiden noch ein Glas Rotwein, besprachen die Ereignisse des Tages, und Henrika entwickelte sich zu einer Fußballkennerin. Außerdem saß sie mitten in der Nacht mit Benu vor dem Fernseher, wenn er Boxkämpfe gucken wollte.

Er bringt so viel Fröhlichkeit in mein Leben, sagte sie damals zu mir.

Henrika genoss seine Gegenwart ganz offensichtlich. Sie kochte kaum noch selbst, er brachte aus dem Restaurant indisches Essen mit, kam mittags oft für ein paar Stunden nach Hause, aß mit ihr gemeinsam. An seinem freien Tag unternahmen die beiden Ausflüge. Henrika zeigte ihm Hamburg, sie fuhren an die Elbe, zum Willkomm-Höft, an die Alster, in die Stadt, zum Michel. Sie, die alteingesessene Hamburgerin, entdeckte mit ihm ihre Stadt noch einmal neu.

Dann kommt die nächste Veränderung. Ein zweiter Koch wird aus Indien geholt. Topu erscheint auf der Bildfläche, drei Jahre jünger als Benu. Also erhält Topu Benus Zimmer, und Benu zieht in das kleine Schlafzimmer, in dem bis dahin Henrikas Gäste übernachtet haben. Nun teilt sie ihr Badezimmer mit zwei jungen Männern.

Anfangs gefällt es ihr nicht. Topu spricht kein Deutsch. Auch er lacht immer verlegen, wenn sie mit ihm redet. Im Gegensatz zu Benu ist Topu nicht am Lernen der deutschen Sprache interessiert. Aber er ist überaus freundlich und hilfsbereit. Wenn Henrika Hilfe im Garten braucht, steht er zur Verfügung. Leider reißt er auch alle Blumen heraus, kürzt den Flieder zu einem Stumpf. Meine Mutter, die bei uns Kindern sehr streng sein konnte, lacht darüber nur.

Nach kurzer Zeit ist offensichtlich: Henrika ist die von beiden jungen Männern nicht nur respektierte, sondern auch geschätzte

Gesprächspartnerin. An ihren freien Tagen unternehmen sie etwas mit ihr. Nun kutschiert sie auch Topu durch Hamburg.

Mittlerweile kennt sie alle Fußballvereine, und bei irgendwelchen Meisterschaften fiebert sie gemeinsam mit den »Jungs« um den Sieg Deutschlands.

Und: Sie ist Geheimnisträgerin beider. Ihr vertraut Topu an, dass in Kalkutta ein Mädchen auf ihn wartet.

Beide weihen sie in ihre Hindu-Religion ein. Henrika, die zwar brav Kirchensteuer zahlt, man weiß ja nie, hatte bislang keine Beziehung zu Gott. Nun erfährt sie viel über eine Göttin, zu der Topus und auch Benus Familie pilgern, und in ihrem Haus gibt es einen kleinen indischen Altar.

Henrika unterstützt Topu bei all seinen Bemühungen, in Deutschland bleiben zu dürfen, aber seine Anträge werden abgelehnt. Er muss nach Indien zurückkehren. Nach der Ablehnung seiner Aufenthaltsverlängerung bleibt er noch ein Jahr lang in Deutschland. Dann verabschiedet er sich tränenreich von Henrika. Benu bleibt. Er beantragt einen deutschen Pass – und erhält ihn.

2013 fuhr ich mit meiner Mutter, Benu und Mira, meiner damals vierjährigen Enkelin, nach Spanien. Abends, wenn ich Mira ins Bett gebracht hatte, ging ich in die verglaste Veranda, und dort saßen meine Mutter und Benu und erklärten einander ihre Welten. Er lauschte ihr gebannt, und sie schenkte ihm ihre volle Aufmerksamkeit, wenn er von seiner Welt erzählte. Es rührte mich sehr.

Damals war Henrika 91 Jahre alt.

2009 war Lieselotte gestorben, ein schwerer Schlag für Henrika. Sie war traurig, aber sie blieb ein optimistischer Mensch. Auch zwei Knieoperationen konnten daran nichts ändern. Regelmäßig besuchte sie weiter ihre Gymnastikgruppe, zu der sie seit ihrem Herzinfarkt ging.

Ein Urenkel nach dem anderen wurde geboren. Wohlwollend nimmt sie sie auf, aber nicht mehr mit dem Enthusiasmus wie bei ihren Enkeln.

Als ich neunzig wurde, habe ich mich noch jung gefühlt, sagt sie.

Doch dann stürzte sie mit 92, es war nicht das erste Mal, diesmal kam sie indes ins Krankenhaus, wenn auch nur kurz. Zu diesem Zeitpunkt wurde ihr nahegelegt, einen Stock zu benutzen und vorerst nicht mehr Auto zu fahren. Ihre geliebte und gehegte Selbständigkeit erlitt schwere Einbuße.

2016 kam die nächste Veränderung. Benu holte sich eine Frau aus Indien. Die erste Zeit, als Uma da war, gestaltete sich schwierig für Henrika.

»Tief wirkt auch nach, dass sie Respekt selbstverständlich erwartet.«

Bis zu diesem Zeitpunkt habe ich mich nicht alt gefühlt. Mit den beiden Jungs war ich immer mittendrin. Aber nun war das anders. Uma sprach mit Benu Bengali, ich saß daneben wie das fünfte Rad am Wagen. Und Benu verhielt sich auch anders. Er betonte jetzt, dass er der Mann im Haus ist.

Aber sie animiert Uma, Deutsch zu lernen. Wieder bemüht sie sich, Uma bei ihren Schulaufgaben zu unterstützen, wenn ihre Augen jetzt auch nachlassen. Sie gibt sich große Mühe, der jungen Frau das Eingewöhnen in Deutschland zu erleichtern. Und siehe da, Uma nimmt Henrika wie ihre deutsche Mutter an. Sie wie auch Benu sagen Mom zu ihr, und die drei bereiten gemeinsam dem Baby ein Nest.

Bald lachten sie wieder miteinander und sprachen Deutsch.

Uma ist sehr vorsichtig und aufmerksam mit mir. Sie übernimmt zwar meine Küche total, aber ich fühle mich immer respektiert. Das brauche ich.

»Hast du früher mal gedacht, dass du im Alter mit Menschen aus Indien zusammenleben würdest?«

Nie! Das wäre mir gar nicht eingefallen.

Ich hatte mir überhaupt nicht viel Gedanken über das Alter gemacht.

Nach dem Infarkt und den Knieoperationen habe ich immer gedacht, dass ich nicht lange lebe.

»Hast du jemals das Gefühl gehabt, dass Altwerden schlimm ist?«

Nein! Als Lieselotte 2009 starb, das war schlimm. Mit ihr waren die Sonntage nie langweilig. Irgendwas passierte immer, wir hatten immer etwas vor. Zum 90. Geburtstag hatte ich das Gefühl auch nicht. Aber ab 92 kein Auto mehr, das war ein Einschnitt. Die Freunde starben alle der Reihe nach weg. Das war nicht schön.

Das große Drama ihres Alters war der Tod ihres Sohnes Jörn nach dessen Krebserkrankung 2017. Da wollte sie nicht mehr leben und klagte das Schicksal an. Wieso sie alte Frau noch lebe und ihr geliebter Sohn viel zu früh sterben müsse. Doch sie ist am Leben geblieben, auch wenn er immer fehlt.

Sie ist eine Ahnin, die Generationen von Frauen geprägt hat. Zuerst mich. Ihre Lebensfreude, ihre Reiselust, ihr Humor und ihre Fähigkeit, auf eine irgendwie subversive Weise ihre Bedürfnisse durchzusetzen, das wirkt tief nach.

Tief wirkt auch nach, dass sie Respekt selbstverständlich erwartet. Vor Jahren erzählte sie empört, dass ein junger Mann zu ihr »Oma« gesagt habe. Da habe ich ihn angeschaut und gesagt: Ich bin nicht Ihre Oma. Da war er ganz still.

Ihr Leben zuerst mit Benu, dann mit

Topu und nun mit der kleinen indischen Familie zeigt auf eindrückliche Weise, dass Flexibilität und Offenheit für Neues im Alter möglich ist. Das macht nicht

nur mir Mut, ihre Enkelinnen betonen, dass sie von Omi gelernt haben, ihr Leben mutig, optimistisch und mit Arbeit, Kindern und Familie zu gestalten.

Im vergangenen Jahr im November steckte sie sich nach einem Sturz im Krankenhaus mit Corona an.

Am Telefon sagte sie zu meiner Tochter: Ich akzeptiere es nicht, dass ich in zwei Wochen tot sein soll.

Sie hat es überlebt. Sie lebt. In ihrem Haus. Mit Benu und Uma und Piu. Und gestern noch sagte der Ohrenarzt, dass ihre Ohren sich seit vier Jahren nicht verschlechtert hätten.

Als Herbert starb, *wackelte* der Boden. Ich habe ihn so jung kennengelernt, ich hatte **nie** einen **anderen** Mann. Er war ein **Teil von mir.**

HENRIKA JACOBSEN

Esther Bejarano

GESPRÄCH IM JUNI 2021

HAMBURG, 1924 GEBOREN
IM JULI 2021 GESTORBEN

»

ICH HABE VIEL GLÜCK GEHABT, WAHNSINNIGES GLÜCK

«

—— Diesen Satz sagt, betont, wiederholt die winzigkleine fast 97-jährige Frau (sie ist weniger als eineinhalb Meter groß), als wir in ihrem Wohnzimmer sitzen mit Blick auf das Grün in ihrem Garten. Ihre Stimme ist klar, ihre Augen skeptisch klug.

Ich staune.

Diese Frau, die vom Geschenk des Glücks in ihrem Leben spricht, hat den Holocaust erlebt, war im Vernichtungslager Auschwitz, anschließend im Frauenstraflager Ravensbrück und ist von den Nazis auf den Todesmarsch geschickt worden.

Inzwischen waren ihre Eltern ermordet worden, die Schwester Ruth war auch tot, lange denkt Esther, sie sei an der Schweizer Grenze erschossen worden, erst 2016 erfährt sie, dass Ruth im Dezember 1942 in Auschwitz ermordet worden ist.

Esther Bejarano hat diese Hölle von April bis November 1943 als Neunzehnjährige durchlitten. Aufgewachsen war sie in einer Familie, in der Musik eine wichtige Rolle spielte. Die schöne Mutter hatte den Vater kennengelernt, weil er ihr Klavierlehrer gewesen war, das Klavierspiel zog sich durch Esthers Kindheit. Sie war die Jüngste von vier Geschwistern. Krümel wurde sie genannt, und der Vater, Kantor in Saarlouis, sagte, sie sei »frech wie Oskar«.

Esther ist unter anderem bekannt, weil sie Akkordeonistin im Mädchenorchester von Auschwitz war.

> *Das war das Schrecklichste, was ich je erlebt habe: dort zu stehen und zu spielen, während die Züge zu den Gaskammern fuhren. Die Leute dachten, so schlimm kann es hier nicht sein. Böse Menschen machen keine Musik.*

Das Schrecklichste. Daneben gab es die alltägliche Hölle: Frauen, die sich in den mit Hochspannung gesicherten Zaun warfen, um dem Elend ein Ende zu setzen. Mitgefangene, zerfleischt von Hunden. Mitleidende, die neben ihr zu Boden fielen, von der schweren Arbeit hingerichtet.

Das war ihr Prinzip, Vernichtung durch Arbeit oder direkt durch Gas. Oder durch andere Quälereien. Die Auslöschung der Inhaftierten war der Sinn und Zweck.

Esther erlitt alles: Sie hatte Typhusfieber, Hungerödeme, Entzündungen an Bronchien und Nieren.

Nein, Esthers Leben war spätestens ab 1942 nicht durch Glück geprägt.

Auch nach der Befreiung war sie zuerst in Palästina und dann in Israel nicht willkommen; Menschen, die den Holocaust überlebt hatten, wurde mit Misstrauen begegnet, sie wurden als Kollaborateure verdächtigt.

Als Verfolgte der Nazis wurde ihr in Israel nicht die kleinste Unterstützung zuteil. Ganz im Gegenteil. Von der »Entschädigung«, die ihr Siemens zahlte, musste sie noch einen Teil an den israelischen Staat abgeben. Sie musste hart arbeiten als Kellnerin, Arbeiterin, Hausgehilfin, um ihr Musikstudium zu finanzieren.

Und dann, als sie 1960 nach Deutschland zurückkehrte, wurde sie mit einem Staat konfrontiert, in dem die alten Nazis in führenden Positionen saßen. Wahnsinniges Glück?

Doch der Reihe nach.

Ich verehre Esther Bejarano seit vielen Jahren, habe sie auf Festivals erlebt, eine Frau mit einer wundervollen Stimme, einer kraftvollen und warmherzigen Ausstrahlung und berührenden jiddischen Liedern.

Theodor W. Adorno hatte gesagt: »Nach Auschwitz ein Gedicht zu schreiben, ist barbarisch« , und da stand diese Frau, die Auschwitz überlebt hatte, auf der Bühne und vertrat eine vollkommen andere Position: Wir müssen erst recht dichten, singen, malen. Damit so etwas nie wieder geschieht!

Von Beginn meines Projekts an wünschte ich mir, Esther Bejarano für ein Gespräch zu gewinnen. Und ich las ganz offiziell im Telefonbuch: Name, Adresse, Telefonnummer. So unkompliziert konnte das doch nicht sein! Diese Frau war über Deutschland hinaus bekannt, hatte das Bundesverdienstkreuz erhalten, tourte gemeinsam mit einer Rap-Band – und dann einfach so öffentlich Adresse und Telefonnummer?

Keine andere Frau hatte ich angerufen, ohne vorher anzuklopfen und mein Konzept vorzustellen. Ausgerechnet bei Esther Bejarano sollte ich mit der Tür ins Haus fallen? Ich zögerte wochenlang. Da war auch noch Corona. Plötzlich hatte ich das Gefühl, mich beeilen zu müssen, also fasste ich mir ein Herz, rief an – und hatte sie sofort am Apparat.

Eine frische Stimme. Ich bin beklommen, erkläre ein wenig holprig, worum es geht.

Können Sie das nicht aus meinem Buch nehmen? Haben Sie mein Buch gelesen?

Ja, ich habe es gelesen, nein, das reicht nicht.

Na gut, aber jetzt haben wir erst mal Auftritte. Eine strenge Stimme. Meine Beklommenheit wächst. Dann nennt sie mir einen Termin.

Die Tage vorher bin ich aufgeregt. Müsste ich nicht anrufen, um mich zu vergewissern, ob es auch wirklich stattfindet?

Wir klingeln, und nein, sie hat es nicht vergessen.

Sie lebt allein in ihrer Wohnung, in der sie seit Jahrzehnten wohnt. Sie hat eine große Familie, ihr Sohn Joram hat einen Sohn, der auch schon wieder zwei Töchter hat. Edna, ihre Tochter, hat einen Sohn, der auch zwei Kinder hat. Esther ist also Uroma von vier Urenkeln.

Ich habe großes Glück gehabt, in Hamburg so viele Freunde zu finden. In der VVN ein Zuhause gefunden zu haben. Eine Heimat habe ich natürlich nicht gefunden, nachdem sie meine Eltern und meine Schwester getötet haben, aber ich habe in Hamburg ein Zuhause gefunden. Meine Freunde kümmern sich um mich und wollen unbedingt, dass ich hundert Jahre alt werde.

Sie spricht über ihre Kinder. Wie es war, als sie 1960 von Israel nach Deutschland kamen. Die Kinder, acht und neun Jahre alt, lernten im Nu alles, was andere Kinder ihres Alters auch lernten, einschließlich der deutschen Sprache. Heute ist Joram Musiker; ihre Tochter, die einst Sängerin bei den Rattles war und später gemeinsam mit ihrer Mutter die Musikgruppe Coïncidence gründete, empfindet Israel als ihre eigentliche Heimat.

Esthers Beziehung zu Israel ist durchaus nicht konfliktfrei. Als Esther in Palästina ankam, das damals unter britischer Hoheit stand, wurde sie wieder in ein Internierungslager gesteckt. Sie konnte das Lager nur deshalb verlassen, weil sie Verwandte in Palästina hatte. Sie empfand die israelische Politik von Beginn an als aggressiv und militaristisch.

Ich wollte nicht nach Deutschland zurück. Für mich ist Deutschland das Land der Täter. Aber wir mussten aus Israel weg.

»Wie viele andere jüdische Menschen hatte Esther nach dem Ende des Krieges nicht mehr über ihre Erfahrungen gesprochen. Es war tief in ihr vergraben.

Ich konnte das Klima dort nicht vertragen. Zweitens waren wir mit der Politik in Israel nicht einverstanden, wie sie sich den Palästinensern gegenüber verhalten. Mein Mann sollte in den Krieg gegen die Palästinenser ziehen. Mein Mann hat gesagt, das sind Angriffskriege, keine Verteidigungskriege. Wir wollten nicht dort bleiben.

Klingt nicht nach »wahnsinniges Glück«. Von Deutschland hatte sie einen Heimatschein bekommen, in dem stand, dass sie ihre deutsche Staatsangehörigkeit nie verloren hatte. Also stand ihr der Weg offen. Nissim, ihr Mann, war der »Ausländer«, er sprach kein Deutsch, musste sich integrieren.

Wie viele andere jüdische Menschen hatte Esther nach dem Ende des Krieges nicht mehr über ihre Erfahrungen gesprochen. Es war tief in ihr vergraben. Nicht einmal ihr Mann kannte das ganze Grauen. Als sie dann nach Deutschland kamen, sprach sie sowieso kaum mehr. Anfangs habe ich mit niemandem gesprochen. Wenn ich jemandem auf der Straße begegnet bin, habe ich mich gefragt, was hat der während des Krieges gemacht? Ich hatte kein Vertrauen in die Menschen. Das hat sich hinterher geändert. Ich habe Menschen getroffen, die gesagt haben, man muss menschlich sein, man darf niemanden hassen, nur weil er von woanders kommt oder eine andere Religion hat.

Doch diese Menschen traf sie erst nach langer Zeit. Anfangs war sie entsetzt über diesen Staat, in dem die alten Nazis wieder oder immer noch wichtige Positionen einnahmen, die Kommunistische Partei hingegen verboten wurde. Anfangs hat sie sich entsetzlich fremd gefühlt. Dabei war sie nach Hamburg gegangen, weil sie auf gar keinen Fall irgendwo leben wollte, wo sie an ihr Leben vor 1942 erinnert würde. Hamburg war ihre Wahl, weil sie noch nie in Hamburg gewesen war.

Anfangs ging es wieder nur ums Überleben. Nissim hatte von 1962-65 eine Wäscherei in der Harkortstraße, und es gruselt mich, wenn ich höre, dass Esther die schmutzige Wäsche der Deutschen wusch, eine anstrengende Arbeit. Danach arbeitete Nissim nachts als Geschäftsführer in der Hähnchenbraterei Mont-Matre auf der Reeperbahn. Die Tätigkeit endete abrupt, weil er von einem betrunkenen Gast mit dessen Holzbein so heftig geschlagen worden war, dass er durch die Scheibe der Ladentür flog. Auch hier wieder wurde Esther mit deutscher Brutalität Ausländern gegenüber konfrontiert. Der zehn Zentimeter lange Kopfschnitt wurde einfach genäht und Nissim nicht geröntgt. Allein durch Esthers Eingreifen wurde ihr Mann ins israelische Krankenhaus verlegt, wo er drei Wochen lang blieb.

Damals flammte mein Hass gegen die Deutschen wieder auf. Was sollten wir tun? Nach Israel zurück? Die Kinder wieder aus der Schule nehmen? Und dann wurde in Israel der Araberhass immer größer, das war schrecklich.

Als Nissim aus dem Krankenhaus kam, wurde er entlassen, war arbeitslos und beschloss, gemeinsam mit einem Partner eine Discothek in Uetersen aufzumachen, die anfangs sehr erfolgreich war.

Doch als die Uetersener hörten, dass beide Chefs Juden sind, schickten sie Schlägertrupps, die Schlägereien inszenierten.

Das »gute« Publikum blieb weg, die Umsätze blieben aus. Der Polizeichef aus Uetersen riet uns, schnell zu verkaufen. Die Leute wären nun mal Antisemiten dort und würden uns keine Ruhe lassen. Wir verloren viel Geld, aber als wir aus diesem Nazinest raus waren, war ich froh. Das war 1968.

Zwei Jahre vorher hatten sie in die USA auswandern wollen. Die amerikanischen Behörden, besser informiert, als es die Stasi jemals vermocht hätte, wussten, dass Nissim in Israel in der kommunistischen Jugend organisiert und später Betriebsratsvorsitzender gewesen war. Der amerikanische Konsul riet Nissim, in einem Artikel zu veröffentlichen, dass er heute ein Feind der Sowjetunion sei und seine politische Meinung vollkommen geändert habe.

Wir waren beide dagegen, unsere Meinung zu verleugnen, nur um in das »Superland Amerika« einzureisen. Also mussten wir in der Bundesrepublik Deutschland irgendwie unsere Existenz aufbauen.

Ich habe Fotos von Esther aus den Jahren nach dem Krieg in Palästina gesehen. So eine schöne junge Frau! Energie und Lebensfreude, scheinbar ungebrochen durch die Jahre in der Hölle, lassen sie auf den Fotos strahlen.

Und dann in Deutschland wieder so ein harter Existenzkampf! Ich wage nicht, abermals zu fragen: Wieso redest du davon, dass du wahnsinniges Glück im Leben hattest?

Doch sie spricht auch nicht von Unglück, fällt mir auf, sie will nicht im geringsten an mein Mitgefühl appellieren, sie ist zornig! Und sie ist zutiefst politisch. Sie klagt nicht, sie klagt an. Das ist ein großer Unterschied.

Vor mir sitzt keine gebrochene alte Frau, sondern eine zornige, die will, dass Menschenfeindlichkeit ein Ende nimmt.

Zornig ist auch ihre Stimme, als sie die Szene beschreibt, die sie in ihrer Boutique »Sheherazade« im Hellkamp im Hamburger Stadtteil Eimsbüttel erlebt hat: Die

NPD hatte einen Infostand Ecke Hellkamp/Osterstraße. Ich sah, wie sie körperlich aggressiv auf die Antifaschisten reagierten, die gegen sie vorgingen. Und die Polizisten? Die schützten die Nazis! Da bin ich raus und hab den Polizisten gesagt, dass ich im KZ gewesen wäre und nicht verstände, wieso sie die Nazis schützten, und da sagt der doch: In Russland gibt es auch KZ, und ich soll reingehen, sonst krieg ich noch einen Herzinfarkt. Da wusste ich, dass ich was tun muss.

So begann Esthers »neues Leben« in der BRD. Sie trat in die VVN-BdA ein, die Vereinigung der Verfolgten des Naziregimes, Bund der Antifaschistinnen und Antifaschisten. Endlich entwickelte sich ein Gefühl von Zugehörigkeit. Und sie begann zu sprechen. Und zu singen. Ihr Leben lang hatte sie sich danach gesehnt, nun endlich, 55-jährig, findet sie ihre Bühne – und ihr Publikum. Sie gründete als Erstes die Gruppe Siebenschön, in der sie noch Akkordeon spielte und mit der sie international auftrat. Dann die Gruppe Coïncidence mit ihren Kindern Edna und Joram. 1982 stand sie bei einem großen Konzert »Künstler für den Frieden« auf einer Bühne mit Harry Belafonte, Hannes Wader, André Heller, Konstantin Wecker und vielen anderen.1983 gab sie ihre Boutique auf und arbeitete nur noch als Künstlerin.

»Endlich entwickelte sich ein Gefühl von Zugehörigkeit. Und sie begann zu sprechen. Und zu singen.«

Nun ist es vielleicht an der Zeit, sie nach ihrem Glück zu fragen.

Ihre Augen funkeln mich an. Fast zornig, fast so, als wäre meine Frage dumm, wo ich doch ihr Buch kenne. Natürlich hatte ich immer Glück. Ohne Glück würde ich hier nicht sitzen. Wahnsinniges Glück.

Ich bitte sie, mir von ihrem Glück zu erzählen.

Sie zögert, wirkt wieder streng auf mich, das ist keine liebe alte Frau, diese Frau hat einen verdammt scharfen Verstand und eine klare Position. Die Position einer Antifaschistin, die dieses Gespräch mit mir allein deshalb führt, weil es Teil ihres Jobs ist. Und ihr Job ist die Aufklärung. Damit es nie wieder Faschismus gibt!

Ich bin nach Auschwitz gekommen, dort war ich erst in einem Arbeitskommando, da musste ich schwere Steine schleppen. Das hätte ich auf Dauer nicht gekonnt. Ich hatte großes Glück, weil man Frauen gesucht hat, die ein Instrument spielen. Das war völlig abstrus. Wer kommt schon auf so eine Idee, ein Orchester in einem Vernichtungslager zu installieren. Ich konnte Klavier spielen, aber in Auschwitz gab es kein Klavier. Die Dirigentin Tschaikowska sagte zu mir, du kannst nur mitmachen, wenn du Akkordeon spielst. Ich habe einen großen Schreck gekriegt. Habe nicht gestanden, dass das Akkordeon ein völlig fremdes Instrument für mich war. Habe gesagt, ja, ich kann Akkordeon spielen, aber ich habe lange nicht gespielt. Sie hat gesagt, spiel mir den Schlager »Du hast Glück bei den Frau'n, Bel Ami« vor. Ich habe gesagt, ich muss mich nur noch ein wenig einfinden in das Instrument. Nun war die rechte Seite des Instruments kein Problem, das waren Klaviertasten, die Melodie konnte ich auf jeden Fall spielen. Aber ich konnte nicht die Knöpfe auf der anderen Seite bedienen. Ich dachte, was soll ich denn damit anfangen? Das sind bestimmt die Bässe. Und dann habe ich gesucht. Ich hatte auch wieder Glück, weil ein Knopf, der war so eingebuchtet, da habe ich gedacht, das ist bestimmt C-Dur. Und das war auch C-Dur. Und dann habe ich die anderen Bässe abgeleitet. Das habe ich nur geschafft, weil ich so ein gutes musikalisches Gehör hatte. Auf jeden Fall habe ich der Tschaikowska vorgespielt, und sie hat mich aufgenommen.

Ein großes Glück: Nun musste ich keine schwere Arbeit mehr machen, nur noch spielen. Obwohl das natürlich auch schwer war, weil wir zu Anlässen spielen mussten, die wirklich furchtbar waren. Erstens mussten wir am Tor stehen und spielen, wenn die Arbeitskolonnen zur Arbeit ausmarschiert und abends wenn sie zurückgekommen sind. Die mussten im Gleichschritt nach unserer Musik marschieren, wir haben nur Märsche und so was gespielt. Das Allerschlimmste war, dass die SS uns gesagt hat, wir müssen am Tor stehen und spielen, wenn neue Züge aus ganz Europa kamen, mit vielen jüdischen Menschen, die mit diesen Zügen direkt in die Gaskammern fuhren. Und wir wussten das, aber wir durften nicht aufhören zu spielen. Hinter uns stand die SS mit ihren Gewehren, wenn wir nicht gespielt hätten, hätten sie uns abgeknallt. Die Leute wussten ja nicht, wo sie hinfahren, die haben uns zugewunken. Das war ganz schlimm. Aber es war auch Glück:

Wäre ich nicht in das Orchester gekommen, wäre ich elendig gestorben.

Im Spätherbst des gleichen Jahres widerfuhr ihr das nächste »glückliche« Ereignis. Sogenannte »Mischlinge« durften nicht in einem Vernichtungslager, sondern nur in einem Konzentrationslager sein. Das Internationale Rote Kreuz hatte sich dafür eingesetzt, dass alle sogenannten Mischlinge aus Auschwitz herauskommen sollten. Die sollten sich bei der Blockältesten melden. Ich wollte das nicht. Wollte lieber mit meinen Kameradinnen zusammenbleiben. Aber alle meine Freundinnen haben gesagt, du bist die Einzige, die aus Auschwitz rauskommen kann. Du musst den Menschen später erzählen, was für schlimme Dinge wir hier erlebt haben. Ich habe mich also gemeldet.

Es dauerte einige Wochen, denn die Nazis überprüften, ob Esther wirklich zu einem Viertel »arisch« war aufgrund ihrer christlichen Großmutter, der Mutter ihres Vaters. Nun kam sie nach Ravensbrück, das größte Frauenstraflager. Das war auch nicht besser als Auschwitz. Ich habe wieder schwere Arbeiten verrichten müssen, Kohleloren geschoben, Kohlen aufgeladen und abgeladen, eine schreckliche Arbeit. Lange hätte ich das nicht durchgestanden. Dann habe ich mich gemeldet für Siemens. Da mussten wir Kriegsmaterial herstellen.

Siemens hat sich ganz schlimm betragen, die haben keine Wiedergutmachung bezahlt, so viele Ausländer, die da gearbeitet haben, haben keinen Pfennig bekommen. Ich war eine von den wenigen, die etwas bekommen hat. 1.300 Mark für drei Jahre Schufterei.

Dennoch war es für die zarte Esther ein Glück, bei Siemens zu arbeiten, statt die harte Arbeit an den Loren verrichten zu müssen, unter der sie zugrunde gegangen wäre. Esther arbeitete gemeinsam mit Russinnen und Ukrainerinnen. Die Vorarbeiterin hat gesagt, du musst Russisch lernen, dann kannst du denen sagen, was sie zu machen haben. Ich wollte auf keinen Fall Vorarbeiterin werden. Ich habe mit den Russinnen in einem Block zusammen geschlafen, denen habe ich das erzählt, die haben gesagt, mach das, dann können wir auf Russisch erfahren, was wir machen müssen. Ich habe ein wenig Russisch gelernt, dann hat das geklappt. Sie haben mir auch russische Lieder beigebracht.

Bei Siemens arbeitete sie bis 1945. Dann kam gottseidank die Rote Armee!

Die Nazis, die in diesen letzten Tagen ihrer Macht überall im Land ihre Spuren verwischen wollten, holten alle, die noch laufen konnten, aus dem Lager und setzten sie in einen der sogenannten Todesmärsche. Kilometerweit mussten die Häftlinge laufen. Zu siebt waren wir in einer Reihe, und auf jeder Seite ist ein SS-Mann gegangen oder eine SS-Frau, und die haben so viele Frauen, die nicht mehr laufen konnten, die hingefallen sind, einfach erschossen. Es war furchtbar!

Doch selbst in dieser entsetzlichen Lage begegnete Esther dem Glück. Bereits im Lager hatten kommunistische Insassinnen, die ein Radio versteckt hielten, verbreitet, dass die Russen kämen und die Frauen auf dem Marsch unter ihrer gestreiften Häftlingskleidung »zivile« Kleidung anziehen sollten. Das konnte man in den Lagern organisieren. In den Effektenkammern wurde alles gesammelt, Schuhe, Strümpfe und Hosen, alles Mögliche. Dort haben auch Gefangene gearbeitet. Wenn wir was haben wollten, mussten wir das bezahlen –

»Ihr Leben lang wollte Esther Künstlerin sein, Sängerin. Und nun um 1970 herum wurde alles anders!«

mit Lebensmitteln. Ich habe mir einmal einen Pullover gekauft für einen ganzen Laib Brot, da habe ich eine Woche lang gehungert. Und dann habe ich mir noch einen Rock besorgt.

Das zog Esther unter ihre Sträflingskleidung.

Fünf Tage lang marschierten sie. Es war April, es war kalt, sie konnten nirgends schlafen. Aber dann haben wir gehört, wie ein SS-Mann zu einem anderen sagte: Es darf nicht mehr geschossen werden. Das war unser Glück. Dann haben wir gewartet, bis wir durch einen Wald gegangen sind, haben verabredet, dass jede Einzelne von uns sieben sich hinter einem Baum versteckt.

Wir waren sehr vorsichtig, dass kein SS-Mann uns sieht. Und wir haben es geschafft!

Sie zogen die Sträflingskleidung aus und standen in Zivil da. Das nächste Glück stieß ihnen in Gestalt eines Bauern zu, der sie aufnahm und verköstigte. Viel später suchte sie nach diesem Bauern, um sich zu bedanken, doch da war er bereits gestorben.

Nachdem die sieben jungen Frauen durch ein Deutschland gezogen waren, das von siegreichen Besatzern und untergetauchten Nazis bevölkert war, gelangten sie in den Kibbuz Buchenwald. Auch andere ehemalige Konzentrationslager nahmen diese Menschen auf, die kein Zuhause mehr hatten, »Displaced Persons«, und wurden praktisch zu einem Flüchtlingslager. Der Kibbuz Buchenwald bereitete auf die Auswanderung nach Palästina vor.

Ein weiteres wahnsinniges Glück für Esther war Nissim, ihr Mann. Es muss eine sehr besondere Liebe gewesen sein. Sie haben sich in Palästina kennengelernt, im Arbeiterchor Ron. An der Wand hängt ein Foto, das die beiden beim Tanz zeigt. Ein großer attraktiver Mann, ein kleine kesse Frau. Wir haben gern getanzt, er war ein schöner Mann. Ich habe ihn sehr geliebt.

Er hatte sie auserwählt. Sie war anfangs verschlossen, hatte gerade eine unglückliche Liebe hinter sich. Er blieb indes beharrlich, und irgendwann erhörte sie ihn. Was sie nie bereut hat. Er muss ein sensibler, aufmerksamer und kluger Mann gewesen sein (zudem charmant und schön, wie Peggy Parnass in einem Nachwort zu Esthers Buch betont), dem Esthers Wohlergehen am Herzen lag. Selbst die letzten

»Esther lehrt mich bei diesem Gespräch eindrücklich, dass Glück nichts ist, das uns zustößt, sondern für das wir uns öffnen und das wir ergreifen müssen, wenn es sich zeigt.«

Jahre, als er, an Parkinson erkrankt, ein Pflegefall war, erinnert Esther ihre Beziehung als liebevoll und nah. 49 Jahre lang teilten sie alles, kurz vor der Goldenen Hochzeit, 1999, starb er. Ein schwerer Schlag für Esther. Wenn sie über ihn spricht, leuchtet ihr Gesicht, es ist spürbar: Sie liebt ihn bis heute.

Noch mehr Glück? Sie lacht. Was ist schon Glück?

Es war ein Glück für sie, dass sie sich entschied, es mit diesen »anderen« Deutschen auszuprobieren. Dass sie in die VVN eintrat, dass sie ihren Mund aufmachte und sprach und sang. Was für eine Befreiung muss das gewesen sein!

Ihr Leben lang wollte Esther Künstlerin sein, Sängerin. Und nun um 1970 herum wurde alles anders! Wenn das kein Glück ist. Vor allem Glück für uns, die wir sie hören und erleben dürfen.

2016 am Telefon meldete sich das Glück abermals mit Namen Microphone Mafia. Da war Esther 85 Jahre alt. Eine Männerstimme sagte: Ich bin der Kutlu von der Gruppe Microphone Mafia. Was?, schrie Esther. Mit der Mafia will ich nichts zu tun haben.

So begann ihre Zusammenarbeit mit Rappern.

Wer Kutlu Yurtseven, Sohn türkischer Migranten, und Rosario Pennini, dessen Familie aus Italien kommt, auf der Bühne erlebt hat, kann nicht anders als überwältigt sein von einer geballten männlichen Energie. Ihr Witz, ihre Körperlichkeit, ihre Erotik, ihre zornigen politischen Texte gehen unter die Haut.

Esther lehrt mich bei diesem Gespräch eindrücklich, dass Glück nichts ist, das uns zustößt, sondern für das wir uns öffnen und das wir ergreifen müssen, wenn es sich zeigt. Heute füllt die Gruppe die Säle in Kuba, Italien und in vielen anderen Ländern und reißt die Zuschauer, zumeist junge Leute, von den Sitzen. Rap,

Hip-Hop, das ist keine Musik, von der sich eine 85-jährige Frau unbedingt angesprochen fühlt. Doch nach einem Treffen mit Kutlu folgte ein gemeinsames Programm und dann – über 600 Auftritte!

Es macht mir nichts aus, zu fliegen. Nur diese ganzen Kontrollgeschichten sind lästig. Letztes Mal musste ich sogar meine Schuhe ausziehen. Ich alte Frau! Corona hat sie gestoppt.

An ihrer Wand hängt ein Foto von Esther und Kutlu auf einer Piazza in Italien. Beide sehen gelöst und sehr schön aus, Esther keineswegs wie eine alte Frau.

Esther und die drei Männer auf der Bühne: Joram spielt Gitarre, die Rapper machen die üblichen Bewegungen, der Text ist zornig, der männliche Körper voller Rhythmus und dann – Esther: In der Mitte, ihre Stimme ist nicht mehr so kraftvoll wie früher, aber ihre Ausstrahlung ist die einer sehr weisen Frau, einer mahnenden Mutter, einer Kämpferin, die nie aufhören wird, ihre Stimme laut werden zu lassen. Und Kutlu? Wird zärtlich, wendet sich ihr zu, legt den Arm um sie. Die Männer lächeln, treten in den Hintergrund: Esther ist die Hauptperson.

Diese jungen Männer verehren Esther. Wegen ihrer Geschichte. Wegen ihres Mutes. Wegen ihres Humors. Wegen ihrer menschlichen Wärme. Wegen ihrer ganzen Persönlichkeit. Und auch weil sie als Künstlerin eine wichtige Botschaft verkörpert: Sag laut, was du zu sagen hast. Gib nicht auf! Mach immer weiter!

Auf der Website der Microphone Mafia ist zu lesen:

Dass Esther in Schulen geht, diskutiert, liest, singt und tanzt, das ist ihre späte Rache an den Nazis – da bleibt es uns als Microphone Mafia zu sagen, es ist uns eine Ehre, ein Teil ihrer Rache sein zu dürfen!

Und mir wird es immer eine Ehre sein, bei Esther Bejarano zu Hause mit Blick auf ihren Garten über Glück gesprochen zu haben.

Othella Dallas

GESPRÄCH IM APRIL 2019

ZÜRICH, 1925 IN MEMPHIS,
TENNESSEE, GEBOREN,
IM HERBST 2020 GESTORBEN

»

ICH MACHE ES, UND ICH MACH ES IMMER NOCH!

«

Um mich auf Othella einzustimmen, bevor ich über sie zu schreiben beginne, lege ich eine CD von ihr ein. Ich höre ihr freches, raues Lachen. Ihre Stimme, eine Blues-Stimme, die unter die Haut geht. I have the right to sing the Blues.

Am 7. Februar 2020 habe ich sie zuletzt gesehen. Einen Tag später schreibe ich Lena: »Oh mein Gott, Lena, so was habe ich seit sehr langer Zeit nicht erlebt. Solche Musiker, die Othella durch den Abend tragen, dann kamen noch Gäste hinzu, ein afrikanischer Trommler, ein unglaublicher Trompeter, ein Mundharmoniker, und alle spielen zum Füßeküssen, und sie macht die Show und singt, zum Teil herzergreifend. Am Schluss waren neben ihr acht Musiker auf der Bühne, einer besser als der andere, alle mit so viel Wärme für Othella. Und das Publikum, vor allem junge Menschen, tobte, gab Standing Ovations, klatschte, tanzte ... Wahnsinn! Zwei Stunden am Stück!«

Ein unvergesslicher Abend! Noch Tage vorher hatte mir Peter, ihr Sohn, gesagt, er wisse nicht, ob Othella das Konzert durchstehen würde. Sie werde schwächer, sie werde dünner. Und als sie auf die Bühne ging – in einem weißen glitzernden Hosenanzug mit einem schulterfreien Oberteil, supersexy –, zitterte ich noch um sie. Sie war 94 Jahre alt, und sie war nicht gesund. Mutete sie sich zu viel zu?

»… sie wurde alterslos, war einfach nur eine Sängerin, eine Tänzerin … eine Frau.«

Ich saß neben Andres Brütsch, dem Regisseur, der den wundervollen Film *What is luck* über Othella gedreht hatte. Als ich ihm meine Sorge um sie mitteilte, meinte er lächelnd: »Othella ist für mich wie diese Rose von Jericho, weißt du? Die vollkommen austrocknen und unscheinbar werden, aber dann werden sie in Wasser gelegt und werden wieder grün und lebendig. Das Publikum ist für Othella wie das Wasser für die Rose von Jericho.«

So war es. Am Anfang des Konzerts wirkte Othella noch zart, im Laufe des Abends entfaltete sie eine Kraft, die den Saal zum Toben brachte.

Sie flirtete mit ihren Musikern, kokettierte mit dem Publikum, verjüngte sich um dreißig Jahre, nein, sie wurde alterslos, war einfach nur eine Sängerin, eine Tänzerin … eine Frau.

Nach dem Konzert saß sie lachend, ein weißes Felljäckchen über ihrem Outfit, die Beine hochgelegt, und gab Autogramme.

Ein Jahr zuvor war ich gemeinsam mit Lena nach Basel geflogen, um mit Othella zu sprechen.

Ich war aufgeregt. Ich hatte viele Zeitungsartikel über sie gelesen, mir den Film über sie und Youtube-Videos angeschaut. Astreiner Blues, eine Sängerin, die auch mit neunzig noch auf der Bühne tanzt, dem Publikum den Hintern zudreht und einen gekonnten Shimmy hinlegt.

Wir sitzen vor ihrer Tanzschule, die sich in einer ehemaligen Fabrik in einem Hinterhof des Basler Stadtteils Gundeldingen befindet. Othella gibt noch einen Kurs, wir müssen ein wenig warten.

Peter Wydler, Othellas Sohn, ein großer schlanker attraktiver Mann, erscheint und begrüßt uns. Othella wird gleich fertig sein. Peter ist auch Musiker, zudem Therapeut. Seine Räume befinden sich in der oberen Etage des Gebäudes. Durch seine Vermittlung hat Othella hier ihre Tanzschule eröffnen können.

Dann werden die Türen geöffnet, die Schüler strömen heraus. Othella begrüßt uns mit einem strahlenden Lächeln und skeptischen Augen. Wir sitzen in einer kleinen Nische, die an den Tanzsaal grenzt. Sie fragt, worüber wir sprechen wollen. Ich sage, wir schreiben über aged women, und sie sagt: Old women, say it.

Warm me up, fordert sie von mir, will nicht von vornherein fotografiert werden. Warm me up!

Okay, ich will es versuchen.

Sie fragt mich in dem für sie so typischen leicht koketten, etwas provokativen Ton: Bin ich so, wie du erwartet hast?

Ich weiß nicht. Eigentlich versuche ich, mich von Erwartungen zu leeren, wenn ich einer Frau begegne, mich voll auf sie einzustellen. Was in Othellas Fall nicht leicht ist. Ist sie so, wie über sie berichtet wurde? Ich finde sie nahbarer als erwartet. Auch zarter, unsicherer. Gleichzeitig schöner. Und unglaublich jung.

Habe ich sie so erwartet? Hatte ich mir ein Bild gemacht aus all den Bildern? Eine Diva? Eine Tänzerin? Eine Sängerin, die mit vielen Berühmtheiten des Showbusiness gesungen hat? Große Namen fallen in allen Artikeln über sie, Sammy Davis jr., Nat King Cole, Duke Ellington ...

Nein. Ich möchte ja gerade dahinter gucken.

Warm me up! Ja, sie ist noch klamm, weiß nicht, was ich von ihr erwarte. Sie trägt eine kurze Lederjacke mit Fellkragen über ihrem schwarzen Tanzoutfit. Sie hat kein falsches Divenlächeln, sie ist natürlich, auch in ihrer Nervosität. Sie braucht kein Lächeln, um die Falten wegzuzaubern. Sie hat kaum welche.

Aus mir platzt ungefiltert raus: »Du bist wunderschön!«

Oh, antwortet sie mit einem milden Lächeln, ich male meine Fingernägel nicht mehr an. Sie zeigt uns ihre Hände. Wir zeigen ihr unsere, auch ohne Lack. Wir plaudern. Dabei nimmt Othella Körperkontakt zu mir auf, berührt mich an der Schulter, am Arm. Ich bin ein körperlicher Mensch, sagt sie, alles, was mich ausmacht, ist Körper.

Doch diese Frau ist auch Geist. In ihren Augen liegt so viel Lebenserfahrung, so viel Weisheit, und ihr voller schöner Mund zeugt auch von erlittenem Schmerz.

Ich frage aufs Geratewohl nach ihren Glaubenssätzen, mit denen sie aufgewachsen ist.

Ich begann mit drei, vier Jahren zu tanzen. Meine Tante gab mir den ersten Unterricht. Wir mussten kämpfen zwischen zwei Kriegen, und wir mussten leben. Sie fügt schroff hinzu:

Für mich ist es nicht interessant zu gucken, was ich getan habe, sondern was ich nicht getan habe.

Erst im weiteren Verlauf des Gesprächs begreife ich, was dieser Satz für sie bedeutet.

Othella spricht von der Zeit der Depression in Amerika. Schwarze Leute waren so arm und reiche Weiße so reich, aber sie sprangen aus den Fenstern, weil sie zugleich mit ihrem Vermögen ihren Verstand verloren hatten.

Ihr Vater, ein Apotheker, der aus »besseren Kreisen« in New Orleans stammte und Thelma, Othellas Mutter, vor der Geburt auf Druck ihrer Familie geheiratet hatte, verschwand kurz danach aus Othellas Leben. Sie wuchs in einem Frauenhaushalt mit Großmutter und Mutter und Schwestern auf.

Sie ist in Memphis geboren. Wir lebten in einem Haus mit sieben Frauen. Meine Großmutter, die Mutter, Alice, Edna, Josephine, Maddie und ich. Die Großmutter hatte fünf Töchter. Ihr Mann hatte sie verlassen, weil ihm dieser »Hühnerhaufen« zu viel war. Othella war das einzige Enkelkind. Alle passten auf sie auf. Sie sagten, tu dies nicht, tu das nicht! Ich habe diesen Kommandoton leider übernommen. Meine Tanzschüler sagen manchmal: Kannst du nicht »bitte« sagen?! Nein, habe ich nicht gelernt. Ich antworte: Tut einfach, was ich sage.

Othella wurde wahrhaftig nicht als kleine Diva geboren. Memphis zur Zeit ihrer Geburt war ein Ort, in dem Schwarze keine Rechte hatten. Der Ku-Klux-Klan hatte dort ein Nest. Lynchjustiz war an der Tagesordnung. Schwarze arbeiteten auf den Baumwollfeldern. Schwarze waren arm und ungebildet.

Zu der Zeit war es sehr gefährlich für schwarze Frauen. Meine Großmutter hatte eine Musikschule, »Mrs. Lees Music School«. Sie unterrichtete klassisches Piano, Beethoven, Bach und so. Es war hart, genug Geld für alle zu verdienen. Sie hatte sehr viele Schüler, die tappten alle in ihr Haus.

»Schwarze waren arm und ungebildet.«

Während der Depression musste sie ihre Musikschule schließen und lebte von den Almosen der sozialen Wohlfahrt. Für Brot mussten die Armen anstehen. Othella hungerte wie alle. Also entstand die Idee, dass sie in der Familie ihres Vaters in New Orleans leben sollte. Die Großmutter brachte es zwar kaum übers Herz, aber sie putzte Othella heraus, und ihre Tanten zeigten ihr, wie sie gesittet und stolz die Treppen hinunterschreiten solle. Als die Familie ihres Vaters sie aber sah, war die sich sofort einig: Sie ist zu schwarz.

Ihre Großmutter, die Othella »my mama« nannte im Gegensatz zu ihrer Mutter, die »sweet mama« war, versuchte, ihre Musikschule zu erhalten. Dafür mussten sie aber umziehen. Erschwinglich war nur ein sogenanntes Geisterhaus, in dem niemand wohnen wollte. Aber es kostete nur 5 Dollar im Monat. Die Leute hatten Angst, zu uns ins Haus zu kommen, weil es verzaubert war. Da waren Gespenster, wir mussten mit ihnen leben. Das war lustig. Wir wurden aufgezogen mit Voodoo.

Othella glaubt an Gott und an Voodoo. »Voodoo?«, frage ich. »Was hat die Großmutter getan?«

Meine Großmutter konnte Sachen sehen. Sie konnte Sachen bewirken. Sie sagte zu den Leuten: Ich kann dich heilen, aber wenn du geheilt bist, kommst du hierher und zahlst mich. Sie fragte immer nach Geld, sie brauchte das.

Trotzdem blieben im Geisterhaus die Schüler aus, und so zogen zuerst Edna, dann Alice und dann die Großmutter mit Othella nach St. Louis, wo Othellas Mutter, »sweet mama«, bereits seit einiger Zeit lebte.

Othella wurde nicht als Tänzerin geboren. Als sie klein war, hatte sie rachitische Knie. Ich watschelte wie eine Ente.

Die Großmutter rief einen Voodoo-Priester. Er sagte, Othella solle sich nach dem Abwaschen der Mahlzeiten in das Abwaschwasser stellen, und dann sollten ihre Beine massiert werden. Es half. Auf diese Weise wurden ihre Beine geheilt. Ferner forderte der Priester, Othella solle tanzen, wo auch immer und wie auch immer. Bei uns wurde gebetet und getanzt.

Tanzen rettete mein Leben, es rettet mir immer noch das Leben.

Es rettete meine Beine. Ich konnte steptanzen, bevor ich lesen und schreiben konnte.

Allmählich ist Othella aufgewärmt. Wir sprechen darüber, in welche Welt sie 1925 hineingeboren wurde. Memphis, Tennessee, liegt im Süden der USA. 1886, also nur 39 Jahre vor Othellas Geburt, hatte dort ein Massaker an Schwarzen stattgefunden, das bis heute in den USA totgeschwiegen wird. 46 Schwarze wurden getötet, Häuser der Schwarzen geplündert und niedergebrannt.

Othella wurde in keine fördernde Umgebung geboren. 1925 regierte bereits seit sechs Jahren Edward Hull Crump die Stadt. Crump war offener Rassist, doch da er die Stimmen der schwarzen Wähler benötigte, hievte er zu Beginn seiner Regierungszeit 1919 einige Afroamerikaner in Regierungsposten. Nachdem Crump seine Macht gefestigt hatte, erließ er strikte Rassengesetze, die die meisten Afroamerikaner in schlecht bezahlten Hilfsarbeiterjobs gefangen hielten.

Die Schwarzen schufteten, hungerten, retteten sich in den Alkohol und lebten mit Gewalt. Und mit Musik. Voodoo war auch deshalb ihre Medizin, weil die Medizin der Weißen für sie unerreichbar und unerschwinglich war.

Es gab viele Morde unter den Schwarzen, auch in meiner Familie. Es gab viel Traurigkeit. Die Weißen verfolgten das nicht. Ein Schwarzer weniger. Thanks god.

»Die Frauen der Familie ermöglichten es Othella, auf die High School zu gehen.«

Das Leben ihrer Mutter, ihrer Großmutter, ihrer Tanten war hart, aber Othella wurde von den sechs Frauen beschützt. Sie gaben mir so viel Liebe. Wenn etwas Böses kam, waren sie da und hielten es weg von mir. Zu jener Zeit war es schwierig, eine gute Frau zu bleiben. Meine Großmutter wusste, wie sie ihre Hühner zusammenhalten musste. Sie sagte:

Erstens: Du bist eine Frau.

Zweitens: Du bist schwarz.

Drittens: Just be careful.

Othella war zwar gut behütet, aber um sie herum war es furchtbar zu jener Zeit. Eine Tante erkältete sich, als sie Kartoffeln aus der Erde klaubte, und starb. Sie alle starben an irgendwas. Meine andere Tante, Alice, verdiente Geld, indem sie in Nachtclubs Piano spielte. Sie starb an Tuberkulose. Wir hatten nichts, das uns helfen konnte. Da half auch kein Voodoo.

Auch Othellas Mutter starb jung, mit 49 Jahren, da lebte Othella bereits in Basel. Thelma Lee war wie der Mann in der Familie gewesen. Sie spielte Piano in den Nachtclubs, war die erste schwarze Jazzpianistin, die im Radio live auftrat. Sie verdiente das Geld. Und sie war Alkoholikerin. Zu der Zeit war der Alkohol das, was die Schwarzen ein bisschen fröhlich machen konnte. Manchmal nahm sie die kleine Othella zum Steptanzen mit. »Sweet mama« spielte Piano, Othella tanzte auf dem Tisch, und ihre Tanten sammelten das Geld vom Boden ein.

Peter sagt, er hätte nie gehört, dass Othella so von ihren Tanten beschützt worden ist, das hätte sie bisher nie so klar erzählt.

Ja, betont Othella, sie halfen alle einander. Sie sangen auch, die Lee-Sisters, alle fünf. Großmutter spielte das Piano. So verdienten sie Geld.

Und Othella war mit ihnen. Bis alle irgendwann starben. Nur Maddie blieb am Leben, später kam sie zu Othella in die Schweiz.

Ich versuche, deutlich zu machen, dass ich heute so stark bin, weil diese Frauen mich stark gemacht haben. Ich habe gelernt zu sagen: Ich mach es. Und ich mach es heute immer noch.

Ich frage nach der Zeit ihrer Pubertät. Nach ersten Erfahrungen mit Jungs. Othella antwortet in diesem schroffen Ton, der ihr zuweilen zu eigen ist: In dieser Zeit ging es darum zu überleben, es war keine Zeit, an Sex und so was zu denken. We just hated men. Ich habe auch heute nicht viel Respekt für Männer. Guck, was sie Frauen antun. Wir müssen achtsam sein.

Othella lebte schon als Kind mit dem Blues. Louis Armstrong ging bei ihnen ein und aus. B. B. King besaß einen Club in der Beale Street, wo Othellas Mutter nachts auftrat. Von den 1920ern bis in die vierziger Jahre spielten Blues- und Jazzgrößen wie Muddy Waters, Albert King, Memphis Minnie und viele andere in der Beale Street und entwickelten den Memphis Blues.

Ich frage, ob ihre Tanten ihr beigebracht haben, so schön auszusehen, wie sie es bis heute tut. Ja, ständig. Schön und beweglich.

Du musst lernen, dich zu bewegen und zu tun, was nötig ist, und: Frauen müssen einander helfen.

Othellas Erfahrungen mit schwarzen Männern in ihrer Kindheit und Jugend waren nicht gut. Ihr Stiefvater schlug ihre Mutter. Ihre Mutter lebte mit ihrem Stiefvater in einem anderen Haus, nicht bei ihrer Großmutter.

Meine Grandma war ein Killer. Sie rannte nach draußen mit einem Gewehr, nur wenn sie Gefahr roch. Sie war schrecklich. Nein, sie war wundervoll. Sie beschützte ihre Töchter. Meine Großmutter sagte: Alice, du musst heute rausgehen und singen, und Alice sagte: Mama, ich kann nicht, schau mein Gesicht an. Meine Großmutter sagte: Du musst gehen, wir brauchen das Geld. Und by nightfall das Gesicht war clear, weil meine Großmutter some voodoo gemacht hatte.

Lena fragt, wie es bei einer solchen Großmutter möglich war, dass Othellas Mutter sich von ihrem Mann hat schlagen lassen.

Er war auch ein Musiker. Sie arbeiteten zusammen. Sie liebte ihn und sie liebte die Musik, die sie miteinander machten.

Die Frauen der Familie ermöglichten es Othella, auf die High School *zu gehen.*

> »Als erste Schwarze nahm sie auch weiße Tänzer in ihre Gruppe auf, etwas, das nicht nur mutig, sondern geradezu tollkühn war.«

OTHELLA DALLAS

Es gab noch eine dritte Mama, »big mother«. Das war Amelia Dandridge, Othellas Patin. Deren Mutter war noch Sklavin gewesen, und Amelia unterstützte Othella in jeder Hinsicht, auch finanziell, dabei, eine Schule zu besuchen. Das Mädchen hatte gute Noten, sie wollte Ärztin werden.

Im übrigen war ihre tänzerische Begabung unübersehbar, auch für ihre Gymnastiklehrerin. Die kannte die Tänzerin Katherine Dunham noch aus Chicago und arrangierte während deren Durchreise eine Schüleraufführung. Katherine Dunham war von Othella beeindruckt und versprach ihr ein Stipendium fürs kommende Jahr.

Dies ist die Version, die ich in Zeitungen gelesen habe. Mir erzählt sie eine andere. Als ich Katherine Dunham in dem berühmten Musicalfilm »Stormy Weather« sah, wusste ich augenblicklich, dass ich sie als Lehrerin wollte. Ich reiste nach St. Louis zu einer Audition und wurde von ihr ausgewählt. Das Geld für den Unterricht musste ich allerdings mit Putzen und Waschen ableisten.

Katherine Dunham war die erste Schwarze, die eine ausschließlich aus Schwarzen bestehende Tanzcompany führte. Sie hatte als eine der ersten afroamerikanischen Studierenden Tanz und Anthropologie an der Universität studiert. 1931, 22-jährig, gründete sie ihre erste Tanzschule in Chicago. Fünf Jahre später ging sie nach Haiti. Bei der Rückkehr bereicherte sie ihren Tanz durch karibische Einflüsse und gründete die Negro Dance Group. 1945 eröffnete sie die »Dunham School of Dance and Theatre« in New York.

Als erste Schwarze nahm sie auch weiße Tänzer in ihre Gruppe auf, etwas, das nicht nur mutig, sondern geradezu tollkühn war. Othella unterwarf sich der militärischen Disziplin von Katherine Dunhams Tanztraining. Ich wollte sie aussaugen, alles über Tanz lernen, was möglich war. Das gelang ihr. Es dauerte nicht lang, und Othella trat am Broadway 1946 in »Bal Negre« auf. Danach tourte sie mit der Company durch Europa. Als erste schwarze Company auf dem Broadway mussten wir wie die Hunde schuften. Beim Tanzen kommt es auf die innere Haltung an. Du musst quasi dazu verdammt sein.

Es ist sehr deutlich: Othella tanzt nicht einfach, sondern sie *ist* Tanz.

> *Tanz ist mein Schicksal. Daraus gibt es kein Entrinnen.*

Bei Katherine Dunham lernte sie, ihren Körper vollkommen zu beherrschen. Die Dunham-Technik ist eine Mischung aus Ballett und afrikanischen Rhythmen. Mrs. Dunham war vom Choreografieren geradezu besessen und forderte von uns Tänzerinnen einen ebenso großen Einsatz. Die Bewegung jedes Körperteils musste perfekt stimmen.

Zufällig kamen Othella und Eartha Kitt auf der Straße miteinander ins Gespräch. Eartha bat sie inständig, sie Katherine Dunham vorzustellen. Ängstlich tat Othella ihr den Gefallen, fürchtete eine Rüge für vorlautes Verhalten. Doch die Dunham war begeistert. So hatte Othella eine Freundin in New York gefunden.

Sie fuhren für eine Weile nach Mexiko, um dort aufzutreten und die Folklore und die Tänze der Azteken-Abkömmlinge zu studieren. Dieser Studienreise folgte eine Zeit härtester Arbeit. Sie bereiteten eine Europatournee vor und unterrichteten nebenbei in der Dunham-Schule.

Es blieb nicht viel Zeit für Vergnügungen. Zudem sorgte Katherine Dunham für eiserne Disziplin, ordnete ein Alkoholverbot vor Auftritten und frühes Zubettgehen an. Othella vermisste zunächst nichts, Tanzen bedeutete ihr alles. Doch irgendwo in ihr gab es auch eine versteckte romantische Sehnsucht.

Diese wurde durch Madeleine Bérard, eine Schweizer Journalistin genährt. Madeleine recherchierte in New York zu Jazz, nahm Tanzstunden bei Othella, und Othella und ihre Freundin Eartha Kitt begleiteten sie manchmal in Jazzclubs. Othella interessierte sich sehr für die Schweizer Berge, und Madeleine schlug ihr eine Brieffreundschaft mit einem Schweizer vor. Bald korrespondierte Othella mit Peter Wydler, einem Schweizer Ingenieur.

Während eines Gastspiels in Paris auf der Europatour schrieb er ihr, er werde kommen. Anfangs war sie erschrocken und überlegte schon, dass eine andere Tänzerin Peter statt ihrer am Bahnhof empfangen solle. Doch im letzten Augenblick entschied sie sich anders.

Sie waren einander schriftlich nahegekommen. Sie wusste, dass er mehr wollte. Und sie wollte die Schweizer Berge erleben. Als sie ihn zum ersten Mal traf, betrank sie sich. Ich kann mich nicht mehr gut an dieses erste Treffen erinnern, aber ich weiß, dass er mir nicht gefiel. Ich provozierte ihn und stritt mit ihm, und so fand er mich wohl auch bald scheußlich. Aber nachdem ich mir gewahr wurde, was am Abend geschehen war, sagte ich mir, wenn du die Schweizer Berge sehen willst, musst du ein bisschen netter sein. Also musste ich mich entscheiden.

Und sie entschied sich.

Er lud sie zu einem Urlaub in die Schweiz ein. Wenig später heirateten sie.

Katherine Dunham reagierte entsetzt auf die Hochzeitspläne, wollte nicht auf Othella verzichten, doch als sie merkte, dass es Othella ernst war, unterstützte sie sie bei der Hochzeit, als wäre sie ihre leibliche Tochter. Unsere Hochzeit fand in Paris statt, ein glamouröses Fest. Kitty sang »C'est si bon«. Kitty ist der Kosename für Othellas Freundin Eartha Kitt.

Nach der Hochzeit kehrte Peter in die Schweiz zurück, Othella blieb noch ein, zwei Monate bei der Company. Doch als sie dann nach Südamerika gehen wollten, entschied Peter, dass er mich in der Schweiz haben wollte. Und also verließ ich die Truppe.

Dieses war der erste große Bruch in Othellas Karriere.

Ich erinnere mich an ihren Satz:

Mich interessiert,

was ich nicht

gemacht habe.

Ja, sie hat nicht ihre Karriere als Solo-Tänzerin einer auf der Welt einmaligen Tanztruppe weiterverfolgt, sondern hat ein kleines Glück mit einem Mann in der Schweiz gesucht.

Ein Widerspruch zu dem Satz: We hated men? Ich glaube nicht. Auch Katherine Dunhams Tänzer blieben Schwarze in einem rassistischen Land. Nach den Shows mussten sie den Hintereingang nehmen, bekamen in den Luxusetablissements, in denen sie auftraten, nichts zu essen. Othella war verliebt in Peter, aber eine Zukunft mit ihm versprach ihr neben einer Romanze auch Sicherheit.

Eines war jedoch klar: Aufs Tanzen konnte sie nicht verzichten. So unterrichtete sie in einer Zürcher Ballettschule »Katherine-Dunham-Technik«. Bald darauf, Anfang 1951, wurde ihr Sohn Peter geboren. »Little Peter«. Nun waren sie eine kleine Familie.

Der kleine Peter war die Sensation in ihrem Leben. Sie lebte mit Mann und Sohn in Zürich. Sie erprobte sich als Hausfrau und Mutter, sie wurde mehr ladylike, weil Peter sie anhielt, sich ein wenig zu zügeln. Aber ich bin eine Kämpferin. Und ich war nicht glücklich. Ich musste tanzen!

Ihr Sohn war etwas mehr als ein Jahr alt, da hielt sie das bürgerliche Leben nicht mehr aus, übergab ihr Baby in die Hände ihrer Schwiegermutter und ging nach Paris. Peter, ihr Mann, begleitete sie.

1952 trat sie in Paris mit Byron Cutler,

»So versuchte sie in den USA den Start einer neuen Karriere als Sängerin.«

einem ehemaligen Dunham-Tänzer, auf. Die Engagements waren schlecht bezahlt, und sie begann, auf Anraten von Peter, dem Jazz-Liebhaber, in Jazz-Lokalen zu singen. Das brachte zwar Anerkennung, aber kaum Geld ein. Othella und Peter gaben auf, gingen zurück in die Schweiz, ins Familienleben. Othella bekam einige Engagements in Deutschland und Holland, bei denen sie sehr gefeiert wurde. Peter fungierte als ihr Manager.

Dann starb »sweet mama«. Othella stand vor der harten Entscheidung, Geld für die Beerdigung zu schicken oder selbst hinzufliegen und vielleicht nicht einmal rechtzeitig anzukommen. Also blieb sie der Beerdigung ihrer Mutter fern. Doch sie sehnte sich nach den USA, wollte das Grab ihrer Mutter und diejenigen sehen, die von ihrer Familie noch lebten. So versuchte sie in den USA den Start einer neuen Karriere als Sängerin. Sie kam sogar bei einer renommierten Agentur unter. Die verpasste ihr einen neuen Namen, fortan hieß sie Dallas. Dieser Name prangte zwei Monate später am Apollo-Theater in Harlem, einem der bekanntesten Aufführungsorte für fast ausschließlich afroamerikanische Musik. Daneben der Name von Sammy Davis jr. Sammys Schriftzug war größer, lacht Othella, aber für den Anfang einer Karriere war das großartig. Das Apollo war so was wie ein Erfolgsbarometer. Wenn dich die Zuschauer nicht mochten, ließen sie es dich spüren. Dann konntest du deine Karriere vergessen. Und wenn sie dich liebten, liebten sie dich zehnfach. Mich liebten sie. Dann entdeckte mich der Agent Phil Moore, der Starmaker. Marilyn Monroe zum Beispiel brachte er groß raus. Er nahm mich unter Vertrag, brachte mich auf gute Bühnen und immer wieder in die Presse.

1957 hatte Peter alle Papiere beisammen und zog zu Othella in ihre kleine Wohnung in Greenwich Village.

Es war eine wundervolle Zeit inmitten großartiger Künstler.

Ich trat auf mit Duke Ellington, Nat King Cole, zwei Songs hat Duke extra für mich geschrieben »Strictly for the tourist« und »Three Shows nightly«.

Nachdem sie entschieden hatten, dass es wegen des herrschenden Rassismus nicht gut wäre, ihren Sohn Peter in die USA zu holen, kehrte Peter in die Schweiz zurück. Othella trat zwar mit vielen Größen des Showbusiness auf, doch der ganz große Durchbruch gelang ihr nicht.

»Und er war so klug zu wissen, dass diese Frau tanzen musste.«

1960 brach sie ein zweites Mal eine beginnende Karriere ab. Da war sie 35 Jahre alt. Sie kehrte zu Mann und Sohn zurück, und sie wohnten von nun an in Binningen, einem Städtchen außerhalb Basels.

Mich interessiert mehr, was ich nicht getan habe.

Der neunjährige Peter übersiedelte von Zürich nach Basel. Von nun an durfte Peter nur noch zu Besuch zu seiner Oma. Wie das für das Kind gewesen sein mag, wie für die Großmutter, wage ich nicht zu fragen.

»Du hast gesagt, ihr hasstet Männer, aber Du selbst hast deinen Mann so sehr geliebt?« Ja, mein Mann war eine Ausnahme. Aber ich musste ihn auch erziehen. Ich habe ihm beigebracht, du musst mich auf diese und jene Weise behandeln, dann ist alles okay mit uns.

Mein Mann hat mich auf Händen getragen.

Und er war so klug zu wissen, dass diese Frau tanzen musste. Mit eigenen Händen richtete er ihr 1975 eine Tanzschule ein, sorgte so dafür, dass sie ihr Potenzial leben konnte. Ich war gerne Hausfrau, kochte gern, war gerne Mutter und beschäftigte mich gerne mit meinem Sohn. Aber als Peter mir meine Tanzschule gesucht und eingerichtet hat, war ich unglaublich glücklich. Wenn sie darüber spricht, schwingt heute noch Dankbarkeit mit.

1975 begann also Othellas nächster Lebensabschnitt. Da war sie fünfzig Jahre alt. Doch auch in den Jahren von 1960-75 beschränkte sie sich nicht auf das Familienleben. Sie trat von Zeit zu Zeit bei populären Galaabenden in Deutschland und in der Schweiz auf.

Ihre Tante Maddie kam nach Basel zu ihr und verwöhnte Othella. Manchmal stritten wir uns, dann sagte Peter: Oh, ihr Schokoladenköpfe macht mich wahnsinnig.

»Schokoladenköpfe? Ich denke an Rassismusdebatten. Hast Du in der Schweiz Rassismus erlebt?« Nein! Sie lacht. Einmal habe ich in Binningen in der Garage getrommelt. Da ging ein benachbarter Junge zu einem anderen und sagte entsetzt: Da in der Garage ist eine Negerin, die trommelt. Und der andere guckte nach und sagte: Ach das, das ist doch nur die Frau Wydler.

Am zweiten Tag unseres Treffens hatte ich eigentlich beabsichtigt, Othella und ihren Sohn zum Essen einzuladen. Aber Othella will, dass wir sie in ihrer Wohnung in Binningen besuchen und dort etwas essen.

Ich mag Restaurants nicht, da fühle ich mich immer unwohl.

Also teilen wir uns auf. Lena macht

eine Fotosession mit Othella in dem großen Tanzraum ihrer Schule, ich gehe mit Peter in den Supermarkt, um etwas zum Essen einzukaufen.

Wir kaufen eine Flasche Champagner, the good stuff. Und auch sonst das, was Othella mag. Wir fahren mit dem Taxi zu ihr nach Hause. Eine hübsche Wohnung, Wohn-Esszimmer, Schlafzimmer, ein Zimmer, in dem Maddie gelebt hat. In einem Zimmer steht ein großer Kleiderschrank, in dem traumhafte Roben hängen. Othella zeigt sie uns, und wir staunen. Perlen und Glitter, lange Kleider und kurze Kleider. Sie ist eine wirkliche Diva.

Sie erzählt von dem Tod ihres Mannes, 1982. Ich habe mich nachmittags von ihm verabschiedet, um in die Tanzschule zu gehen. Alles war normal, wir haben uns geküsst. Ich ging los.

Irgendwann rief Maddie sie an. Peter war zu Boden gestürzt, sie wusste nicht, was sie tun sollte. Othella arbeitete. Sie hörte das Telefon nicht. Als sie zurückrief, war es schon zu spät. Sie hat es Maddie lange übel genommen. Aber die kannte sich nun einmal nicht aus, wusste nicht, was tun. Also starb Peter mit 62 Jahren an einem Herzinfarkt. Othella war 57 Jahre alt.

Die Fotos aus der Zeit danach zeigen eine vollkommen andere Frau: entsetzlich traurig, aus der Bahn geworfen, ihres Halts verlustig gegangen. Und dann musste sie auch noch ihre Tanzschule schließen. Da geriet ich in eine Lebenskrise. Ich wusste nicht, ob ich noch genügend Kraft hatte, um weiterzutanzen. Aber mein Sohn Peter warnte mich:

Wenn du deine Leidenschaft nicht mehr lebst, wirst du sterben.

Und dann fand er für mich die heutigen Räumlichkeiten.

Seitdem unterrichtet sie in ihrer jetzigen Schule. Sie unterrichtet im Sinne von Katherine Dunham. Alles, was sie bei ihr gelernt hat, gibt sie weiter. Als sie bei ihrer alten Lehrerin noch einmal einen Workshop besucht, wird Katherine Dunham sie ermahnen, auf sich aufzupassen. Take care, haben meine Tanten gesagt, take care, sagte Katherine Dunham, da war ich sechzig Jahre alt.

Othella passt ganz sicher nicht auf sich auf in dem Sinne, wie es viele Menschen tun, die sich ab 65 beschränken, auf jedes Zipperlein achten. Othella ist eine Tänzerin!

An den Wänden ihrer Wohnung hängen wundervolle Originale. Sie zieht ein Buch heraus und erzählt von Meret Scapa, ihrer guten Freundin und ersten Tanzschülerin. Meret lebte mit ihrem Mann, dem Verleger Ted Scapa, in einem Schloss, wo viele Künstler verkehrten. Und sie schuf grandiose Kunst, weigerte sich aber, sie zu veröffentlichen.

Sie malte nur für sich. Othellas Stimme ist anzuhören, wie sehr sie ihre Freundin bewundert hat und wie fremd es ihr zugleich ist, nur für sich selbst Künstlerin zu sein, bar jeder Resonanz.

Unser gemeinsames Essen verändert die Stimmung zwischen uns. Othella verliert diese Spannung, sich selbst verbal darstellen zu müssen. Es fühlt sich freundschaftlich an, offen, vertrauensvoll. Sie zeigt uns den Platz, wo Peter zusammengebrochen ist. Sein Tod liegt nun fast vier Jahrzehnte zurück, und inzwischen hat sie sich ihr Leben allein eingerichtet, aber sein Tod hat alles verändert, sagt sie, das ganze Leben.

Ich frage sie, ob sie nach dem Tod ihres Mannes noch einmal eine Beziehung hatte zu einem anderen Mann. Ich wollte nicht mehr, sagt sie. Und erinnert daran, ironisch lächelnd, dass sie Männer eigentlich hasse.

Ich bin ein miracle, sagt sie lachend. Ihr seid hier mit einem miracle.

Im Jahr unseres Interviews, 2019, gab sie viele Konzerte, in Bern, in Ascona, es wurde ein immer größeres Publikum, Tausende Menschen. Beim Jazzfestival in St. Moritz wurde ihr der Jazz-Award 2019 verliehen.

Im Corona-Herbst 2020 starb sie. Das Konzert, das ich miterlebt hatte, war ihr letztes gewesen.

Wie dankbar bin ich, dass ich sie wenige Monate vor ihrem Tod als strahlende Frau noch auf der Bühne erleben durfte!

Ich wusste nicht,
ob ich noch genügend Kraft hatte,
um weiterzutanzen.
Aber mein Sohn Peter warnte mich:
Wenn du deine
Leidenschaft
nicht mehr lebst,
wirst du sterben.

OTHELLA DALLAS

Margrit Läubli

GESPRÄCH IM JULI 2021

ZÜRICH,
1928 GEBOREN

»

ICH WILL KEIN PECH HABEN, ICH WILL NUR GLÜCK HABEN!

«

Wir treffen Margrit Läubli im besten Hotel in Bad Ragaz, einem Kurort mit heilenden Quellen. Margrit Läubli ist Kabarettistin, in der Schweiz eine Berühmtheit, jahrelang ist sie gemeinsam mit ihrem Ehemann César Keiser aufgetreten. Trotzdem bin ich erstaunt, dass eine Künstlerin sich so ein Hotel leisten kann.

Ich hatte sie schon vor zwei Monaten angeschrieben, doch die Antwort lautete: Nein, mein Mann ist gerade gestorben, ich kann mich im Augenblick nicht mit mir beschäftigen. Nun, im Juli, wage ich einen zweiten Vorstoß.

Ich habe ein Interview mit ihr auf Youtube gesehen, da war sie neunzig Jahre alt und sah unverschämt jung aus. Und sie war charmant und witzig. Diese Frau hatte mich neugierig gemacht.

Um 11 Uhr treffen wir uns im blauen Salon des Hotel Quellenhof. Dort gibt eine Front aus hohen Fenstern den Blick auf den weitläufigen, überaus gepflegten Garten frei.

Wir sitzen an einem langgestreckten Tisch. Am Kopfende Margrit Läubli, ich zu ihrer Linken, zu ihrer Rechten sitzt ihr Sohn Mathis.

Margrit drückt ihre Dankbarkeit aus, dass ihr Sohn sich so liebevoll um sie kümmert. Er sagt lächelnd: »Ich durfte mitkommen.« Das Verhältnis der beiden wirkt außerordentlich nah. So ein Verhältnis habe ich schon einmal bei Othella Dallas und ihrem Sohn Peter erlebt. Liegt es an den Schweizern oder an diesen besonderen Frauen?

Margrit Läubli sieht noch besser aus als auf den jüngsten Fotos. Sie hat ihre langen grauen Haare weich hochgesteckt, hat zwar Lippenstift aufgetragen, aber ansonsten erkenne ich keine Schminke. Ihr Gesicht weist kaum Falten auf, die blauen Augen blitzen klug und humorvoll. Irgendwann am Schluss des Gesprächs frage ich sie, ob sie geliftet sei. Nein, entgegnet sie und lacht amüsiert, ich habe nichts gemacht. Ich wasche mein Gesicht auch nur mit Wasser, creme es nicht ein. Das ist einfach so.

93 Jahre alt ist sie, kaum zu glauben.

Sie hat sich vorbereitet auf unser Gespräch, hat eine Mappe mit einem Manuskript mitgebracht, aus dem sie auf Bühnenauftritten vorliest: ihr Leben, Goethe-Zitate, Cés Keiser-Texte. Das ist bestimmt ein schönes Programm, aber ich möchte diese Frau nicht anhand eines vorbereiteten Textes kennenlernen, also unterbreche ich sie relativ bald mit einer Frage, und wenig später befinden wir uns in einem angeregten Gespräch über ihr Leben, über Frausein, Muttersein, Altsein.

Margrit Läubli wurde 1928 zur Zeit der Wirtschaftsdepression geboren. Ihr Vater war arbeitslos, die Mutter hatte ihren Traum, Tänzerin zu werden, lange begraben, nun lebte sie von der Hand in den Mund und versorgte ihre beiden Kinder, den Sohn, die jüngere Tochter. Es ging ums Überleben. Mein Vater war nur bei uns, bis ich etwa fünf Jahre alt war. Ich erinnere mich an eine Nacht, da ist mein Vater wild in der Wohnung herumgetobt und hat seinen Karabiner gesucht, er wolle uns alle erschießen. Bald darauf waren meine Eltern geschieden. Dann ist meine Mutter mit meinem Bruder und mir zu ihren Eltern. Von meinem Vater habe ich nie wieder gehört.

Dort, in Zürich, wohnten sie in einer Dreizimmerwohnung mit sechs Personen: Großmutter, Großvater, Mutter, die beiden Kinder und ein junges Mädchen für die Haushaltung. Tagsüber wurde ein Zimmer in ein Schneideratelier umgewandelt, wo die Großmutter, eine Damenschneiderin, gemeinsam mit zwei Näherinnen und einer Lehrtochter arbeitete. Die Großmutter ernährte die gesamte Familie.

Meine Heimat war das ganze Quartier. Ich habe alle Kirchen gekannt, die protestantischen und die katholischen. Ich wollte Unterhaltung. Da hat's nach Weihrauch gerochen, und dann musste man sich bekreuzigen und wieder aufstehen und wieder sitzen, das hat mir gefallen. Ich habe sehr gern Geschichten gehört, und wenn die Messe fertig war, bin ich vielleicht in eine Sonntagsschule zu den Protestanten gegangen.

»Sie sind nicht religiös geworden?«, frage ich.

Nein, aber ich bin geschichtensüchtig geworden. Ich lese immer noch so viel. Ich habe immer viel lieber zugehört als selber gesprochen. Ich spreche gar nicht gern, nur auf der Bühne.

Ich frage nach Freundinnen, nach Spielen mit anderen Kindern.

Ich hatte keine Freunde.

Margrit bestreitet, einsam gewesen zu sein. Sie war umgeben von Menschen. Da waren die Näherinnen, die Mutter, die Großmutter. Zum Erziehen hatten die Erwachsenen keine Zeit, sie ließen das Mädchen einfach machen. Margrit war ein braves und ein leises Kind. Ich war zwar stumm, habe aber zugehört.

»Von früher Jugend an träumte Margrit von einem Leben als Tänzerin.«

Ich wende ein, dass Kinder doch Freunde brauchen.

In der Schule hatte ich keine Freundinnen. Alle denken, du warst sicher ein hübsches Kind, aber das war ich nicht. Ich weiß, dass meine Mutter zur Lehrerin gegangen ist und gesagt hat, das Margritli wird immer ausgelacht. Und dann hat die Lehrerin gefragt: Warum spielt ihr nicht mit ihr? Und dann sagten sie: Die hat immer ein dreckiges Gesicht. Ich hatte das ganze Gesicht voller Märzenflecken. Sommersprossen. Ich war ja auch nicht in einer Familie mit einem Vater … Ich war anders …

Von früher Jugend an träumte Margrit von einem Leben als Tänzerin. Es war schon der Traum ihrer Mutter gewesen, nun träumte ihn die Tochter weiter.

Ich habe im Leben immer wieder Glück gehabt.

Ich frage, was sie damit meint.

Immer wieder glückliche Fügungen. Eine Näherin von uns war verlobt mit einem Bühnenarbeiter vom Schauspielhaus, und durch sie haben wir erfahren, man sucht einen kleinen Jungen für *Wilhelm Tell.* Mein Bruder mit blonden Locken, blauen Augen und Apfelbäckchen hat diese Rolle 1939 bekommen. Ich durfte dann in der Kinderstatisterie mitmachen.

Immer den Fokus auf das Glück zu richten, wende ich ein, ist auch eine innere Entscheidung. Sie lacht und verkündet in dramatischer Pose: Ich will kein Pech haben, ich will nur Glück haben!

Im Schauspielhaus lernte sie viele Koryphäen der damaligen Zeit kennen: Maria Becker, Therese Giese, Anne-Marie Blanc, Wolfgang Langhoff mit den Moorsoldaten, Ernst Ginsberg … Was sie da gesehen und gehört hat, war prägend für sie. Das war große Kunst. Das war ein Schlüsselerlebnis. Die Sprache, die ich, das stumme Kind, zwar nicht benutzt habe, war dennoch ganz wichtig für mich. Obwohl ich eigentlich tanzen wollte. Ich habe immer um den Stubentisch getanzt.

Sie zogen in die Nähe des Schauspielhauses, weil die Großmutter dort so viel zu tun hatte. Von der fünften Klasse an besuchte Margrit die Schule in der Stadtmitte. Dort war sie unter den Mitschülern anerkannter. Sie war ohnehin eine gute Schülerin, die gern in die Schule ging. Nach der 6. Klasse geht man bei uns ins Gymnasium. Da habe ich gesagt, ich will auch ins Gymnasium, unbedingt. – Ja, aber Kind, das ist verlorene Zeit. Du musst dieses Atelier übernehmen, dann kannst du dein ganzes Leben Geld verdienen.

Margrit wurde nicht zum Heiraten erzogen, sondern zur Geschäftsfrau. In ihrer Familie verdiente die Großmutter das Geld. Die Frauen bestimmten den Ton. Mein Großvater war »nicht tüchtig, aber er war ein schöner Mann«, so hat es die Großmutter gesagt. Er hat eingekauft mit mir an der Hand, hat viel mit mir gespielt. Ich bin nicht unglücklich aufgewachsen, nur anders als die anderen. Und dann haben sie gesagt: Hör auf mit der Schule und geh in eine Lehre als Damenschneiderin.

Das war nicht das, was Margrit wollte. Sie wollte Tänzerin werden, aber dafür reichte das Geld nicht. Im Opernhaus kostete der Tanzunterricht 20 Franken. Ihre Mutter argumentierte schlau, dass ein Lehrmädchen monatlich 20 Franken verdiene, Margrit also Unterricht nehmen könnte. Das gab den Ausschlag. Doch als sie sich anmelden wollte, war der Preis auf 25 Franken gestiegen.

Da habe ich gesagt, dann möchte ich mit dem Herrn Direktor sprechen. Ich dachte, ich frage mal, vielleicht geht es ja für 20. Und der hat gesagt: Wir haben nächste Woche ein Vortanzen. Da können Sie kommen. Ich musste improvisieren auf Musik, dann die Schritte der Solotänzerin übernehmen, und als Resultat hat der Direktor mir ein Stipendium von der Stadt erwirkt. Da war ich fünfzehneinhalb.

So konnte sie in die Schule gehen, wo Mario Folkert klassisches Ballett unterrichtete, worin Margrit völlig unerfahren war. Für ein Engagement damals war es indes nicht bedeutsam, eine hervorragende klassische Tänzerin zu sein, sondern es gab Ensembles in Opern und Operetten, die Volkstänze und Cancan und Mazurka und Polka tanzten. Nach einem Jahr Ausbildung wurde ihr ein Engagement als Elevin angeboten.

Fünf Jahre lang arbeitete sie im Ballett der Oper.

Da dachte ich, jetzt wäre es Zeit, Solistin zu werden. Und bin wieder zum Direk-

»Diese Kindheit jenseits der üblichen bürgerlichen Familienerziehung hat offenbar ein Mädchen hervorgebracht, das unerschrocken seinen eigenen Weg verfolgte.«

tor gegangen, das war nun ein anderer. Er sagte, wir haben uns entschieden, wir wollen keine Solistinnen mehr, wir wollen nur noch gute Gruppentänzerinnen. Da habe ich völlig spontan gesagt: Ja, dann ist mein Weg nicht bei Ihnen. Und habe gekündigt.

Was für ein Selbstbewusstsein!, staune ich. Diese Kindheit jenseits der üblichen bürgerlichen Familienerziehung hat offenbar ein Mädchen hervorgebracht, das unerschrocken seinen eigenen Weg verfolgte.

Und wieder schlug das Glück zu, zumindest nach Margrits Aussage. Mir allerdings kommen diese vielen Fügungen als Ergebnis einer großen Wachheit für Gelegenheiten vor, einem unerschrockenen Zupacken und einer großen Begeisterung für das, was sie tat.

Ich habe wieder Glück gehabt: Eine Freundin im Ballett war befreundet mit einem Choreografen, der auch neu gekommen war. Er hatte erfahren, das Kabarett Cornichon suchte neue Mitglieder. Sprich dort mal vor!, schlug er mir vor. Als ich als Tänzerin gearbeitet hatte, war ich jede freie Minute ins Schauspielhaus gegangen. Ich hatte auch Sprechtechnik genommen und Rollenstudium bei Gustav Knuth.

Sie meldete sich und wurde zu Walter Lesch eingeladen. Sie sprach das Gretchen vor, und als er sie fragte, ob sie singen könne, sang sie die Nationalhymne, was dem linken Walter Lesch gewiss befremdlich war. Doch er engagierte sie vom Fleck weg.

Schon beim ersten Programm hatte sie großen Erfolg. Margrit liest den Satz aus einer damaligen Zeitungskritik vor: »... verleiht dem ganzen Abend einen Hauch von Goldseligkeit.«

1949, 21-jährig, beginnt ihre Politisierung. Das Cabaret Cornichon war während des Krieges sehr mutig.

Sie haben gesagt: Was wollen wir? Wir wollen den Mund aufmachen, unsere Meinung sagen.

In den Zeitungen konnte man nicht alles sagen, aber das Volk war gegen den Hitler. Und das Cornichon hat es gesagt.

Von 1949-51 nahm Margrit an zwei Programmen teil. Dann geschah etwas, das jemand mit einer anderen Grundhaltung als Margrit als Pech oder gar Unglück interpretiert hätte: Das Cabaret Cornichon musste aus finanzieller Notlage schließen.

Dann hat mir der Direktor gesagt: Wenn du jetzt angefragt wirst vom Konkurrenzunternehmen, dann nimm das sofort. Ich bin dir nicht böse.

So kam sie zum Cabaret Fédéral.

»Wie haben Sie den Krieg erlebt?«, frage ich sie. Bei Kriegsausbruch war Margrit elf Jahre alt. Da wohnten sie bereits in der Stadt.
Wieder hat das Theater sie gerettet. Sie hat viele Aufführungen erlebt, all die großen damaligen Schauspieler kennengelernt. Maria Becker habe ich im *Faust* gehört, im Prolog, den kann ich heute noch auswendig und nicht, weil ich es gelernt habe, sondern ich habe es gehört. In der Nacht, wenn ich allein war, so wie andere beten, habe ich es laut vor mich hin gesagt. »Die Sonne tönt nach alter Weise ...«

Den Moment des Kriegsendes erinnert sie nicht. Wir waren ja arm, aber wir haben immer Geld gehabt für andere. Auch Verwandten in Deutschland haben wir Päckchen geschickt. Mein schöner Großvater war ja Deutscher. Nach dem Krieg waren sie sehr dankbar und haben uns ab und zu eingeladen.

Ihre Familie war auch mit Juden befreundet, doch während des Krieges hatten alle Angst, was geschehen würde, wenn »der Hitler kommt«, und hielten sich folglich zurück. Das ist nicht im Programm drin, das sollen wir wieder vergessen. Was nicht schön in meinem Leben ist, das muss man wieder vergessen. Sie lacht.

Ich frage: »Ist das so? Soll man vergessen, was nicht schön ist?«

Na ja, man muss nicht dran leiden. Man muss nicht leiden! Kommt nicht in Frage! Sofort wechselt sie wieder das Thema und kommt auf ihre Zeit im Kabarett zurück.

Die wollten das Läubli. Es war wieder ein Glücksfall, dass ich zum Kabarett gekommen bin, da hat sich ein Traum erfüllt, das war die Verbindung von Tanz und Schauspiel. Nicht wie das heute üblich ist: Da stellt sich einer hin und schwatzt und schwatzt.

Wir haben gespielt, wir haben Nummern gemacht. Das war Bewegung und Wort!

Und die nächste glückliche Fügung: Ins selbe Programm wie ich kamen zwei vom Basler Kabarett Kikeriki, das war die Trudi Roth und – César Kaiser. Ihre Stimme wird andächtig. Und dann hat es in den Proben sofort gefunkt. Jahrelang haben Cés und ich mit Kollegen im Fédéral auf der Bühne gestanden.

Sie war 22, er 25. Wir waren verliebt, und ich wollte mit ihm schlafen, und er hat gesagt: Ich will dich nie heiraten, das musst du wissen. Und ich: Ja, das ist in Ordnung, ich will nur mit dir schlafen. So war es fünf Jahre lang.

Während des Krieges hatte niemand ins

Ausland reisen können. Cés brannte darauf, sich die Welt anzuschauen. Gemeinsam mit einem Freund kaufte er einen gebrauchten Jeep und reiste nach Indien, Ceylon, Ägypten. Da er kaum Geld hatte, schickte er Texte an Margrit, die sie weiterleitete, dann sandte sie ihm das Honorar. Am Schluss der Reise schlug er ihr vor, ihn in Neapel zu treffen. Dann sind wir weitergefahren nach Amalfi, und dann sagte er: Ich möchte ein Kinderzimmer. Sie lächelt zärtlich. Das war der Heiratsantrag. Da hab ich gesagt: Ja, ein Kinderzimmer möchte ich auch. Und dann haben wir 1956 geheiratet.

Doch mit dem Kinderzimmer ließen sie sich Zeit. Margrit bestand darauf, dass Cés vorher seine Schulden beglich. 1958 wurde der erste Sohn geboren, Mathis, 1959 kam der zweite Sohn, Lorenz.

Margrit wollte nicht wie ihre Großmutter immer nur arbeiten, sie wollte für ihre Kinder da sein. Allerdings verdiente Cés nicht genug, um die Familie zu unterhalten. Im Kabarett war man nur acht Monate engagiert, die restliche Zeit mussten die Schauspieler etwas anderes machen. Ein Kabarett war ein enormes finanzielles Risiko. Schauspieler und Texter mussten engagiert, ein Programm musste auf die Beine gestellt werden. Diese Investition musste im Verlauf von acht Monaten wieder eingespielt werden.

Wir hatten nie genug Geld, deshalb habe ich zwischendurch als Model gearbeitet für Reklame. Mein Mann konnte ja auch schreiben, also hat er in einer Reklamefilmgesellschaft das ganze Jahr gearbeitet, und so konnten wir eine Familie haben, und ich war zu Hause. Aber es war auch sehr anstrengend. Und wir hatten wirklich sehr wenig Geld. Ich habe die Kinder gern gehabt, aber mir ist manchmal die Decke auf den Kopf gefallen.

In der Filmfirma startete Cés Keiser eine neue Karriere als Texter und Regisseur. Eines schönen Tages kam er nach Hause und sagte, man hatte ihm angeboten, als Partner in die Firma einzusteigen. Und dann sagte er, ich habe das gar nicht in Erwägung gezogen, ich komme jetzt direkt aus dem Stadthaus und habe das Theater am Hechtplatz gemietet. Was hältst du davon?

Margrit stimmte sofort zu. Sie verstand nur zu gut, dass er wieder auf die Bühne wollte.

Ich habe keine Angst gehabt. Ich habe eigentlich nie Angst gehabt.

»Sie betont, dass es ihr um die gemeinsame Arbeit ging. Und um den gemeinsamen Humor. Sie hätten wunderbar miteinander lachen können.«

1962 stellte er das erste Soloprogramm auf die Beine, da waren die Söhne drei und vier Jahre alt. In dem Programm verarbeitete er seine Erfahrungen aus der Werbung und hatte damit einen Riesenerfolg.

Ein Jahr später wollte er das zweite Soloprogramm machen. Margrit half bei beiden Programmen hinter der Bühne mit. Da sagte er, zweites Soloprogramm, das tönt nicht gut, und ich habe gesagt: Nenn es doch einfach Opus 2. Es wurden 22 Opus.

Es kommt mir so vor, als hätte Margrit selbstverständlich die Rolle der Frau im Background hinter dem kreativen brillanten Mann übernommen. Ich frage sie, ob ihr diese Rolle gefallen habe.

Ja, das isch halt so. Deshalb haben die Männer lange gesagt, die Frauen brauchen kein Frauenstimmrecht, wir besprechen es ja zu Hause ...

Aber auf die Dauer gab sie sich nicht mit der Rolle hinter der Bühne zufrieden.

Ich wollte auch wieder auf die Bühne. Ab Opus 3 habe ich mitgemacht. Die Kinder waren da 5- und 6-jährig. Die waren aus dem Gröbsten raus. Da habe ich eine Nummer gemacht, über das, was ich als Hausfrau und Mutter erlebt habe.

Wieder auf der Bühne war es einerseits wundervoll, andererseits mussten sie immer für eine Kinderbetreuung sorgen.

Gut wurde es dann, als meine Mutter kam. So konnten wir auch auf Tournee gehen. Tourneen in der Schweiz bedeuten, dass wir meistens am Abend heimkamen. Aber meine Mutter ist dann am Morgen aufgestanden, das konnten wir nicht. Wir waren müde. Omi hat Frühstück gemacht und die Jungs in die Schule geschickt.

Von 1962 bis 2007 haben Margrit Läubli und Cés Keiser 22 eigene Bühnenprogramme geschrieben und gespielt, alle Produktionen auf eigenes Risiko, ohne Subventionen.

Sie betont, dass es ihr um die gemeinsame Arbeit ging. Und um den gemeinsamen Humor. Sie hätten wunderbar miteinander lachen können. Unsere Ehe ist so gut gegangen, weil wir zusammengearbeitet haben. Wir haben nicht gestritten. Es war wichtig für unsere Familie und auch für unsere Gesellschaft. Wir haben nicht Unterhaltung gemacht, um dem Publikum zu ermöglichen, die Alltagssorgen zu vergessen oder zu verdrängen, unser Anliegen war es, Probleme von der komischen Seite zu sehen. Oder? Dass man auch lachen kann. Guck mal auf das Lächerliche.

51 Jahre waren sie verheiratet. 2007, 82-jährig, starb Cés. Da war sie 79 Jahre alt. Obwohl er lange Zeit an Parkinson erkrankt war, standen sie weiter gemeinsam auf der Bühne. Im Monat, bevor er starb, hatten sie noch vier Vorstellungen. Ob-

wohl er so krank war, kam sein Tod für alle überraschend.

Danach zeigte sich abermals Margrit Läublis Talent zu überleben. Dass sie nun Geldmangel leiden könnte, schreckte sie nicht. Sie konnte ja arbeiten. Nun erarbeitete sie ein Programm, in dem sie von sich selbst erzählte und Cés Keiser-Texte zum Besten gab. Ein einstündiges Programm.

Ich dachte, er soll gehört werden, er soll nicht tot sein, ich will seine Texte zum Publikum bringen.

Gemeinsam hatten sie Termine bis in den Herbst hinein. Direkt nach seinem Tod rief Margrit bei den Veranstaltern an und fragte, ob sie auch allein kommen dürfe. Hab es einen Monat verschoben, musste es ja erst erarbeiten. Und sie sagten: Ja, kommen Sie! Das hat gut eingeschlagen.

Dann trat die nächste glückliche Fügung in ihr Leben. Margrit wurde von Freunden eingeladen und stellte schockiert fest, dass dort nur Witwen saßen. Ich dachte, zähle ich jetzt zu den Witwen? Ein einziger Witwer war da, mit dem unterhielt sie sich. Seine Frau war gerade gestorben. Und dann hat er gesagt: Ich will nicht mehr weiterleben. Ich kann nicht ohne meine Frau leben, wir hatten so eine gute Ehe. Ich bewundere Sie, dass Sie weiter arbeiten können. Er konnte kaum aufs Grab gehen. Kommen Sie bitte mit! Wir sind zusammen aufs Grab von seiner Frau gegangen, und er hat gesagt, wie er es gestalten will.

Es handelte sich um den weit über die Schweiz hinaus bekannten Architekten Ernst Gisel, von dem Margrit bereits durch Cés Keiser gehört hatte. Dieser Architekt hatte das Theater gebaut, das Cés 1962 gemietet hatte.

Fortan erschien Herr Gisel in jeder Vorstellung von Margrit und saß in der ersten Reihe. Dann war da ein Saal für 200 Leute, und es kamen nur 30, das hat er gesehen und hat sofort interveniert, ist losgelaufen und hat ganz viele Blumen gekauft. Hat mir die Bühne geschmückt.

Wenig später bat er sie, ihn bei einer Feier zum Tod seiner Frau zu unterstützen, zu der viele Freunde und der Oberbürgermeister von Zürich und andere Honoratioren kommen wollten.

Später haben seine Freunde zu mir gesagt, als wir uns auch schon befreundet hatten, weißt du, Läubli, wir dachten, wir machen einen Trauerbesuch und es ist alles ganz schlimm, und dann hat er uns reingelassen, und da war eine schöne Frau und er war ganz fröhlich und glücklich.

Das war vor fünfzehn Jahren. Vor elf Jahren haben sie geheiratet. Da war Margrit 82 Jahre alt.

Es war für mich wieder eine sehr interessante Zeit, alles total anders.

Gisel arbeitete noch, hatte wichtige Aufträge. Seine frühere Frau war Architektin gewesen, nun besprach er alles mit Margrit. »Dem Läubli«, wie sie sich selbst nennt. Und sie interessierte sich. Ich frage, ob die Söhne eifersüchtig waren auf den neuen

Partner der Mutter. Mathis schüttelt den Kopf. »Wir wollen doch, dass unsere Mutter glücklich ist.«

Margrit zog zu Gisel in dessen Haus, und die Söhne mit ihren Familien kamen oft zu Besuch. »Es war wirklich ein interessantes Leben. Er kam aus einem völlig anderen Berufsfeld, zu dem wir vorher keine Beziehung hatten«, sagt der Sohn.

Das war ein Einblick in eine völlig andere Welt. Aber ich habe meine Welt immer weiter gepflegt, bin weiter aufgetreten.

»Sie waren nicht die Architektengattin?«

Nein, bin's Läubli geblieben.

Am 6. Mai ist er gestorben, er war eigentlich nicht krank, es gab einen geistigen Abbau, Demenz, er hat immer weniger gesprochen. Höchstens mit mir hat er ein paar Worte gebracht. Wir hatten Kontakt. Er hat nicht Alzheimer gehabt, er war bei Verstand, aber er konnte nicht mehr reden. Ich habe dann alles für ihn organisiert. Die Pflegerinnen waren sehr respektvoll.

Dann hatte er ganz plötzlich so Mühe mit dem Schlucken, hat sich so stark verschluckt, dass er blau angelaufen ist und nur noch gehustet hat, das hat zwei Tage gedauert. Ich habe ihn dann im Arm gehabt. Nämlich wie wir uns kennengelernt haben, hat er ganz am Anfang gesagt: Ich möchte in deinen Armen sterben. Ja, spinnst du, habe ich geschimpft, das will ich doch nicht. Jetzt ist das wirklich so passiert. Ich habe ihn gehalten und gedacht, er erholt sich wieder, er war ein Stehaufmännchen. Dann habe ich ihm gesungen, ich habe viel für ihn gesungen, gewisse Worte erinnerte er noch, und die hat er dann gesagt. Im Wald da sind zwei Lüebli, des Maidli und ...

Dann hat er gesagt, das Buebli. Das ging nur, wenn ich sang. Und dann hat er plötzlich nicht mehr geatmet. Er wollte gehen. Er starb einen Monat vor seinem 99. Geburtstag. Sie hatten schon eine große Feier vorbereitet. Wer wo sitzt, und dann stirbt er einfach. Das macht man nicht.

Wir lachen alle.

Wir sprechen über den Tod und über Trauer. Sie empört sich mit ihrer melodiösen, geschulten Stimme:

Ich trauer nicht, ich bin wütend. Ich bin zornig auf den Tod.

Wir begeben uns hinaus in den weitläufigen Hotelgarten mit dem Café. Margrit hängt sich bei ihrem Sohn ein. Er lacht: »Manchmal geht sie so schnell, dass ich aufpassen muss mitzuhalten.« Dahinten, sagt Margrit und weist zu einem alten schmiedeeisernen Pavillon, haben Cés und ich gespielt, und hier hat es zwischen uns gefunkt. Auch deshalb wollte ich noch einmal hierher.

Wir sprechen über Frauenfreundschaft. Othella Dallas und Margrit Läubli waren Freundinnen, obwohl Othella kein Deutsch sprach und Margrit kein Englisch. Sie tanzten miteinander. Margrit nahm als junge Frau schon Tanzunterricht bei Othella. Den diese ihr nicht berechnete. Das war noch zu der Zeit, als Othella in Zürich lebte und in Räumen von Mereth Meyer tanzte. Mereth wiederum verlangte von Othella keine Miete.

Mereth war auch eine von diesen Frauen ... Sie war so kreativ, hat besser gemalt als ihr Mann, jetzt ist ein Buch über ihre Werke erschienen. Als sie noch lebte, hat sie alles nur für sich gemacht. Sie wollte nicht in die Öffentlichkeit ... Sie war eine wundervolle Künstlerin und Freundin!

Wir sprechen über das Altern. Bis zum Coronaausbruch ist Margrit Läubli noch mit ihrem Programm aufgetreten. Die letzte Vorstellung war im Januar 2020. Eine sehr schöne Vorstellung ...

Das Altern ist sehr umständlich. Die Kräfte lassen nach. Die Beine waren immer stark, jetzt sind sie schwächer, der Kopf wird schwindlig ...

Wenn sie jedoch gefragt werden sollte, ob sie bereit ist aufzutreten, wird sie Ja sagen. Ich probiere es einfach. Natürlich mit Mikrofon. Im Moment ist nix.

Ich weiß nicht, ob sich nach Corona noch einer traut, eine so alte Dame einzuladen. Ich weiß es nicht. Egal. Ich warte. Es kommt immer etwas.

Annelise Leu

GESPRÄCH IM JULI 2021

AROSA,
1931 GEBOREN

»

MEIN GANZES LEBEN IST EIN EXPERIMENT

«

Annelise Leu lebt in dem Schweizer Winterkurort Arosa, ein Ort wie in einer Bergschale. Im Winter gibt es viel Schnee, im Sommer ist es ideal für Bergwandern. Mögt ihr Kurven fahren?, fragt sie mich am Telefon. Nach Arosa gibt es 365 Kurven. Wir kurven also in die Höhe von 1.800 m. Und kurven uns in einen dichten Nebel hinein. Kein Berg zu sehen.

So auch am kommenden Tag.

Annelise hat eine helle Wohnung, schön von ihr gestaltet, eine breite Fensterfront mit Blick aufs Bergpanorama. Wir allerdings sitzen am runden Tisch neben der offenen Küche und sehen Nebel. Statt Ausblick gibt es köstliche Schokis und ein Gespräch mit einer aufregenden Frau.

Annelise Leu ist eine schmale zierliche Person, die sich so aufrecht hält, so beherzt durch ihre Wohnung bewegt, dass sie für eine Sportlerin durchgehen könnte. Indes ist sie eine Hotellière.

Annelise, Aisi genannt, ist neunzig Jahre alt, auch wenn sie nicht so wirkt. Ein langes Leben, das aus mehreren Leben unterschiedlicher Couleur besteht. Relativ klare Schnitte sind zu erkennen: 24 Jahre Tochter, 9 Jahre Hausfrau und Mutter, 20 Jahre Ehefrau des Direktors des »Kulm« in Arosa, 10 Jahre seelische Aufräumarbeit, 25 Jahre gelebte Liebe mit einem jüngeren Mann. Seit zwei

Jahren Neuorientierung unter Coronabedingungen.

Nach Arosa kam sie mit 34 Jahren, ihr Mann und sie meldeten sich auf das Gesuch nach einem Direktionsehepaar im »Kulm«, dem besten Hotel am Platze. Sie wurden genommen.

Es gab einen Vertrag für den Direktor, und ich war eine Fußnote: Die Ehefrau des Direktors ist verpflichtet mitzuarbeiten.

So kam der Titel des Buches zustande, das Nina Zumhorst, Annelise Leus Enkelin, nach Annelises Lebensbericht geschrieben hat: *Die Frau des Direktors*. Diese Lektüre brachte mich auf die Idee, sie kennenlernen zu wollen.

Dass wir einer solchen Wundertüte an Geschichten, Witz, Charme und Charisma begegnen würden, hatte ich nicht erwartet.

Annelise stammt aus keiner Hotelfamilie. Ihr Vater war Ingenieur, die Mutter kam aus Berlin. Wegen einer Lungeninfektion war sie in den Schweizer Bergen. Die haben sich am Sonntagnachmittag kennengelernt, mehrmals getroffen, dann ist sie nach Berlin zurückgegangen, er fuhr Sommer 29 mit einem Bugatti nach Berlin und hat bei ihrem Vater um ihre Hand angehalten. Weihnachten kam er wieder – für die Hochzeit. Berlin war damals Welthauptstadt, Roaring Twenties, das hat sie alles verlassen und ist zu einem wildfremden Mann nach Visp gefahren. Das ist das hinterletzte Kaff. Sie konnte auch mit niemandem sprechen, niemand verstand sie, sie verstand niemanden.

Annelises Schwester, ein Jahr jünger, und sie wuchsen wie Zwillinge auf. Die beiden waren einander genug, die darauf folgende jüngere Schwester interessierte sie nicht.

1935/36 zog die Familie nach Basel. Der Vater baute eine Akkumulatorenfabrik, mit der er reich wurde. Dann kam der Krieg. Sehr berührt beschreibt Annelise den 1. September 1939. Ich sehe meine Mutter vor dem Radio sitzen und weinen. Diesen Tag vergesse ich nie. Ich war acht Jahre alt. Das versteht doch kein Kind.

Sie beschreibt bedrohliches Männergehabe. Marschmusik. Soldaten. In der Schweiz existierte eine »fünfte Kolonne«, das waren die Schweizer Nazis. Ich bin in Basel aufgewachsen, deshalb war ich auch so betroffen vom Krieg. Der Hitler ist ja sofort in Frankreich einmarschiert. Und dann dieses Kriegsgeschrei aus dem Radio, das ist etwas wahnsinnig Maskulines. Und Anmaßendes. Das ist die Machtausübung pur.

Diese Prägung bewirkte Annelises instinktive Ablehnung männlichen Machtgehabes. Das ist vielleicht der rote Faden, der sich durch ihr Leben zieht: Immer wieder wird sie konfrontiert mit männlichem Überlegenheitsanspruch, immer wieder

> »Immer wieder wird sie konfrontiert mit männlichem Überlegenheitsanspruch, immer wieder lehnt sie sich dagegen auf.«

lehnt sie sich dagegen auf. Und immer wieder zahlt sie den Preis. Aber sie meint, dass sie heute so aufrecht und gerade ist, liege genau daran, dass sie sich nicht geduckt hat.

Annelise wuchs unter Frauen auf. Der einzige Mann war der Vater. Mit ihren zwei Schwestern besuchte sie eine reine Mädchenschule. Es gab noch ein Dienstmädchen und eine Frau, die zum Waschen kam, und dann gab es noch die Großmutter. In dieser Frauengemeinschaft spielte Annelises Vater eine herausragende Rolle. Täglich kam er zum Essen heim, die Suppe wurde für ihn genau zum richtigen Zeitpunkt in genau der richtigen Temperatur aufgetragen, das größte Fleischstück war für ihn. Viel später, als Annelise mit Atemübungen begann, spürte sie, wie in ihr langsam eine Riesenwut auf ihn hervorkroch.

Meine Mutter hat das okay gefunden, sie war die perfekte Hausfrau und Mutter, sie hatte nicht den geringsten Zweifel an diesem System. Der Mann muss das Geld verdienen. Das hat mein Vater gemacht. Für sie war es die perfekte Ehe. Mit ihr war er auch respektvoll.

Der Vater definierte die Regeln der Familie, er schrie, und er schlug die Kinder. Sagte, Aisi sei zu dumm fürs Gymnasium. Diese permanente Herabwürdigung! Dabei war mein Vater ein aufgeschlossener, gebildeter Mensch. Wir durften mit achtzehn Jahren Auto fahren lernen, da konnten noch zwei Drittel der Bevölkerung nicht Auto fahren.

Annelise erzählt von einem Vorfall, da war sie vierzehn. Sie wurde von den Eltern wegen eines Zwischenfalls bestraft: Acht Uhr ins Bett und Licht aus, wenn die Eltern ausgingen. Als sie heimkamen, lag Annelise auf dem Bauch im Bett und las mit Hilfe einer Taschenlampe. Da hat er bitterböse die Decke weggezogen und auf mich eingeschlagen. Eine ausgewachsene Kindsmisshandlung. Ich war schon in der Pubertät. Für mich war das auch ein sexueller Übergriff. Für ihn nicht.

All das musste sie später aufarbeiten.

Trotzdem war ihre Mutter fortschrittlicher als andere Mütter. Als sie mit dem vierten Kind, endlich einem Sohn, schwanger war, gestand sie verschämt, dass das Baby zwischen ihren Beinen herauskommen würde, während anderen Kindern damals noch vom Storch erzählt wurde. Als Annelise sechzig Jahre alt war, ihre Scheidung verarbeitete und innerlich aufbrach, besuchte sie einen Kurs »Atmen mit der Ostseebrise«. Dort stiegen allmählich immer mehr Bilder von meiner Mutter auf. Wenn wir mit ihrer Familie an der Ostsee waren, war sie eine völlig andere Frau als die, die ich zu Hause kannte. Das war ihre

Welt, da ist sie aufgeblüht. In der Schweiz war sie von ihren Wurzeln abgeschnitten.

Nach dem Krieg besuchte Annelise die damals berühmteste Hotelfachschule der Welt in Lausanne. Für Frauen gab es die Ausbildung zur Aide Directrice. Auf der Schule waren wenige Frauen, und es war völlig selbstverständlich, dass Mädchen diesen Kurs machten. Das war reines Grundwissen, keine Personalführung, kein Marketing, keine Buchführung. Dort lernte sie Hans Leu kennen; sie verliebten sich. 1955 heirateten sie.

Nach der Schule wollte Annelise raus in die Welt. Hans und sie arbeiteten als Saisonarbeiter an unterschiedlichen Orten, doch 1956 wurde sie schwanger, und dann kamen die Kinder im Zweijahresabstand. Fortan blieb sie zu Hause.

Hans arbeitete in einem Hotel in St. Moritz, als am 21. Dezember Martina, die erste Tochter, geboren wurde. Hans konnte nicht kommen. Die Ärzte fuhren zur Weihnacht, ich bekam eine Brustentzündung, meine Schwiegermutter kam treu jeden Tag. Am 6. Januar kam Hans. Und dann sagte er, du kannst jetzt nicht einfach nach Basel verschwinden, du musst jetzt noch ein paar Tage bei meinen Eltern bleiben. Er hat nicht gefragt, wie das für mich war.

Der Streit mit der Schwiegermutter war vorprogrammiert. Als Annelise die Brustentzündung bekam, musste sie mit der Flasche füttern. Das Abpumpen war furchtbar. Meine Schwiegereltern saßen immer daneben, ich hatte in diesem kleinen Haus keinen Platz, meine Schwiegermutter hatte die Liebe gepachtet sowieso. Aber sie hat nicht gesehen, dass ich eine Kindbettdepression hatte. So nahm die Schwiegermutter der unbotmäßig zornigen jungen Mutter das Kind aus dem Arm, als wäre es ihres, und fütterte es mit der Flasche. Später wurde Annelise von der Schwiegermutter vorgeworfen, sie hätte sich ungehörig benommen. Ja, ich bin ausgerastet. Eigentlich hatte ich recht.

Mir geht es heute wohl auch gut, weil ich immer wieder ausgerastet bin, weil ich es nicht runtergestopft habe.

Eine große Kränkung zieht sich durch Annelises Leben: Ihre sozialen Kontakte reduzierten sich immer dann enorm, wenn gerade kein Mann an ihrer Seite war. Den ganzen Winter hat mich niemand eingeladen. Dann kam Hans für zwei Wochen nach Basel, und das Telefon läutete ununterbrochen, weil uns alle einluden.

Die Kränkungen durch die Schwiegermutter setzten sich auch bei den nächsten Kindern fort. Das kulminierte, als die Schwiegermutter eigenmächtig die langen Locken des kleinen Christian abschnitt, obwohl Annelise das nicht wollte. Als ich kam, um die Kinder zu holen, stand sie da und sagte: Jetzt hast du einen Buben.

Annelise Leu war nicht die einzige Frau

ihrer Generation, die Übergriffen und Herabwürdigungen ausgesetzt war. Sie aber wehrte sich. Und stand dann als »zickig« da. Ihr wurde sogar vorgeworfen, eine Rabenmutter zu sein.

Neun Jahre lang lebten sie in Zürich. Wenn Hans nach Hause kam, beteiligte er sich an der Hausarbeit, wickelte die Kinder, kochte. Das war sehr ungewöhnlich für die damalige Zeit und beglückt Annelise bis heute.

1966 übersiedelte die Familie nach Arosa. Hans Leu übernahm den Posten des Hoteldirektors, und Annelise Leu wurde die Frau des Direktors. Die älteste Tochter war neun Jahre alt, der Sohn sieben, die Jüngste fünf.

Sie hatten eine Kinderfrau, und sie hatten viel Freizeit außerhalb der Skisaison. Annelise platzte vor Lust auf diese neue Tätigkeit, obwohl weder Hans noch sie wirklich gut vorbereitet waren auf das Leiten eines großen Hotels.

Dann hat der Hotelierverband ein Unternehmerseminar gemacht, und wir sind dahin gerannt. Das war vier Mal eine Woche, 24 Männer und ich, und dann habe ich die beste Endprüfung gemacht. Das war unerträglich für die Männer. Da kam ein Prüfer nach dem anderen raus und sagte: Ich gratuliere dir, du hast die beste Prüfung gemacht. Und dann haben sie gesagt, sie haben beschlossen, in diesem Jahr keine Rangfolge bekanntzugeben. Mein Mann hat nicht reagiert.

Annelise ist eine unglaublich kreative Frau, sie steckt voller Ideen. Ihr Mann profitierte davon. Er setzte ihre Ideen um und heimste die Lorbeeren ein.

Wenn Gäste kamen, haben wir eine Empfangszeremonie gemacht, wir standen nebeneinander, aber die Gäste begrüßten meinen Mann. Es kam vor, dass ein Gast mir das Champagnerglas aus der Hand nahm und mit meinem Mann anstieß. Ich wurde negiert. Es wurde gesagt, die Frauen nehmen alles persönlich. ES WAR PERSÖNLICH!

Annelise meint, dass 1968 ein Umbruch stattfand. Da wurde in der Schweiz ein neues Zivilgesetzbuch verhandelt. Die 68er-Frauen haben die beschissenen Windeln runtergeschmissen auf die Parlamentarier. Ein Riesenskandal. Aber es war das, was man machen musste. Ein innerer Aufbruch.

1972 erst wurde in der Schweiz das Frauenwahlrecht eingeführt. Erst seit 1981 steht die Gleichberechtigung von Mann und Frau in der Schweizer Verfassung. Erst 1988 wurde das alte Eherecht abgeschafft, das den Mann zum »Haupt der Familie« machte. Erst 1990 führte der letzte Kanton das Frauenstimmrecht auf kantonaler Ebene ein. Erst seit 2005 haben Schweizer Mütter 14 Wochen lang Anspruch auf Lohnersatz.

Und erst seit diesem Jahr gibt es einen Vaterschaftsurlaub, für ganze zwei Wochen.

Ich stand von vornherein in der zweiten Reihe, aber ich wollte in der gleichen Reihe stehen. Das wurde mir als Unverschämtheit und Anmaßung ausgelegt. Annelise erzählt eine gruselige Geschichte. Der Hotelverband gab ein offizielles Essen nach einer Sitzung, zu der sie nicht eingeladen war. Ein Verantwortlicher indes lud sie zum Essen ein. Als das Mittagessen begann, gab es für sie keinen Platz am Tisch. Der Mann, der sie eingeladen hatte, kümmerte sich nicht um sie. Sie setzte sich gegenüber von ihrem Mann, da war ein Stuhl frei. Da kam mein Mann und sagte, die Schwester von Frau soundso ist noch draußen. Du möchtest bitte den Platz räumen, damit sie sich dahin setzen kann. Hab ich ihm nie verziehen. Er hat nicht zu mir gestanden. Er stand nie zu mir. Ich bin aufgestanden, bin ans Tischende gegangen, da war noch ein Platz frei.

Dennoch war Hans ihre große Liebe. Sie hatte Freude daran, das »Kulm« zu führen, zu entwickeln, auszubauen. Wir waren ein Superteam mit der Ausnahme, dass er alle Lorbeeren für sich allein eingesammelt hat. Er war sehr begabt mit den Journalisten, hatte einen großen publizistischen Erfolg. Er sagte immer: ich, ich, ich … Er wurde auch nicht als Rabenvater bezeichnet, doch Annelise wurde vorgeworfen, sie würde ihre Kinder nicht lieben. Im Gespräch mit ihr ist hingegen spürbar, wie stark sie ihre Kinder liebt und wie stolz sie auf alle drei ist.

Als ihr Mann anfing fremdzugehen, fühlte Annelise sich sehr betrogen. Nicht nur wegen der Frauen, sondern wegen des gemeinsamen Weges. Als ich angefangen habe, alles aufzuarbeiten, habe ich begriffen: Ich bin ja neidisch auf meinen Mann. Man ist ja nicht neidisch! Doch. Und ich habe ganz gute Gründe. Es ist nicht fair.

So begann die nächste Etappe in ihrem Leben. Sie ließen sich scheiden, beide verließen das »Kulm«. In der Zwischenzeit hatte Annelise ein sehr schönes Hotel in Murth gekauft. Ihr Vater hatte es für sie finanziert, sie musste ihm Zinsen zahlen. Für die Verträge brauchte sie indes die Einwilligung ihres Ehemanns. Ich war nicht handlungsfähig. Bei der Beglaubigung saßen wir, fünf Männer und ich. Ich habe das Geld gebracht, ich habe das gekauft. Der Notar, ein alter Fettsack, bringt als Erstes den Cognac und dann bietet er die Zigarren an. Wenn mir das Geschäft nicht so wichtig gewesen wäre, ich war drauf und dran zu sagen, meine Herren, wenn ihr dann aufgeraucht habt, komme ich gern wieder. Ihr hat er nichts angeboten.

1974 hat sie das Hotel gekauft. Sie zeigt uns einen Prospekt, ein wunderschönes Hotel »Le Vieux Manoir«. Es beweist Annelises guten Geschmack.

2004 drehten die Banken ihr den Geldhahn zu, forderten die Rückzahlung der Schulden. Das war, als sie ohnehin in vielen Problemen steckte. Sie musste das Hotel verkaufen.

Achtzehn Jahre vorher, 1986, wurde sie geschieden. Da war sie 54 Jahre alt. Die Leute haben mich nicht mehr eingeladen. Ich habe mir ein neues Leben aufgebaut. Ihr neues Leben war für sie nicht denkbar ohne ein Hotel. Das »Vieux Manoir« hatte zu dem Zeitpunkt ein angestelltes Direktionsehepaar, das seine Sache gut machte. Also kaufte sie das »Eden« in Arosa, ein waghalsiges Unterfangen. Die Bank wollte sie unterstützen, eine Aktiengesellschaft wurde gegründet, ihre Mutter und ihre Schwester waren mit Teilhaber. Der Vater war zehn Jahre zuvor gestorben. Annelise wollte das Hotel gemeinsam mit zwei Frauen aus dem »Kulm« führen. Als eine der beiden kurzfristig absprang, fiel sie in ein tiefes Loch. Es war Juli, im Dezember musste geöffnet werden. Zu diesem Zeitpunkt besuchte ihr Sohn die Hotelfachschule. Und dann kam mein Sohn und sagte: Ich habe mit meiner Freundin gesprochen, also, wir kommen nächsten Dienstag und ziehen dich aus der Patsche. Und dann kam er und hat mit den modernsten Methoden sofort angefangen, alles zu organisieren.

»In ihrer Stimme liegt Rührung und Dankbarkeit über die Hilfe.«

In ihrer Stimme liegt Rührung und Dankbarkeit über die Hilfe. Später gab es indes auch mit ihm Auseinandersetzungen. Auch er wollte entscheiden, seine Vorstellungen durchsetzen. Doch Annelise brachte Erfahrung mit und das Geld. Sie wusste, dass die Banken letztlich die Macht haben. Dennoch setzte er sich durch und machte aus einem ganz normalen Mittelklassehotel etwas Besonderes. Er hatte recht, es war einer von den ersten Wellnessclubs. Ich habe durchgesetzt, dass wir kein Schwimmbad gebaut haben, aber türkisch Bad usw. Das war sehr avantgardistisch. Aber wir hatten dann doch zu viele Schulden. Wir haben Konkurs gemacht. Mein Sohn und ich hatten einen Riesenstreit. Das war 96. Dann hat er einen Investor gewonnen und hat das allein weitergemacht.

Diese Etappe von 1986-96 war Annelises Zeit der psychologischen Aufarbeitung. Sie besuchte Kurse bei einer Atemtherapeutin, las viel, sie sagte zu sich selbst: Ich kann die anderen nicht ändern, aber mich selbst. Und also ging sie ebenso tatkräftig, wie sie alles andere getan hatte, daran, sich selbst zu ändern. Sie schrieb Briefe an ihre Tochter, ihren Mann, ihren Sohn, führte wichtige Gespräche und bat um Verzeihung für ihre Fehler bei der Erziehung.

Und sie nahm an einem Kurs des Heteliervereins teil, »Ganzheitlich führen – ganzheitlich leben«. Da lernte sie sich selbst neu als Einheit von Körper, Geist und Seele kennen. Am Schluss des Seminars fühlte sie sich wie ein »neuer Mensch« mit einer neuen Vision für ihre Arbeit und ihr Leben.

Sie hält das Mikro zu und sagt: Mit sechzig habe ich ein Sex-Seminar gemacht. Die schrieben: »Wenn Sie bei Sex an etwas Schönes denken, dann kommen Sie hierher.« Auf Lanzarote. Es war sehr spannend. Ich habe da wieder viel gelernt. Ich war mit Abstand die Älteste. Viele Frauen, 30, 40, 50 Jahre. Da habe ich gedacht, wie schüchtern die sind, wie unbeholfen.

Als ich sage: »Das ist doch ganz wundervoll, und ich möchte das bitte auch schreiben«, entgegnet sie, sie hätte in ihrem Buch sehr offen gesprochen, und die Journalisten seien gerade auf diese Stellen wie die Geier gestoßen. Ja, wie blöd! Aber das ist deren Problem, weder Annelises noch meines.

Mir kommt es vor, als hätte Annelise sich mit all diesen psychologischen Arbeiten innerlich wie entschlackt und verjüngt. So überrascht es nicht, dass sie sich nach anfänglichem Zögern öffnete für die Avancen eines jungen Italieners, der, obwohl eigentlich Koch, im »Eden« als Garderobier arbeitete.

Cosimo war 28 Jahre jünger. Ich dachte, was will der? Anfangs völlig die alte Reaktion. Ich habe es gar nicht in Betracht gezogen. Und dann dachte ich, das ist ein sehr netter Typ. Gefällt mir doch eigentlich. Sie lacht.

Auf Lanzarote hatte Annelise erfahren, wie schwer viele Menschen es haben, sich selbst zu spüren. Cosimo konnte sich spüren. Ihr Ton ist sehr liebevoll. Er hat immer gesagt, ich soll mal nach Kalabrien kommen, er möchte mir seine Heimat zeigen. Und dann habe ich gesagt: Ist dir das ernst? Aber als ich sagte, ich komme, hat er sich richtig gefreut. Sie lacht, immer noch beglückt darüber. Und dann hat es sofort gefunkt.

Sie fuhr mit ihm nach Kalabrien, und er führte sie in seine Familie ein, als wäre sie »ein junges Ding«. Die Familie nahm sie völlig selbstverständlich auf. In Annelises Stimme liegt nach so vielen Jahren, in denen sie dort ein zweites Zuhause gefunden hat, immer noch Staunen. Das ist wie im Mittelalter. Die leben absolut autonom. Der Vater war auch zehn Jahre in der Schweiz, dadurch konnten sie das Haus bauen. Die hatten ihr eigenes Öl, ihren eigenen Wein, Tomaten, alles. Im Herbst gingen sie auf die Wildschweinjagd. Die hatten alles völlig biologisch. Machen ihr eigenes Brot, eigenen Käse. Die Süditaliener können alle kochen, Männer und Frauen. Die waren

»Im »Kulm« fand sie eine Bühne, sie trat zuweilen als Sängerin auf, sie inszenierten Musicals, ihr Mann war der geborene Schauspieler.«

alle so überschwänglich nett zu mir. Von innen heraus.

Annelise erinnert sich gern an diese Zeit mit Cosimo. Sie sind miteinander gereist. Das war eine Superzeit. Er war so voll von Leben. Und von einer natürlichen Erotik. Das ist doch das, was man haben will, was man sucht und was man kaum findet. Der hat so in sich geruht. Ich war 62, und er war 34. Dass ich so viel jünger aussah, hat Cosimo sich angerechnet.

Am Mittag gehen Annelise, Lena und ich gemeinsam ins »Kulm«. Annelise möchte, dass wir es kennenlernen. Ein sehr großes Hotel. Eine gute Küche. Der junge Kellner kennt Annelise, auch wenn er noch gar nicht geboren war, als sie das Hotel leitete. Stolz erzählt sie von den vielen Events, die sie veranstaltet haben, Mottoabende, Tanzabende, Auftritte von Künstlern. In ihrer Jugend hatte Annelise Sängerin werden wollen, spielte Klavier, seit sie sieben war, ist sehr musikalisch. Im »Kulm« fand sie eine Bühne, sie trat zuweilen als Sängerin auf, sie inszenierten Musicals, ihr Mann war der geborene Schauspieler.

Das »Kulm« ist das Kernstück von meinem Leben. Wir haben nicht so viel verdient, aber wir haben alles aufgebaut. Du bist jung, du hast Kinder. Die Übernahme des »Hotel Vieux Manoir« am Murtensee und als ich 1999 dafür den Preis »Hotel des Jahres« bekam, war sehr bedeutsam für mich. Mein ganzes Leben ist ein Experiment.

Ich habe meine Grenzen ausprobiert, deshalb bekam ich auch immer die Schläge.

Nach einer Siesta sprechen wir über Annelises Beziehung zu Cosimo. Immerhin dauerte sie 25 Jahre. Es wird deutlich, wie stark die Aufs und Abs dieser Partnerschaft mit dem »Eden« verknüpft sind. Sohn Christian modernisierte das Hotel radikal, einen Abschnitt des Restaurants teilte er für ein italienisches Restaurant ab mit einer kleinen Küche, und dessen Leitung übergab er Cosimo.

Das »Eden« machte Konkurs, Annelise verlor viel Geld. Cosimo war Teil des Scheiterns, doch das war nicht das einzige Problem, das Paar erfuhr viel Ablehnung, von Frauen und Männern. Es hat denen nicht gepasst, dass eine alte Frau mit einem jungen Mann … Ich hab dann langsam gedacht, es ist für ihn schwieriger als für mich. Anfangs dachte ich, es sei für mich schwieriger. Aber es war einfach schön. Es hat mich nicht gereut.

Annelise und Cosimo erprobten fortan einiges gemeinsam, leiteten verschiedene Hotels. Immer musste Annelise die Verträge mit den Besitzern aushandeln und auch die finanzielle Sicherheit geben. Sie wohnten nicht zusammen, aber Cosimo war viel bei ihr, und sie liebte es, wenn er für sie kochte. Er hatte wunderbare Hände. Ich habe oft zugeguckt, wenn er gekocht hat. Das hat mich fasziniert.

Zwischendurch fuhr Cosimo nach Kalabrien, das Annelise inzwischen für sich als zweite Heimat entdeckt hatte. Sie erzählt bedauernd von vielen Versuchen Cosimos, sich eine Existenz aufzubauen. Eine Pizzeria in Arosa, deren Zutaten aus Kalabrien geliefert wurden. Er war der geborene Gastgeber. Er hat die Pizzeria im Oktober aufgemacht, sofort kamen die Gäste. Doch im Dezember brannte die Pizzeria ab.

2012, Annelise war achtzig, er war fünfzig, übernahmen sie gemeinsam ein gutgehendes Familienhotel, für das Mieter gesucht wurden. Doch im zweiten Jahr tauchte eine Frau auf, Cosimo ging fremd und Annelise stieg – wieder einmal mit finanziellen Verlusten – aus dem Projekt aus. Bald darauf erhielt er die Diagnose Blasenkrebs.

Cosimo beendete die andere Beziehung, beendete den Mietvertrag, flehte Annelise an, ihm zu verzeihen und zu ihm zurückzukommen. Und dann im Februar ein Hirntumor. Operation. Mehrmals fuhr er nach Italien, kannte viele Ärzte. Annelise begleitete ihn. Sie hatte inzwischen in Kalabrien eine kleine Wohnung.

Dann war er in Chur im Spital, und es ging ihm immer wieder gut, das erstaunte auch die Ärzte, er wollte nicht sterben. Er hatte einen irrsinnigen Lebenswillen. Im Herbst 18 hatten wir noch einmal eine schöne Zeit. Er hat gesagt, ich fahre überall hin, wo du willst. Dann sind wir beide noch einmal nach Italien gefahren. Ganz langsam. Ihre Stimme wird weich. Irgendwann saßen wir in Siena auf dieser wundervollen Piazza, das war schon im November, die war leer, und wir haben da gesessen und es wirklich genossen. Dann zehn Stunden bis Kalabrien. Das war so harmonisch, liebevoll. Das war wirklich schön. Dann bin ich eine Woche dort geblieben. Er wollte Weihnachten bei seiner Familie bleiben. Danach wollte er wiederkommen, aber er kam nicht mehr.

So begann die allerletzte Zeit mit Cosimo. Annelise flog zurück zu ihm nach Italien, und er freute sich riesig darüber. Er bat sie darum, ihn nach Chur zu holen. Über die Schweizer Rettungsflugwacht organisierte Annelise, dass Cosimo in Kalabrien abgeholt und bis nach Zürich transportiert würde.

»Es gab eine riesige Beerdigung.«

In Chur wurden nach seiner Ankunft noch abends spät alle erforderlichen Untersuchungen gemacht und Therapien eingeleitet.

Cosimo war sehr zufrieden. Das war das letzte Mal, dass er richtig wach war. Das war der vorletzte Tag. Am letzten Tag hat er nicht mehr reagiert.

Seine Schwester organisierte mit Hilfe der Familie die Überführung nach Italien. Annelise flog nach Kalabrien. Es gab eine riesige Beerdigung, das ganze Dorf, die Verwandtschaft aus Deutschland und der Schweiz, alle kamen. Der Sarg wurde in einem großen Umzug durchs Dorf getragen, dann kam die Messe, und danach wurden für die Kondolenzen Stühle für die Familie in eine Reihe gestellt. Ein Stuhl war für Annelise. Eineinhalb Stunden lang wurde sie umarmt und geküsst. Eine Cousine hat hinterher gesagt, es waren 1.500 Personen, das hätte den Cosimo sehr befriedigt. Es gab Hunderte von Blumen. Sie haben damit etwas ganz Schönes gemacht: haben alle Blumen auf dem ganzen Friedhof verteilt. Dann gingen wir nach Hause, und dann passierte noch etwas Schönes: Eine Familie hat uns das komplette Nachtessen für zehn, zwölf Personen geschickt. Mit allem. Fix und fertig warm ins Haus geschickt. Da herrschte eine archaische, große Solidarität. Er ist 59 geworden. Er wollte nicht sterben.

Annelise beginnt zu weinen, als sie beschreibt, dass der Vater hinausging und die Tomaten steckte, während die anderen drinnen saßen. Cosimo hat zu mir gesagt: Die Liebe kommt aus der Erde. L'amore viene de la terra.

Cosimo starb 2019. Seit zwei Jahren erst lebt sie ohne ihn. Im vergangenen September fuhr sie noch einmal an die Ostsee, um alles loszulassen, und dann besuchte sie Cosimos Grab und seine Familie in Kalabrien.

Ostsee und Kalabrien, das sind für Annelise normale Reisen, aber nun hat ihre Enkelin ihr angeboten, mit ihr eine andere Reise zu machen, und zwar nach China und von dort auf die Transsibirische Eisenbahn, ein Lebenstraum von Annelise. Bevor sie losfuhren, kam Corona. Annelises Töchter waren sehr erleichtert. Ich glaube, jetzt mache ich das nicht mehr. Ich habe mein Leben gelebt.

Loslassen. Ich habe langsam gelernt loszulassen. Ich weiß heute sehr gut, was das heißt. Ich habe alles, was ich im Leben hatte, loslassen müssen. Jetzt genieße ich meine Freiheit. Es gibt nichts mehr, was ich tun muss. Ich darf alles so tun, wie es für mich am Besten ist.

Natascha Würzbach

GESPRÄCH IM SEPTEMBER 2018

KÖLN,
1933 GEBOREN

»ICH MUSS KEINE OMA SEIN! OH, BITTE NICHT!«

Ich kenne Natascha aus der Zeit, als sie an der Universität Köln als Professorin für Anglistik tätig war. Außerdem schrieb sie Kurzgeschichten und gab zwei Anthologien heraus, eine über Krankheitserfahrungen, eine über Frauenfreundschaften. Für beide Bücher schrieb ich Kurzgeschichten.

Als ich sie kontaktierte, bat sie mich um eine Liste meiner Fragen. Das sagt viel über Natascha aus: Sie ist sorgfältig, präzise, planend, eben eine Wissenschaftlerin.

Sie wohnt in Sülz in einer entzückenden Altbauwohnung im Parterre. Vor 33 Jahren haben wir uns das letzte Mal gesehen – unfassbar! Keinesfalls ist sie um 33 Jahre gealtert. Sie sieht das Altern entspannt. Der Schönheitsverlust im Alter mache ihr nichts aus, der Kräfteverlust allerdings schon.

Sie führt uns durch die Wohnung, weist auf ein Biedermeiersofa und sagt: Das ist das grüne Sofa. Vor einigen Jahren hat sie einen Roman dieses Titels veröffentlicht. Ihr neues Buch möge ich unbedingt erwähnen: *Das magische Tintenfass*. Dieses Buch thematisiert etwas sehr Wichtiges in Nataschas Leben: Erst mit über 74 Jahren erfuhr sie von ihren jüdischen Wurzeln. Und so bekam ihr an Wendungen nicht armes Leben vor fünfzehn Jahren noch einmal einen neuen Dreh.

Natascha wurde 1933 in München geboren. Ihre Mutter war 24 Jahre alt und befand sich noch in der Ausbildung zur Ausdruckstänzerin, der Vater ein 23 Jahre älterer Journalist beim Bayrischen Rundfunk, damals Reichssender.

Ich schaue mir die Fotos der Mutter an, eine außergewöhnlich schöne Frau. Natascha erzählt anschaulich, wie die Eltern sich kennengelernt haben. Mein Vater, distinguierter Privatgelehrter, kam nach München, sah gut aus und verkehrte im Salon meiner Großmutter, der Baronin Massenbach. Sie war ein paar Jahre älter als er und verheiratet. Mit der hatte er dann ein Verhältnis. Die Mutter schickte ihre heranwachsende Tochter manches Mal als Postillon d'Amour in seine Junggesellenwohnung. Als sie dann siebzehn, achtzehn Jahre alt war, fand der Wechsel statt, sozusagen. Das war natürlich ein großer Eklat. Meine Mutter entstammt also bayrischem Adel.

Nataschas Verhältnis zur Mutter ist extrem belastet. Ich habe einen Zwillingsbruder, der bei der Geburt starb. Meiner Mutter war der Bub eigentlich wichtiger, die war sehr männerorientiert. Wir waren eine Frühgeburt. Sie hat mal gesagt: Du hast ihn ja rausgetreten. Das Verhältnis zu ihr war gespannt. In Schüben war sie liebevoll, dann aber gleich überschwänglich.

Sie lebten in einer großen Münchner Wohnung. Wenn die Eltern fort waren, was nicht selten geschah, sollte die Großmutter kommen und sie betreuen. Aber die Baronin war unpünktlich und manchmal blieb sie ganz aus. Dann saß ich auf dem Grätenmusterparkett allein in dieser riesigen Wohnung. Eine frühe Übung in Einsamkeit.

Als sie in die Schule kam, schickte die Mutter sie mit einer blauen Baskenmütze und offenen langen Haaren dorthin. Das gehörte sich damals nicht, da hatte man Zöpfe oder Affenschaukeln zu tragen. Und man hatte eine Schulschürze und keine Baskenmütze.

Das war eine reine Angstzeit, ich wurde nur gemobbt.

Infolgedessen wurde Natascha eine schlechte Schülerin. Auf dem Heimweg verfolgten, schlugen und verhöhnten ihre Mitschüler sie. Natascha verheimlichte das zu Hause. Als sie es schließlich offenbarte, begleitete der Vater sie zur Schule. Doch das machte alles noch schlimmer.

Natascha wurde eine Einzelgängerin. Später machte sie daraus eine Tugend, nahm sich die Freiheit, aus dem Rahmen zu fallen.

Der Vater wurde aus dem Rundfunk entlassen, angeblich weil er sich gegen die Nazis geäußert hätte. Also zogen die Eltern fort aus der Stadt in ein kleines Dorf; die Kinder dort waren netter zu Natascha. Zuletzt lebten sie auf einer Jagdhütte an der österreichischen Grenze. Die Bedrohung, dass der Vater von der Gestapo abgeholt werden könnte, lag die ganze Zeit in der Luft.

»Natascha wurde eine Einzelgängerin. Später machte sie daraus eine Tugend, nahm sich die Freiheit, aus dem Rahmen zu fallen.«

Für Natascha war der Vater ein Widerständler, darauf war sie stolz. Ohnehin war sie stolz auf ihn. Er war ein belesener Gelehrter, und seine Herkunft war so abenteuerlich wie die Geschichten aus der sechsbändigen Casanova-Ausgabe, aus der er ihr von Kindheit an abends vor dem Einschlafen vorlas.

Angeblich stammte er aus einer illegitimen Verbindung, einem Seitensprung seines Vaters mit einer Wiener Gräfin. Die Gräfin erkrankte an Tuberkulose und legte vor ihrem Tod der Frau des Vaters den Sohn ans Herz. Eine hübsche Geschichte, ausgedacht, um die jüdische Herkunft des Vaters zu vertuschen.

Das wusste Natascha indes nicht. Der Vater hielt es geheim. Bis über seinen Tod hinaus.

»Was hat es mit dir gemacht, in einer Familie groß zu werden, in der es ein so gefährliches Geheimnis gab?«, frage ich.

Ich hab es nicht gemerkt. Ich hab mich ein bisschen gewundert, dass man die Würzbachs nie kennengelernt hat, ich wollte das gerne. Die Nazizeit hingegen hat viel mit mir gemacht. Ich war verunsichert durch den Verfolgungsdruck, aber er wurde mir nicht erklärt.

Stärker noch hat mich diese Familienkonstellation verunsichert, diese etwas überkandidelte Mutter, dieser leidende Vater, körperlich leidend und unter der Verfolgung leidend.

Ihr Vater hatte ein patriarchalisches Frauenbild: Frauen heiraten, müssen gefühlvoll sein, nicht unbedingt ihren Kopf anstrengen. Er war auch dominant gegenüber meiner Mutter, die sollte eigentlich nur für ihn tanzen. Aber da er kein Geld mehr verdiente, ist sie als Tänzerin mit KdF an die Ostfront und hat da Geld verdient. Bunte Abende, hieß das. Mein Vater war besorgt und auch eifersüchtig.

In der Liste der Fragen, die ich Natascha geschickt hatte, steht die Frage nach Rollenmodellen. Die Mutter, meint sie, galt für sie nicht im geringsten als Vorbild. Die Mutter war hysterisch, dramatisierte, und im übrigen konnte sie ihr nicht nacheifern, sagt sie, denn die Mutter sei schön gewesen und sie selbst ein Trampel.

Das Einzige, wo meine Mutter vielleicht als role model durchgehen kann: Sie war sehr überlebenstüchtig. Sie hat immer irgendwas erfunden, womit sie das Geld ranschaffen konnte.

Nach dem Krieg, 1946, ging Natascha aufs Gymnasium. Dort begann sie, gute Leistungen zu erbringen. Mit dreizehn Jahren entschied sie, dass sie studieren wollte.

Mein Vater sagte, du wirst ja heiraten. Mach dein Abitur, wenn du unbedingt willst. Und das wollte sie. In der Schule war sie wieder eine Außenseiterin, lief in seltsamer Kleidung herum. Meine Eltern waren anders als die anderen Eltern. Meine Mutter ging in Hosen und trug Lippenstift, und dann schrie man ihr eben nach: Hosenweib, Malkasten. Ich war Klassenbeste und Klassensprecherin, aber keine Streberin. Ich war auch zwei Jahre älter, weil ich in der Nazizeit nicht aufs Gymnasium gehen konnte. Ich hatte eine gewisse Nachdenklichkeit.

Ich kam aus einem Künstlerhaus, sehr liberal, es gab keine Konventionen, sondern von vornherein eine gewisse Freiheit.

1946 bekam Natascha einen Bruder. Ihr Vater war bereits sechzig. Von da an drehte sich alles um den Sohn.

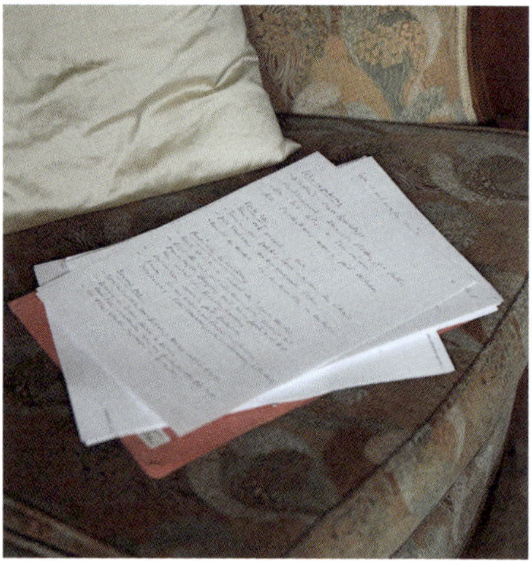

Natascha eröffnete ein Sparbuch, gab Nachhilfestunden und zahlte immer 50 Pfennige darauf ein, um ihr späteres Studium zu finanzieren. Ihr Ziel war, nach dem Studium Lehrerin zu werden, ein festes Gehalt zu haben, nicht knausern zu müssen.

Als ihr Vater starb, war Natascha 27, gerade mit dem Staatsexamen fertig und begann zu promovieren. Um ihre Mutter finanziell zu unterstützen, übernahm sie die freiberuflichen Jobs ihres Vaters, wählte für den Südwestdeutschen Rundfunk zum Beispiel Sprüche aus oder schrieb eine Kolumne für eine Zeitung. Natascha half finanziell, wo sie nur konnte. Als ich aber gemerkt habe, dass dieser Sohn, der dann Lkw-Fahrer wurde, jedes Jahr ein neues Auto haben musste und das Geld dort hinein floss, habe ich gesagt, jetzt aber stopp. Nicht mehr mit mir!

Natascha verfolgte ihren beruflichen Weg gradlinig. Erschüttert, verwirrt, verletzt wurde sie durch Beziehungsdramen. Sexualität entdeckte sie erst spät. Ich wusste, dass meine Eltern sich lieben, und das war auch immer schön zu sehen. Meine Mutter hat sich für ihn verkleidet und getanzt. Sie war eine erotische Frau. Am nächsten Morgen erschien mein Vater zum Frühstück mit Rot auf den Lippen. Ich war dann irgendwie beruhigt, dass alles in Ordnung war. Meine Eltern haben Sexualität immer etwas mystifiziert, so als das große Erlebnis und Ekstase.

Auf dem Gymnasium waren hauptsächlich Jungs, die meisten Mädchen waren nach der Mittleren Reife abgegangen. Nataschas große Liebe war ihr Mitschüler Florian Furtwängler, ein Neffe des Dirigenten. Sie führten viele geistreiche Gespräche, aber ihre Gefühle erwiderte er nicht. Er war an hübschen Mädchen interessiert. Ich war nicht hübsch, ich war eigentlich ein Trampel. Sie wiederholt das so oft, dass ich mir noch einmal die Fotos des jungen Mädchens anschauen muss. Es stimmt nicht. Sie irrt sich bis heute in ihrer Selbsteinschätzung. Auch heute noch ist sie eine, wie soll ich das ausdrücken, eine Frau mit Esprit und einer erotischen Körperlichkeit.

Ihre Erotik hat sie dank ihrer unkonventionellen Erziehung zu einer Zeit auf eine tabulose Weise erprobt, als das in Deutschland nicht üblich war. Während ihres Studiums in München hatte Natascha eine kurze Beziehung mit einem Mediziner, einem attraktiven Frauenhelden. Während ihres Studiums in London war sie vier Jahre mit einem Japaner liiert. Zuerst studierte sie in Edinburgh, dann verfasste sie ihre Dissertation in London. Die englische Kultur, das Leben dort wurden ihr sehr vertraut.

Natascha erinnert sich gern an den Japaner als einen liebevollen Mann. Ich habe in meiner Jugend ja Geld verdient und für die Schule gebüffelt. Die anderen haben gesegelt, getanzt, was weiß ich, das habe ich mit ihm nachgeholt. Wir haben viele Reisen gemacht, wir sind ausgegangen, ins Theater oder in Konzerte. Es war nachgeholter Lebensgenuss. Auch erotisch, sexuell. Natürlich habe ich auch in der Bibliothek gearbeitet. Als er dann ging, wollte ich eigentlich nach Japan nachkommen, hat nicht geklappt. Im Nachhinein bin ich froh. In Japan wäre ich nie eine emanzipierte Frau geworden. Die Trennung war gleichwohl sehr hart. Ich brauchte ein, zwei Jahre, um es zu verarbeiten.

Anschließend empfand Natascha eine gewisse Torschlusspanik. Sie war Ende zwanzig und fürchtete, keinen mehr abzukriegen. Sie tat sich, zurück in München, mit einem Germanisten zusammen. Eine emotional unbefriedigende Beziehung, aber durch ihn lernte sie wissenschaftliches Arbeiten.

Das war der Punkt, wo ich wirklich in die Wissenschaft geschubst worden bin.

Im Alter von 35 Jahren, 1968, begegnete ihr in München dann ihr späterer Ehemann. Sie erinnert die Zeit als lebendig, schillernd, beglückend. Er war Künstler. Sie genoss die Wiener Kulturszene, in die sie durch ihn kam, da er in Wien eine Wohnung besaß. Er arbeitete auch für den Rundfunk, schrieb Hörspiele, vor allem aber betätigte er sich als Opern- und Konzertkritiker. Natascha pendelte zwischen München und Wien, zwischen der akademischen und der künstlerischen Welt.

Sie war fünfzehn Jahre mit ihm zusammen, zehn davon verheiratet.

Von Anfang an wusste sie, dass er homosexuell war. Er machte keinen Hehl daraus. Da gab es immer mal irgendwelche Affären oder Jungs, die bei ihm Ungarisch oder Deutsch gelernt haben, und er war dann auch eine Zeitlang in Ungarn. Das hat schon gezerrt an mir.

Als Natascha schwer krank wurde, verliebte ihr Mann sich. Mit dem Mann ist er heute noch zusammen.

Natascha betont, dass es für sie in ihrer Ehe auch schön gewesen sei. Er war in der überwiegenden Zeit bis zuletzt immer sehr lieb zu mir. Ich habe ihn sehr geliebt. Es war eine symbiotische Beziehung. Er war sehr zugewandt, ich fand ihn erotisch. Das war eine äußerst wichtige Zeit. In der Endphase wurde er bösartig und aggressiv und hat mich in meiner Krankheit sitzenlassen. Aber der Punkt ist, in dem Moment, wo wir uns getrennt haben, fing ich an zu schreiben. Vorher habe ich das über den Schriftsteller gelebt, dann ging es bei mir los.

Während dieser Beziehung war Natascha sehr auf ihren Mann fixiert, danach konnte sie sich für andere Menschen mehr öffnen. Ich habe den Entwicklungsschub erst mal selbst gar nicht gemerkt.

Die Trennung schildert sie als reinen Albtraum, die Scheidungszeit als Horror. Ihr Mann war finanziell von ihr abhängig. Während der Ehe hatte vor allem sie das Geld verdient. In der Scheidung kämpfte er um jeden Pfennig. Sie zahlt ihm bis heute Unterhalt.

Kaum war die Trennung vorbei, wurde Natascha krank. Sie wäre fast erblindet. Ihre Schilddrüsenüberfunktion hatte auf den Sehnerv eingewirkt. Der Arzt dachte, ich sei hysterisch. Das Herz hat gerast, ich habe abgenommen. Ich dachte, vielleicht werde ich verrückt. Das war 1984, ich war 51, im Klimakterium. Wenn man rechtzeitig ein Labor gemacht hätte, hätte man gegensteuern können. Dann meinte der Arzt, ich solle das Herz doch mal überprüfen lassen in der Nuklearmedizin. Ich hab da gesessen und habe gesagt: Bitte tun Sie etwas für mich. Ich bin schwer krank. Ich weiß es. Und dann haben sie ein Schilddrüsenlabor gemacht. Kaum zu Hause, bekam ich einen Anruf: Fahren Sie sofort in die Klinik, Sie brauchen nichts zu packen, es eilt. Ich ins Taxi, der Arzt hat mich schon erwartet, hat gesagt, Sie könnten schon im Koma liegen. Ich wurde sofort angeschlossen, Blutaustausch usw. Ich hatte ja auch so wahnsinnig Hunger. Musste ständig essen und wurde immer dünner. Ich wurde von innen verbrannt.

In der Klinik wurde die Schilddrüse reguliert, in der Folge wurde Natascha lethargisch. Das größte Problem hingegen war der Sehnerv.

Schließlich schlug ein Arzt vor, die Schilddrüse zu entfernen. Doch niemand wollte Natascha operieren, weil durch die nuklearmedizinische Behandlung alles vernarbt und die Gefahr, die Stimmbänder zu verletzen, groß war. Schließlich habe ich einen Japaner in Düsseldorf getroffen, den ich nie zu Gesicht bekommen habe, der nur Schilddrüsen operierte. Der hat es hingekriegt. Danach konnte ich noch sprechen. Und als ich aus dem Krankenhaus rauskam und dachte, jetzt wird es besser, kam der Anruf von meiner Mutter, dass sie im Krankenhaus sei, inoperabler Krebs.

Also setzte sie sich in den Zug. Fortan pendelte sie zwischen der Universität in Köln und dem Krankenhaus in München. Wir haben einige Gespräche geführt, die uns näherbrachten. Ich erzählte ihr dann, dass ich eine Beziehung zu einer Frau habe, da sagte sie strahlend: Du auch!

Damals habe ich begriffen, dass meine Mutter eigentlich meine große Liebe war.

Diese Erkenntnis hatte etwas Versöhnliches, hatte Natascha die Mutter doch stets abgewehrt. Sie bedauert zwar, dass sie in den letzten Jahren nicht netter zu ihrer Mutter war, aber sie versteht es auch in der Psychodynamik zwischen beiden.

Da ist noch etwas:

Ich kann wenig Schuldgefühle entwickeln, weil man mir das Gottseidank nicht anerzogen hat.

Das ist ein Vorteil bei dieser Erziehung, die eigentlich keine war, ich lief ja mehr mit, ich bin nie bestraft worden. Bei mir ist es eher ein Schmerz über das Versäumnis. Ich war zu manchen Menschen ziemlich unnett. Zum Beispiel auch zu meinem Bruder. Er starb zwei Jahre nach der Mutter. Alleine konnte er nicht überleben.

Mit 52 Jahren, 1985, fing Natascha eine Psychotherapie an. Fünf Jahre lang ging sie einmal wöchentlich zu einer Gesprächstherapie auf psychoanalytischer Basis. Ich hatte Angstzustände, Realitätsverlust, Schlaflosigkeit. Ich saß in meinem Häuschen in der Eifel und wusste eigentlich nichts mehr. Es war bedrohlich. Wahrscheinlich geht man nur dann in Therapie. Seitdem kann ich mit meinen Gefühlen viel besser umgehen, habe mich selbst besser kennengelernt, kann auch mit anderen besser umgehen. Habe ein gutes Verhältnis zu meinem Unbewussten. Das ist mein Anker, mein Bezug zur Natur, zum Kosmos, das empfinde ich als gute Macht in mir.

Zu Mittag bindet Natascha eine Schürze um und serviert uns einen schmackhaften Auflauf. Danach macht sie einen Mittagsschlaf.

Am Nachmittag springt sie sofort in das nächste Thema: der Feminismus. Sie bezeichnet sich als Feministin der ersten, spätestens der zweiten Stunde. Als Professorin hat sie Frauenforschung betrieben, und in ihren Unterrichtsveranstaltungen waren hauptsächlich Frauen. Und schwule Männer. Ich treffe manchmal frühere Studentinnen, mit einigen haben sich Freundschaften ergeben, und mir wird dann gespiegelt, dass ich eine Spur hinterlassen habe.

Sie sagen, dass sie bei mir Denken und Argumentieren und selbständig Urteilen gelernt haben, über die Literaturwissenschaft hinaus.

1975 erhielt sie ihren Lehrstuhl für englische Literatur an der Universität in Köln. Das war eine Zeit, wo viele halb vergessene Autorinnen wieder aufgelegt wurden. Ich war auch die Feministin vom Dienst in der Fakultät.

Wenn da jemand sagte, feministische Theologie, was soll der Quatsch, dann bin ich aufgestanden und hab erklärt, was der Quatsch soll.

Da ich einen Lehrstuhl hatte, verfügte ich über viel Freiheit. In der Themenstellung in Examen zum Beispiel. Ich habe sogar Fragen zu Homosexualität in der Literatur gestellt.

Natascha war dafür bekannt, dass bei ihr gearbeitet werden musste. Darauf ist sie stolz.

Als sie in der Fakultät anfing, lehrten dort achtzig Männer und vier Frauen. Und die Frauen wurden mit »Küss die Hand« abserviert. Als ich in München promoviert habe, promovierten dort einige andere hochintelligente Frauen; die sind alle ausgeschieden, entweder weil sie Kinder bekommen haben oder weil der Mann es nicht mehr wollte.

Natascha hat Wert darauf gelegt, als Kollegin und nicht als Frau wahrgenommen zu werden. Sie hat sich Respekt verschafft.

Ich frage sie, ob sie vielleicht auch deshalb so viel gearbeitet hat.

Es hat sicher eine Rolle gespielt, aber ich glaube, dass ich schon auf der Schule so arbeitsam war. Ich schätze mich selbst nicht als hochbegabt ein, sondern ich musste mich immer anstrengen. Der Urtrieb ist bei mir der Überlebenswille. Ich war ja eine Frühgeburt und lag im Brutkasten.

Sie liebt Survival-Storys.

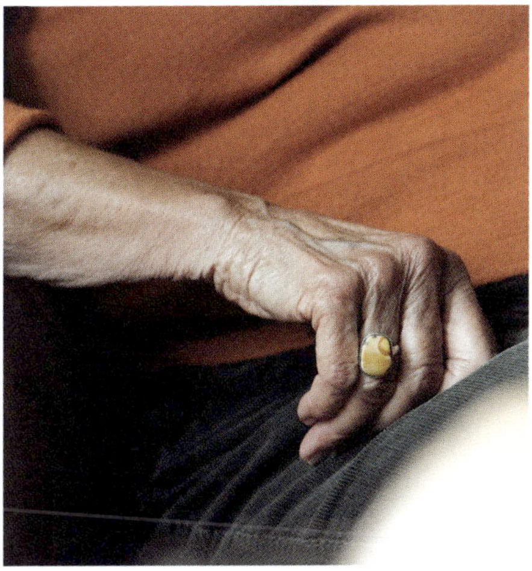

Auch in der Familie habe ich gelernt, du musst gucken, dass du vorankommst. Als ich von der Studienstiftung für ein Hochbegabtenstipendium vorgeschlagen wurde, war ich völlig baff. Als ich es dann erhielt, dachte ich, die haben sich sicherlich getäuscht, aber ich brauche das Geld. Ich musste mich als Frau natürlich bewähren, aber es war schon in mir. Als Survivaltraining sozusagen.

Nataschas männliche Kollegen in der Literaturwissenschaft haben sehr viel mehr verdient als sie. Das wurde mit dem Wissenschaftsministerium ausgehandelt. Anstatt über das Ungleichgewicht zwischen Frauen und Männern zornig zu sein, fokussierte Natascha sich darauf, Frauen zu fördern. Auch als Assistentinnen, die dann akademisch nachwuchsen. Ich persönlich habe mich nie benachteiligt gefühlt. War immer dankbar, dass ich so weit gekommen war. Aber ich habe schon kritisch gesehen, wie Männer sich zum Teil benommen haben. Erst mal mit den Flügeln schlagen …

Die Zusammenarbeit mit Frauen war viel unkomplizierter.

Ich erkundige mich nach ihrer Liebesbeziehung.

Natascha empfindet es als Bereicherung, nicht nur Männer lieben zu können. Bereits im Studium hatte sie eine Freundin, mit der sie sich gut verstand. Eine nicht ausgelebte erste homoerotische Liebe. Der spätere Zugang zu einer gleichgeschlechtlichen Liebe wurde durch ihren bisexuellen Mann gebahnt.

Nun lebt sie schon seit zwanzig Jahren in ihrer jetzigen Beziehung mit einer Frau. Wir leben in getrennten Wohnungen, jede lebt ihr eigenes Leben. Ich habe lesbische Liebe als völlig unproblematisch erfahren. Am Anfang ist schon das Spannende die Gleichartigkeit, im Laufe der Zeit wird das selbstverständlich. Ich merke auch in unserer Gesellschaft, dass Frauenbeziehungen eine gewisse Selbstverständlichkeit bekommen haben. Wir sind in unseren großen Freundeskreis total integriert. Innerhalb dieser vielen Jahre Beziehung habe ich festgestellt, dass es eine wichtige Entwicklung der Akzeptanz gegeben hat.

Sie hat beides kennengelernt, die Liebesbeziehung mit einem Mann und die mit einer Frau. »Wo siehst du den Unterschied?«, frage ich.

Klärung der Machtverhältnisse ist auch in den Beziehungen zwischen Frauen, die ich kenne, von großer Bedeutung. Manche sind sehr symbiotisch, andere weniger. All die Probleme, die man aus heterosexuellen Beziehungen kennt, gibt es auch zwischen Frauen. Finanziell sind hingegen meistens beide gleichberechtigt. Da verdient nicht der Mann das Geld, und die Frau bleibt bei den Kindern. Die Rollenstereotypien spielen in Frauenbeziehungen keine Rolle.

Seit der Emeritierung reisen Natascha und ihre Freundin viel. Oft Wanderurlaube. Oder Neues entdecken. Wir waren auch in Polen, Krakau, Auschwitz, ich habe mich mit dem Holocaust immer schon beschäftigt, jedoch nicht mit Judentum. Erst durch die Entdeckung meines Judentums ist das in meinen Fokus gerückt.

2007, da war Natascha über 74 Jahre alt, erhielt sie von einem Nietzsche-Forscher in Kanada einen Brief, ob sie mit Friedrich Würzbach verwandt sei, dem Nietzsche-Forscher der ersten Stunde. Der Kanadier hatte in Berlin im Staatsarchiv gegraben, und siehe da: Nataschas Großmutter Clara Würzbach, geb. Bellaccini, war eine osteuropäische Jüdin, und so erfuhr Natascha, dass die Verfolgung ihres Vaters durch die Nazis primär nicht politischer, sondern rassischer Art gewesen war. Die jüdischen Vorfahren haben Nataschas Eltern ihr bis übers Grab hinaus verschwiegen.

Ich habe mich gefreut. Ich verbinde etwas klischeehaft mit Judentum große Geister, Einstein usw., und war froh, dazuzugehören.

Natascha begann zu recherchieren und erfuhr aufregende Dinge. Der Urgroßvater war ein Zauberkünstler am Hof Wilhelms I. gewesen, Bellaccini. Nataschas Großmutter Clara wurde getauft, Nataschas Vater war getaufter Christ. Clara war Hausfrau und Mutter, hatte eine Tochter und drei Söhne, darunter Nataschas Vater. Die Geschichte mit der Gräfin hatte ihr Vater sich ausgedacht, um sich als Arier zu legitimieren und den Ariernachweis zu bekommen. Aber es hatte ihm nur eine Frist von fünf Jahren gegeben, die er noch am Reichssender München als Redakteur bleiben konnte. All das hat Natascha in ihrem Roman *Das magische Tintenfass* beschrieben.

Dieser Roman bezieht sich auf den bekannten Zauberkünstler Bellaccini. 1885 gestorben, liegt er auf dem jüdischen Friedhof in Weißensee. Ich studierte die

Geschichte der Zauberkunst. Ich musste wissen, wie das Tintenfass funktionierte, das so entscheidend in seinem Leben war. So etwas wird ganz selten verraten. Diesen Trick hat er dem Kaiser Wilhelm vorgeführt und wurde daraufhin zum Hofkünstler ernannt. Er sagte dem Kaiser, er solle aus dem Tintenfass schreiben, und es funktionierte nicht. Da war der irritiert, und dann sagte Bellaccini: Jetzt schreiben sie doch mal bitte: Ich ernenne Bellaccini zum Hofkünstler. Da klappte es.

Zwischen die Romankapitel hat Natascha Kapitel über ihre Recherche gefügt. Sie empfand Glück, nun zu dieser Familie zu gehören. Sie ging als Gast in die liberale jüdische Gemeinde, machte fortan alle großen Feste mit.

Das Schwierige war die Auseinandersetzung mit den Lügen des Vaters. Natascha beschäftigte sich mit seiner Rundfunktätigkeit, mit Artikeln, die er geschrieben hatte. Da wurde klar, dass er keineswegs der Widerständler reiner Seele war. Sondern dass er sich sehr angepasst hat.

Natascha musste ihr Vaterbild korrigieren. Es gelingt ihr, ohne dass sie ihre Dankbarkeit für ihn aufgibt. Er hat sie geliebt, und das hat mich gerettet. Zudem hat er ihr Freiheit gelassen, die Grundlage ihrer intellektuellen Unabhängigkeit.

Wir sprechen übers Altern.

1999 ist sie in Rente gegangen, mit 65. Anfangs machte sie noch eine Unterrichtsveranstaltung, leitete ein Forschungsprojekt für Nachwuchswissenschaftlerinnen. Dann verlegte sie sich aufs Schreiben. Jetzt hatte sie Zeit für das, was sie immer schon gern getan hätte. Sie schrieb den autobiografischen Roman *Das grüne Sofa*, der 2007 erschien und gut verkauft wurde.

Das zweite Buch jetzt ist praktisch die Fortsetzung rückwärts. *Das grüne Sofa* ist Kindheit und Jugend in der Nazizeit. Als das erschien, erfuhr ich gerade von meiner jüdischen Herkunft. Auf Bitten des Verlags habe ich das dann noch im Nachwort kurz skizziert.

Leider lehnte der Verlag das Manuskript für den zweiten Roman ab, was Natascha sehr verunsicherte. Nun hat sie den Roman selbst veröffentlicht. Das Problem ist natürlich: Auf der neuen Spielwiese muss ich mich neu bewähren.

Da passieren einem viele narzisstische Kränkungen. Man muss auch lernen, die zu verkraften.

Trotz dieser Verunsicherung ist Natascha dankbar für alles, was heute für sie möglich ist: schreiben, veröffentlichen, aber vor allem loslassen.

Achtsamkeit und bei mir selber sein, das ist mir wichtig.

»Der Energieverlust ist für Natascha das Hauptproblem im Alter.«

Wenn ich mir die anderen Kollegen anschaue, die immer noch weiterrödeln – ich konnte das hinter mir lassen und in einen anderen Modus gehen. Genau wie ich damals meine Jugend mit dem Japaner nachgeholt habe, hole ich jetzt in gewisser Weise Ruhe und Lebensgenuss nach.

Der Energieverlust ist für Natascha das Hauptproblem im Alter. Sie kann nur noch eine Unternehmung am Tag machen, Museum oder Großeinkauf oder eben ein Interview. Den Rest des Tages braucht sie Ruhe. Wenn sie mit ihrer Freundin, die einige Jahre jünger ist, auf Reisen geht, dann macht sie beim Sightseeing nur teilweise mit, geht bald in ein Café. Oder sie geht ins Hotel und schläft. Sie braucht viele Pausen.

Schmerzlich sind die Wanderungen. Ich bin sehr viel gewandert, in der Eifel, in den Bergen, mit Rucksack, Käsebrot und Apfel drin und Wasser, und heute bin ich spätestens nach einer halben Stunde so weit, dass ich mich auf eine Bank setzen muss. Es tut mir nichts weh, ich bin nur müde. Nun habe ich gemerkt, auf einer Bank sitzen und meditieren, ist auch schön. Es sind andere Qualitäten. Das Alter ist ein Prozess, der einen neu fordert, wie Pubertät oder Wechseljahre. Neues kommt, Altes geht …

Vor kurzem hat Natascha ihr Häuschen in der Eifel aufgegeben. 33 Jahre besaß sie es, ein wunderschönes Grundstück mit einem Bach, einem Weiher, alten Bäumen. Ich habe ein ganzes Jahr lang Abschied genommen. Und viel geheult und gedacht, irgendwann kannst du da nicht mehr aus dem Fenster schauen, auf den Garten. Doch als ich das letzte Mal rausfuhr zur Schlüsselübergabe, war das okay. Weil ich es durchgetrauert hatte. Für mich ist es in den Modus der Erinnerung übergegangen. Wie vieles.

Das ist das Alter: Das Gefühl, viel gehabt zu haben, es in der Erinnerung zu haben. Das ist so.

Vor einem Jahr hatte Natascha einen beidseitigen Vestibularisausfall, das ist das Gleichgewichtsorgan. Sie brauchte drei Monate, um überhaupt wieder sitzen, gehen, stehen zu können. Du konntest mich so umwerfen. Das war eine wichtige Erfahrung, da bist du in deiner Identität getroffen. Drei Monate lang arbeitete sie mit einer Physiotherapeutin, um alles wieder zu lernen. Die Umstellung des Gehirns war so anstrengend, dass sie nichts tun konnte als gehen und schlafen. Und jetzt gehe ich draußen mit meinen Wanderstöcken.

Für Natascha waren Struktur, Arbeit und Ziele stets von großer Bedeutung. Im Alter fällt das weg.

Ich konnte die Wissenschaft loslassen, und ich glaube, ich könnte auch das Schreiben loslassen.

Dann sind es eben nur noch kleine Texte. Aber da draußen in der Sonne auf einer Bank zu sitzen und den Bienen zuzuschauen, ist auch was. Und mich mit mir selbst zu unterhalten. Für mich eine ganz wichtige Alterserfahrung: Da muss noch was sein, und das nimmst du vielleicht mit hinüber, was immer da auch passiert.

Sie hatte nie Kinder haben wollen, der Kinderwunsch hat sie nie umgetrieben. Und einsam ist sie nicht im geringsten. Sie hat viele Freundinnen und Freunde, die überwiegend eine Generation jünger sind als sie.

Nein, ich vermisse nichts. Du musst keine Oma sein. Nein! Oh, bitte nicht.

Heidi Hetzer

GESPRÄCH IM JUNI 2018

BERLIN, 1937 GEBOREN,
IM APRIL 2019 GESTORBEN

»

ZEIT IST KOSTBAR, UNSER GRÖSSTES GUT

«

——— Heidi Hetzer wird immer wieder auf den Arbeitstitel »... alte Frauen« anspielen. So bezeichnet zu werden, bedeutet für sie eine Provokation. Sie sieht auch nicht im geringsten so aus, wie man sich landläufig eine »alte Frau« vorstellt. Sie trägt ein Etuikleid in Gelb- und Orangetönen, elegant, sommerlich, die Arme und Beine sind nackt, dazu orangefarbene Ballerinas.

Ihre großzügige lichtdurchflutete Wohnung erstreckt sich im 6. Stock eines Wohnhauses über die ganze Fläche; rundum ist die Wohnung umgeben von einer breiten Terrasse. Man tritt sofort hinein, es gibt keinen Flur, und das wird mir im Verlauf des Gesprächs wie ein Symbol für Heidi Hetzer erscheinen: Auch sie fällt mit der Tür ins Haus, auch sie lässt einem nicht Zeit, sich zu sammeln. Komm rein und zeig dich!, so scheint ihr Motto zu sein.

Ob sie selbst sich auch zeigt?

Durch ihre fast dreijährige Reise um die Welt in einem Oldtimer, Hudo von ihr genannt, auf den Spuren von Clärenore Stinnes, die diese Reise vor fast hundert Jahren unternommen hatte, erlangte Heidi Promistatus. Sie war mehrfach im Fernsehen, hat ihre Reise auf Instagram und in einem Blog verfolgen lassen. Dort war auch die Frage eines männlichen Kommentators zu lesen: Wen interessiert es, wenn eine alte Schachtel in einem alten Auto durch die Welt fährt?

Bis zu ihrem 75. Lebensjahr führte sie das Autohaus Hetzer, war eine erfolgreiche Unternehmerin, eine berlinbekannte Größe. Außerdem besiegte sie als Ralleyfahrerin manch einen männlichen Konkurrenten.

Angeblich ist sie schwierig. Habe auf ihrer Reise Männer verschlissen, die sie als Beifahrer begleiten sollten. Sei schwer zugänglich, eine Frau, die weiß, was sie will und es auch durchsetzt. Und dann der seltsame Zwischenfall im Fernsehen: Angeblich behauptete sie, alle Schwarzen würden stehlen. Die Moderatorin brach die Sendung wegen Rassismus ab.

Reist eine Rassistin so neugierig durch die Welt?

Im Herbst will sie wieder losfahren, diesmal nach Afrika. Wenige Tage nach unserem Gespräch wird sie 81 Jahre alt. Bald wird sie ein Buch veröffentlichen. Es interessiert eben doch, wenn eine »alte Schachtel« durch die Welt reist.

Ihre hellen Augen haben ein intensives Strahlen, noch betont durch den schwarzen Eyeliner, ich bin fasziniert von ihrer Wachheit. Im rechten Augenlid scheint ein schwarzer Faden zu hängen. Ich frage nicht. Heidi Hetzer hält mich auf Abstand.

Als ich nach ihrem Kontakt zu ihren Enkelkindern frage, ebenso wie ich hat sie fünf Enkelkinder im Alter zwischen drei und neun, sagt sie nachdenklich: Na ja, wenn wir zusammen sind, ist es immer schön. Sie erzählt von ihrer Mutter, die ihr mit ihren zwei Kindern sehr geholfen hat, und fügt hinzu: Meine Tochter hat drei Kinder, ich helfe ihr nicht, dabei könnte sie es gut gebrauchen.

Und dann schleudert sie mir diesen Blitz aus den hellen Augen entgegen und fügt hinzu: Können Sie mir mal sagen, warum ich hier mit Ihnen sitze, mit einer wildfremden Frau, und nicht mit meinen Enkeln zusammen bin?

Zeit ist kostbar, fährt sie fort. Das Kostbarste, was wir haben.

Ich hüte mich, etwas Versöhnliches zu sagen.

Verübeln ihr die Kinder ihren Hunger auf Leben? Den Berichten über ihre Reise lässt sich entnehmen, dass sie währenddessen in Kontakt mit ihren beiden Kindern war, dass diese sie unterstützt haben und tatkräftig aktiv wurden, als während der Reise Krebs bei ihr festgestellt wurde.

Später wird sie mir ihre Danksagung zu ihrem künftigen Buch vorlesen. Sie gilt den Schwiegerkindern, weil die akzeptieren, dass für ihre Kinder Oma-Mama Heidi immer an erster Stelle kommt. Sie wird anfangen zu weinen, als sie das vorliest. Aber das ist viel später. Noch ist an Tränen nicht zu denken.

Jetzt erzählt sie, dass ihr Sohn vor kurzem sehr ärgerlich auf sie war: Da habe ich hier gesessen, so wie jetzt mit Ihnen, mit diesem Ghostwriter, der extra aus Hamburg gekommen war, und wir haben gearbeitet. Aber an dem Tag hatte mein jüngster Enkel dritten Geburtstag. Und ich wollte nachmittags dahin. Aber dann hat es gedauert und gedauert. Ja, und dann war der Geburtstag vorbei, und ich bin nicht da gewesen. Mein Sohn war sehr ärgerlich. Er hat gesagt: Da sieht man, welche Prioritäten du setzt. Er hat eine Woche lang nicht mit mir gesprochen.

Ich muss das einfach lernen, ich kann nicht everybody's darling sein.

Ich muss lächeln. So wirkt sie nun wirklich nicht. Aber vielleicht ist das Thema, allen gefallen zu müssen, so stark, dass sie einem als Erstes klar machen muss: Ich will dir nicht gefallen.

Heidi Hetzer wurde dazu erzogen, zu allen Menschen freundlich zu sein. 1919, nach dem Krieg, gründete ihr Vater sein Unternehmen. Er begann mit Motorrädern, 1932 kamen Autos dazu, so wurde das Autohaus Hetzer geboren. Die kleine Heidi kam fünf Jahre später auf die Welt, drei Jahre nach ihrer Schwester Viktoria.

Opel Hetzer, das war ein Familienunternehmen. In Berlin kannte man uns. Wir mussten nett sein. Unternehmerkinder sind anders als andere.

1969 starb ihr Vater an Leberkrebs, Heidi übernahm das Geschäft. Mit 32 Jahren.

So oft bin ich auf den Friedhof gegangen, zu seinem Grab, und habe gesagt: Vati, was soll ich bloß tun?

Ihre Mutter, sie nennt sie die Mutti, war die Frau am Herd, die hat die Blätter im Garten abgestaubt. Sie hatte einen gelähmten Arm. Im Krieg kam eine Schwerhörigkeit dazu.

Mutti ist 1911 geboren, bei Heidis Geburt war sie 26.

Mein Vati hatte seine erste Frau an Lungenkrebs verloren, und er fing an, Drogen zu nehmen, da haben Freunde gesagt, wir müssen dem Hetzer eine Frau besorgen. Da sagte ein DKW-Verkäufer, ich habe eine Tochter ... die haben dann geheiratet. Die haben sich nicht geliebt, das kam erst später.

Es ist ein solcher Unterschied, wie sie von ihrem Vater und wie von ihrer Mutter spricht. Sie macht keinen Hehl daraus, wie sehr sie ihn geliebt hat.

Zur Mutter hingegen gibt es Distanz, sie spricht über sie, als würde sie nach ihr suchen. Die Mutti trug den Arm immer in einer Schlinge. Die Schwerhörigkeit kam im

»Sie schluckt, und da spätestens begreife ich, dass diese Frau alles andere als hartgesotten ist.«

Krieg, da hat sie die falschen Medikamente bekommen, das wusste der Arzt, der hat gesagt, ich rette Ihr Leben, aber das Gehör muss dran glauben. Vati hat immer übersetzt. Wenn alle zusammen am Tisch saßen, ging das Gespräch manchmal weiter, und sie hat noch über das alte Thema gesprochen, und alle haben über sie gelacht. Das merkte sie dann. Das war nicht schön.

Heidi erklärt die Distanz zur Mutter: Mutti, ich hab dich lieb, kann man nicht brüllen. Sie schreit laut in den Raum: Ich liebe dich!

Ich sage, dass Menschen, die Schwierigkeiten haben, ihre Liebe über Sprache auszudrücken, es manchmal körperlich tun, durch Umarmungen, Zärtlichkeiten. Nein, antwortet sie, das gab es nicht. Mutti war nicht körperlich. Körperliche Nähe habe es auch mit dem Vater nicht gegeben. Sie bemerkt das, als wären meine Fragen danach irgendwie seltsam.

Ich bin ein Vatikind. Dadurch bin ich zum Motorrad gekommen. Ich habe immer auf ihn gewartet, wenn er nach Gatow in unser Wochenendhäuschen kam, wo wir gewohnt haben, weil wir ausgebombt waren. Es war das Sommerhaus, wo seine erste Frau gestorben ist. Für uns war das toll, eine schöne Jugend. Vati hat mir von der großen weiten Welt erzählt. Mit seiner ersten Frau war er im Motorrad mit Beiwagen 1929 in der Wüste Sinai, sie waren auch in Griechenland. Von ihm habe ich auch zum ersten Mal von Clärenore Stinnes gehört, sie kam grad zurück, als er losfuhr.

Es muss für das aufgeweckte Mädchen schwer gewesen sein, eine Mutter zu haben, die nichts Aufregendes erlebt hatte, und zu hören, wie der Vater sich mit seiner vorigen Frau die Welt angeschaut hatte. Sie bekennt:

Ich habe angefangen,
diese erste Frau zu lieben,
mehr als meine Mutter,
mit meiner Mutti konnte
man nicht reden.

Und jemand, der nicht da ist, der wird sowieso verhimmelt. Ich habe mal auf ein Bild von ihr geschrieben: Du bist meine liebe Mama. Das hat meine Mutti gefunden. Wie furchtbar muss das wehgetan haben.

Sie schluckt, und da spätestens begreife ich, dass diese Frau alles andere als hartgesotten ist.

Eines von Heidi Hetzers Grundfesten ist Pflichtbewusstsein. So hat sie zwar als Kind von den Reisen des Vaters geschwärmt, aber ihr Leben lang keine weite Reise gemacht. Das kam nicht in Frage. Ich war immer Realistin. Ich hatte ja hundertfünfzig Mitarbeiter, um die musste ich mich kümmern.

Ich frage nach ihrer Schwester Viktoria. Die große Schwester ist üblicherweise eine wichtige Person für die Entwicklung eines kleinen Mädchens.

Meine Schwester sollte die Firma übernehmen. Sie war ja die Ältere. Sie hat mich gehasst. Als Kind hat sie mir alles weggenommen. Wir haben so Schauspielerbilder gesammelt. Ich habe gesagt, wenn du die nicht mehr haben willst, gibst du sie mir dann? Die geb ich jedem, hat sie geantwortet, aber nicht dir. Wenn ich später gesagt habe, guck mal, da steht aber ein gutaussehender Mann, dann ist sie hingegangen und hat dem gezeigt, dass sie mit ihm ins Bett gehen würde. Ich hatte keine Chance. Als sie achtundzwanzig war, hat sie sich das Leben genommen. Sie hatte ein einjähriges Kind. Für meine Eltern war das schrecklich.

Sie sieht mich zornig an und sagt trotzig, als störe sie mein mitfühlender Ton dieser unglücklichen jungen Frau gegenüber: Da hab ich endlich angefangen zu leben. Sie hält inne, sagt: Was reden wir hier überhaupt. Warum soll ich meine Schwester schlecht machen. Wichtig ist:

Da gab es ein Problem, sodass ich mich erst später entwickeln konnte.

Meine Schwester war bei allen Männern beliebt. Ich war schüchtern.

Sie holt ein Foto. Das Foto zeigt zwei junge Frauen im Profil, einander zugewandt, lächelnd. Ein Mädchen mit blondem Pferdeschwanz in der Montur einer Kfz-Mechanikerin und eine junge Frau mit dunklen halblangen Haaren. Sie trägt ein enges schwarzes Oberteil, eine durch einen hellen Stoffgürtel betonte schmale Taille, ihr Lächeln ist wissend. Ein Mädchen und eine Frau. Als Heidi ihre Kfz-Lehre machte, war die Schwester bereits Geschäftsführerin eines kleinen Autohauses, Vickie Hetzer. Das war aus dem Autohaus Hetzer ausgelagert worden.

Auf die Frage, wie ihre Kindheit und Jugend sich ansonsten abgespielt habe, erzählt sie von ihrer Begeisterung für Motorräder.

Als Kind, als ich noch keinen Führerschein hatte, habe ich ein Motorrad von Vati geklaut. Von Gatow aus sind wir, eine Freundin und ich, losgefahren. Da stand im nächsten Ort ein Mann, der sagte: Schönes Motorrad, und ich pries es sofort an: Ja, das ist die und die Maschine, neuestes Modell. Er sagte, das ist ja wirklich toll, dann komm mal mit rein, und dann hat er alle Daten aufgenommen, da war das ein Polizist in Zivil. Am Schluss hat er uns weggeschickt und gesagt: Jetzt schiebt ihr aber nach Hause. Ab nächste Kurve hab ich wieder Gas gegeben.

»Warum sein Leben riskieren?«

Sie erklärt ihre Autobegeisterung mit dem Autohaus. Außerdem wollte sie immer das Gleiche machen wie die Jungs.

»Haben Sie denn nie gegen die Eltern, gegen den Vater rebelliert?« Sie denkt nach, lacht ihr heiseres Lachen, das man heraushören könnte, wenn tausend Leute im Raum wären.

Wir waren mal in Rom in Urlaub, und da habe ich gesagt: Vati, du mit deinem Scheißgeld und deinen Scheißbeziehungen. Da hat er mir rechts und links eine gescheuert. Ich erinner das so gut, weil er sonst nie geschlagen hat. Als junger Mensch wollte ich auch seinen Namen nicht haben, ich wollte alles alleine erkämpfen.

Ihr Vater hatte ihr das Motorradfahren verboten, weil er nicht schuld sein wollte, wenn ihr etwas passierte. Dann fuhr sie kleine Autos, und es passierte trotzdem etwas. Auf der Autobahn nach Nürnberg bin ich eingeschlafen ...

Ich erschrecke, denke an meine Kinder, sage: »Aber das ist lebensgefährlich.«

Alles ist lebensgefährlich! Da ist sie wieder, die patzige Stimme. Sind Sie noch nie am Steuer eingeschlafen? Ich verneine. Na, dann waren Sie noch nie müde.

Nun möchte ich mit ihr streiten. »Warum sein Leben riskieren?«

Sie lächelt. Sagt sanft und mit leiser Ironie: Ich kann ja alles.

»Irgendwie testen Sie immer Ihre Grenzen aus, oder?«

Da muss man erst mal hinkommen, an die Grenze. Wo ist die Decke? Wenn ich nicht an die Decke komme, weiß ich nicht, wo sie ist. Wenn's dann weitergeht, habe ich ja noch ungeahnte Möglichkeiten.

Heidi ist sehr treu, seit 43 Jahren lebt sie in ihrer Wohnung, 24 Jahre war sie verheiratet. Ihr ganzes Leben war sie mit dem Autohaus Hetzer verbunden.

Einmal, mit 21 Jahren, ist sie ausgebrochen.

Ich habe eine Autovermietung gegründet. Hatte natürlich kein Geld, musste mir Geld zusammenborgen, und mein Vati hat dann einen Anschlag angebracht in seiner Firma: Ich komme nicht für die Schulden meiner Tochter auf. Erst nach einem Jahr haben wir wieder geredet.

Er köderte sie, indem er ihr ein Jahr Amerika in Aussicht stellte im Rahmen eines Austauschprogramms, das Automobilhändler für ihre Kinder in aller Welt praktizieren. Für ein Jahr ging Heidi nach

»Während unseres Gesprächs ist Heidi immer mal wieder den Tränen nahe, wenn etwas sie tief berührt.«

Amerika. Ihre Autovermietung hatte sie nach zweieinhalb Jahren aufgegeben.

Ich war Feuer und Flamme. Aber ich war auch verlobt. Der hat gesagt, wenn ich dir das verbiete, wirst du mir das ein Leben lang verübeln. Also geh, und komm bald wieder. 1961 war das. Mit dem Schiff nach Amerika, an der Freiheitsstatue vorbei, da kommen mir heute noch die Tränen. Da habe ich einen VW-Käfer rübergeschickt und bin mit dem die Route 66 nach Kalifornien gefahren.

Als sie zurückkehrte, teilte ihr Verlobter ihr mit, dass es vorbei sei. Er hatte sich mit Heidis bester Freundin liiert.

Zum Glück wurde sie eingeladen, in Miami Beach vor Autohändlern über das Austauschprogramm zu sprechen. Sie flog also nach Amerika. Voller Lampenfieber.

In Miami sollte Heidi vor 5.000 Leuten sprechen, ich dachte, ich sterbe, so aufgeregt war ich. Ich bin doch schüchtern. Aber man musste das. Ich kann doch nicht sagen:

Das tu ich nicht, ich habe Angst. In unserer Familie gab's das nicht.

In Miami verliebte sie sich in einen Golflehrer und teilte ihrer Familie mit, sie bleibe nun dort.

Mein Vati war ein kluger Mann, der sagte, ja, in Ordnung, aber bevor du da heiratest, komm noch mal nach Hause, damit wir das alles in Ruhe besprechen. Und dann war ich zu Hause, wieder im Geschäft, und der Ami war vergessen.

Die Schwester war inzwischen gestorben, Heidi hat sie nicht noch einmal gesehen. Der Sohn der Schwester, Michael, lebte nun bei den Großeltern. Mit glänzenden Augen wiederholt sie einen Spruch ihres Vaters: Und bringt der Tag nur Kummer und Sorgen, auf jede Nacht folgt ein leuchtender Morgen.

1969 starb ihr Vater. Er wurde 72 Jahre alt. 1968 hatte Heidi geheiratet, ihr Vater und ihr Mann hatten sich noch kennengelernt. Und ihr Vater war auch noch ein Jahr lang der Großvater der kleinen Marla gewesen.

Vor seinem Tod übertrug er Heidi die Verantwortung, ihre Mutter und Michael gut zu versorgen. Als mein Vater starb, standen viele Entscheidungen an. Ich hatte Mann und Kind und 130 Mitarbeiter. Da war keine Zeit zu trauern.

Während unseres Gesprächs ist Heidi immer mal wieder den Tränen nahe, wenn etwas sie tief berührt. Ich frage, ob ihre Emotionalität ihr manchmal im Weg gestanden oder ob sie ihr als Unternehmerin auch genützt hat.

Als Unternehmerin war ich hart. Da muss man täglich Entscheidungen fällen, Leute raussetzen, einstellen, Banken, Kunden, das geht nicht, wenn man everybody's darling sein will. Aber ich war immer freundlich zu den Menschen.

Ich habe den Menschen vertraut, damit bin ich gut gefahren. Und ich habe alles immer ein bisschen anders gemacht.

Sie zeigt mir eine Zeitschrift mit einem Artikel über sie. Dort steht: »Ich bin überzeugt, dass Frauen genauso gut managen können wie Männer.« Und stolz zitiert sie den Satz: »Heidi hat Opel ein Gesicht gegeben.«

Als sie Anfang 70 war, gab es eine Krise. Das Grundstück, auf dem ihr Autohaus stand, war von ihnen nur gemietet. Dann wurde es verkauft, und sie mussten raus. Plötzlich hatten sie große Schulden, und die Banken gaben ihr aufgrund ihres Alters kein Geld. So kam ihr Sohn in die Firma, ein junger Chef, eigentlich Ingenieur für Umwelttechnik. Aber er sprang als Feuerwehr ein und brachte – an der Seite seiner Mutter – alles wieder in Ordnung. Als die Firma wieder lief, hat er zu mir gesagt: Mama, ich möchte das nicht weitermachen.

Da hörte auch sie auf. Sie verpachteten die Firma. Von der Pacht kann Heidi leben. Und Dylan ist heute als Lehrer glücklich.

Ihren Mann lernte Heidi in ihrem Büro kennen. Seinen Bruder, einen VW-Händler, hatte sie in Amerika getroffen. Ich hab zu der Telefonistin gesagt: Da kommt jetzt ein gutaussehender Mann, weil ich dachte, er wäre so wie sein Bruder, so ein großer Typ. Aber dann kam ein Kleiner. Dann haben wir uns lang unterhalten, er war in der Air Force als Navigator, und ich war ja in Amerika gewesen, da konnte ich ihm etwas über sein Land erzählen. Er war nur drüber geflogen.

Ihr Mann interessierte sich nicht im geringsten für Autohandel. Er baute Bowlinganlagen. Aber vor allem spielte er Golf.

Ich frage sie nach der Geburt ihrer

Tochter. Sie bekommt wieder ihren strengen Ton. Kinder haben mich nie interessiert, ich wollte nie Mutter werden. Aber wenn's sein muss, wird man Mutter. Mit warmer Stimme fügt sie hinzu: Und wenn man dann Kinder hat, kann man sich das Leben nicht mehr ohne vorstellen. Toll, die Kinder.

1965 waren berufstätige Mütter nicht selbstverständlich. Heidi nahm ihre Tochter mit in die Firma. Die Mitarbeiter siezten sie nun als Ausdruck von Respekt.

Vier Jahre später wurde ihr Sohn Dylan geboren. Sie hat alles gemacht, das Geld verdient, den Haushalt geschmissen, die Verantwortung für die Kinder getragen. Das war schwierig, ich habe wenig geschlafen. Während mein Mann schlief, bin ich Wäsche waschen gegangen. Er wollte keine Waschmaschine, das sei Energievergeudung. Also habe ich nachts die Wäsche bei meiner Mutter gewaschen.

Die Kinder musste ich ihm auf dem Silbertablett servieren. Mein Mann hat nichts gemacht. Der war Golfer.

Zu ihrem 50. Geburtstag veranstaltete sie ein großes Fest, holte sogar einen Zirkus ins Autohaus. Die Gäste wurden von Löwen begrüßt. Ihre Kinder und deren Freunde fungierten als Kellner. Ihr Mann erschien später als die anderen, in Golfkleidung. Als er sah, dass er unpassend gekleidet war, ging er, um sich umzuziehen. Also begrüßte sie die Gäste alleine. Sie war sehr wütend. Irgendwann kam er und zeigte eine wundervolle Präsentation über sie, die Kinder, die Familie. Morgens gegen vier saßen sie auf zwei Bierfässern, und sie sagte: »Ich will mich trennen. Ich bin sowieso immer allein, da kann ich auch gleich ganz allein sein.« Was ich ihm sagen wollte, war: Spiel weniger Golf. Danach versuchten sie es noch zwei weitere Jahre. Aber er spielte nicht weniger Golf. Irgendwann erklärte er, er könne jetzt in die Wohnung über seinem Büro ziehen.

Eines Abends kam sie nach Hause und dachte, wieso ist der Lift schon wieder kaputt. Also ging sie die Treppen hoch, da kamen ihr ihre Möbel entgegen. Sie hatte ihm gesagt, er könne sich nehmen, was er wolle. Sie wollte keinen Streit um Geld oder Sachen führen. Als sie in die Wohnung trat, war diese vollkommen leer. Nur

»Was für ein anderes Leben zu dem vorigen als Unternehmerin, wo sie nie Urlaub, nie freie Zeit hatte! Aber vielleicht auch wieder nicht.«

ein paar Sachen von ihrer Familie hatte er ihr gelassen.

Ich frage sie, ob sie danach noch andere Beziehungen hatte. Selbstverständlich. Aber immer etwas entfernt. Wenn Sie wissen wollen, ob ich Sex habe, ja. Wir lachen beide. Unser Gespräch hat sich entspannt.

Ich habe eine Beziehung zu einem Mann, der ist dreißig Jahre jünger als ich. Ich frage mich manchmal, was der von mir will.

Dreißig Jahre jünger, überlege ich, dann ist der Mann ungefähr fünfzig. Ja, das passt. Heidi Hetzer ist definitiv eine Frau, mit der ein fünfzigjähriger Mann sich inspiriert und belebt fühlen kann. Sie ist charmant, frech, klug – und sexy.

Sie erzählt, dass eine Journalistin sie gefragt habe, ob sie einen Mann habe, und sie habe geantwortet: Ja, fünf, und dann zählte sie auf, für welche Gelegenheiten sie jeweils Männer habe, und fügte hinzu: Und einer unter der Bettdecke, und da soll er auch bleiben.

Im Oktober will sie wieder wegfahren, diesmal ausschließlich nach Afrika. Kürzlich hat sie bei einem Einheimischen in Marokko einen Kurs in Sanddünenfahren in der Wüste absolviert. Ich muss das ja können, wenn ich durch die Wüste fahre. Wenn ich umgekippt bin, hat der mich immer wieder auf die vier Räder gesetzt. Ihr Plan ist, die Ostküste runter, die Westküste wieder hoch zu fahren.

Vor ihrer Weltreise war Heidi bereits eine erfolgreiche und bekannte Ralleyfahrerin, und sie wollte auch immer schon in die große weite Welt. Als die Arbeit weniger wurde, haben die Kinder gesagt: »Mutti, was willst du tun. Du hast immer gearbeitet, du stirbst, wenn du nichts tust.«

Und dann hat es zwei Jahre gedauert, bis ich alles vorbereitet hatte. Ich wollte zwei Jahre reisen, es hat sieben Monate länger gedauert.

Was für ein anderes Leben zu dem vorigen als Unternehmerin, wo sie nie Urlaub, nie freie Zeit hatte! Aber vielleicht auch wieder nicht. Sie hat auch diese Reise gemanaged. Hat sich an Clärenore Stinnes orientiert, hat ein ähnliches Auto genommen, sogar überlegt, sich zu kleiden wie diese, das dann aber verworfen. Sie hat auf der Reise gelernt, dass man das meiste Materielle nicht braucht. Als sie mir alles geklaut haben, haben die Afrikaner mich eingekleidet, ich habe mir Schuhe für 5 Euro gekauft, die trage ich jetzt noch.

Sie wollte die Reise nicht ohne Begleiter machen. Ein Beifahrer sollte dabei sein, der Reparaturen durchführen kann, der alles organisiert, mit dem Internet umgehen kann usw. Der erste sagte kurzfristig ab, er hatte »Rücken«. Etwas, das in Heidis Weltbild nicht hineinpasst. Wenn sie eine Aufgabe übernimmt, tut sie es.

Danach fuhr sie zwei Wochen lang mit einer Journalistin, einer Frau, und beide verstanden sich gut. Das erwähnt keiner, sagt sie. Der nächste Beifahrer war ein Mann, der sie anfangs bereits mit dem ganzen Einpacken allein ließ, weil er am Abend mit seinen Freunden feiern musste. Und dann hatte er immer Angst.

Der darauf folgende Mann war völlig ungebunden, keine Familie, keine Verpflichtungen, Heidi musste ihm nur monatlich tausend Euro für seine Wohnung zahlen. Er war zwar kein Mechaniker, aber angeblich konnte er alles.

Ich sehe die seltsame Szene bei Youtube, wie dieser Mann ankommt, wie ein Gockel, und die ganze Reise wirkt plötzlich wie eine Riesenshow. »Wie war das denn für Sie?«, frage ich. Der hat mich wie Scheiße behandelt. Als alte Frau fühlt man sich dann auch so.

Ich habe gedacht, so kann das doch nicht weitergehen, das ist jetzt dein Lebenstraum?

Alles, was ich gemacht habe, war falsch. Ich habe im Auto geschlafen, er im Hotel. Am Morgen bin ich zum Frühstück gekommen, er war mit seinem Computer beschäftigt, hat mich nicht einmal begrüßt. Ich bin immer kleiner geworden. Wenn man so unterwegs ist, da ist man auch abhängig. Heidi schaut ungläubig, als könne sie es noch heute nicht fassen. Der wollte mich raushaben. Der wollte, dass das seine Reise wird.

Es ist anders gekommen. Er ist zurückgeflogen. Sie hat ihre Reise gemacht.

Die Zeitungen schrieben: Heidi Hetzer verheizt die Männer.

Am Mittag gehen wir raus, um etwas zu essen. Sie sucht eine orangefarbene Handtasche aus den unterschiedlich farbigen Opel-Taschen. Auch ihre Ballerinas sind orange.

Auf dem Weg zeigt sie mir einen Poller: Da bin ich gegen gefahren, man sieht noch mein Blut. Jetzt klärt sich das Geheimnis des dunklen Fadens in ihrem Auge. Haben Sie es nicht gesehen?, fragt sie mich streng. Sie weist auf ihr Gesicht. Das müssen Sie doch sehen, meine rechte Seite ist noch ganz taub. Gucken Sie doch, ich kann gar nicht richtig lachen, und der Mund hängt auch. Sie zeigt mir die Narben an ihrer Augenbraue, sagt: Die haben alles von innen vernäht, ich habe noch gar kein richtiges Gefühl auf der Seite.

Vor drei Monaten ist sie mit ihrem Segway, diesem Elektro-Gefährt auf zwei Rädern, nach Hause gefahren. Es war schon dunkel, sie hat den Poller übersehen. Wenn ich auf den Hinterkopf gefallen wäre, wäre ich tot.

Als wir wieder zu Hause sind, zeigt sie mir die Fotokopie eines Fotos. Das zeige ich so gern, sagt sie sarkastisch. Ich erschrecke. Es zeigt das verunstaltete Gesicht eines schweren Unfallopfers. Keine Ähnlichkeit mit der lebhaften Frau mit den strahlenden Augen.

Beklommen erinnere ich mich an all ihre anderen Verletzungen. Während ihrer Reise hat sie unter ihrem aufgebockten Wagen nach einem Ölleck gesucht, das sie schon eine ganze Weile störte. Bei laufendem Motor sprang plötzlich die Lüftung an, der Lappen verfing sich mit ihrer Hand in der Welle der Lichtmaschine. Den Arm konnte sie noch reflexartig zurückziehen, doch sie verlor zwei Finger.

Das war in Kanada unweit der Niagarafälle. Einen Finger nähte man ihr auf ihren Wunsch an, obwohl er nervlich nicht mehr verbunden war. Zur Dekoration. Sie ließ sich im Krankenhaus einen Verband legen, in den eine Mulde eingebaut wurde, sodass sie weiterfahren und schalten konnte. Sie berichtet das alles sachlich und ohne große innere Anteilnahme, aber dann sagt sie: Mein Sohn ist sofort angeflogen gekommen, da war ich schon wieder draußen aus dem Krankenhaus.

Aber es hat trotzdem gut getan. Mal in den Arm genommen zu werden.

Da weint sie.

Ich sage, dass mir das innige Verhältnis zu ihren Kindern auffällt.

Und dabei war da gerade ein Baby geboren. Aber er ist sofort zu mir gekommen. Und dann auch eine Weile mit mir gefahren.

Was mir besonders auffällt, ist, wie sie mit ihrer Tochter, mit ihren Kindern auf dieser Reise in permanentem Kontakt stand. Wie aufmerksam ihre Kinder ihre Reise verfolgt haben, Marla hat ihren Blog geführt. Ihren Kindern, so vermute ich, ist neben Heidis Kraft auch ihre Zartheit bekannt, ihre Verletzlichkeit.

Es gibt noch andere Blessuren. Ihr Bein zum Beispiel hat eine lange Narbe. Sie hatte sich auf einer Ralley überschlagen, das Auto brannte, die heiße Karosserie schob sich in ihr Bein. Die wollten mir das Bein amputieren. Nur weil ich Heidi Hetzer war, haben sie mich schließlich mit dem Hubschrauber nach Berlin in die Charité gebracht. Da ist das Bein gerettet worden.

Ich bin beeindruckt davon, wie selbstverständlich sie diese Narben ebenso wie die Zeichen des Alters trägt. Ihr helles Sommerkleid kaschiert die etwas faltigen Arme nicht, es geht bis zum Knie, sie trägt keine Strümpfe, alles ist offen und sichtbar.

Nach unserem gemeinsamen Mittagessen beim Griechen, als wir über alles Mögliche geredet haben, ich über meine Reisen durch die Sowjetunion erzählt habe, durch viele der Gebiete, durch die auch sie gefahren ist, Aserbaidschan, Georgien, Kasachstan, Turkmenien, ist die Stimmung zwischen uns verändert, vertrauter, offener. Zwei »alte Frauen«, die vieles verbindet, die Lust am Reisen, die Nähe zu den Kindern und Enkelkindern bei gleichzeitigem Engagement, das eigene Leben zu führen und in seiner Fülle auszuschöpfen. Und das Wissen, dass es nicht immer so weitergehen wird. Wenn ich es jetzt nicht tu, wann dann?, betont sie mehrmals. Ich habe immer Glück gehabt, sagt sie. Ich war immer zur rechten Zeit am rechten Ort. Ich lächle und denke an ihre Unfälle, an die körperlichen und seelischen Versehrungen und sage: »Manchmal kann man sich auch Sachen schönreden.«

Das tu ich auch, stimmt sie fröhlich zu. Wenn was nicht schön ist, dreh ich es mir so hin und rede es mir schön. Das mach ich.

Am nächsten Morgen kommt Lena. Heidi trägt heute ein Kleid in warmen Beigebraun-Tönen. Es hat halblange Ärmel, ein schmales Oberteil, das sich bis zur Hüfte fortsetzt und dann in einen schwingenden Rock mündet. Dazu trägt sie heute beige Ballerinas, und als wir für das Fotoshooting rausgehen, wählt sie selbstverständlich die beige Opel-Handtasche. Ich mache ihr ein Kompliment für ihr Kleid, aber sie erwidert grantig: Das? Das habe ich nie gemocht. Das fand ich immer altbacken. Aber ich habe gedacht, für heute passt es. Alte Frau.

Die Vertrautheit von gestern ist wie fortgeblasen.

Ich frage sie zu ihrer Haltung Frauen gegenüber. »Haben Sie da Konkurrenz erlebt?« Na ja, auf Feiern stand ich immer bei den Männern, Männer sprechen gerne über Autos. Aber ich habe nie einer Frau den Mann ausgespannt.

Wir sprechen über Frauensolidarität und über das Gegenteil, sie erzählt von ihren Erfahrungen als Rennfahrerin. Manche Frauen freuten sich für sie, wenn sie gewann, andere sagten zu ihren Männern, wie kannst du dich von einer Frau besiegen lassen!

Mit Frauen habe ich nie so viel anfangen können wie mit Männern. Ich habe einmal gedacht, als die Kinder noch klein waren, ich will auch mal so einen Tag haben wie ganz normale Frauen. Also bin ich mit den Kindern auf den Spielplatz gegangen und habe mich mit den Frauen unterhalten. Ich habe mich entsetzlich gelangweilt. Ernsthaft fügt sie hinzu: Irgendwann werde ich auch ruhiger werden. Silber putzen und mir Gedanken über Kochrezepte machen.

Fürs Fotoshooting holt Heidi einen weißen Monza aus dem Parkhaus, ein Kabrio, lehnt sich zur Seite hinaus, den Ellbogen auf der Tür. Sie parkt das Auto auf halber Höhe aus der Garage, setzt sich wie ein Pin-up-Girl auf die Schnauze, ihr Kleid weht hoch, sie lacht, wirft Arme und Beine hoch, und Lena hält drauf.

Irgendwann zwischendurch sagt Lena zu mir: Die Frau ist doch nicht 81, das geht doch gar nicht.

Doch, liebe Lena, das geht, 81-jährige Frauen können schön und lebendig sein! Und abenteuerlustig! Und kratzbürstig! Und sexy!

Und bringt
der Tag nur Kummer
und Sorgen,
auf jede Nacht folgt ein
leuchtender Morgen.

HEIDI HETZER

Els Keijzer de Leal

GESPRÄCH IM DEZEMBER 2018

SÜDFRANKREICH,
SCHLOSS BOUCARUT,
1938 GEBOREN

»

ICH HABE VIELE LEBEN GELEBT, FÜR MICH IST DAS REICHTUM

«

Els feierte am Sonntag, den 9. Dezember 2018, ihren 80. Geburtstag. Freundlicherweise lud sie uns sofort ein, als ich den Kontakt zu ihr suchte. Eine Schlossfrau, so hatte ich gehört, Holländerin, die schon überall in der Welt gewesen war und nun in Südfrankreich Winzerin geworden ist. Die Geburtstagseinladung, die sie mir zukommen ließ, versprach »Maatjes et Erwtensoep«. Matjes und Erbsensuppe bei einer polyglotten Schlossherrin in Südfrankreich?

Direkt vom Bahnhof in Nîmes fahren wir zum Château Boucarut.

Mit meinem früheren Mann habe ich viele Reisen durch Frankreich nach Spanien unternommen. Am liebsten übernachteten wir in Chateaux, kleinere oder größere Anwesen, die einst adligen Familien gehört hatten, später zumeist verfielen, zeitweilig für sehr wenig Geld verkauft und so vor dem Verfall gerettet wurden.

Viele der neuen Besitzer waren von den Kosten überwältigt worden und entwickelten mehr oder weniger phantasievolle Ideen, irgendwie Geld einzutreiben. Wir haben damals in wundervoll restaurierten Mädchenkammern gewohnt, ebenso wie in einer Art Schloss-Jugendherberge. Immer lagen diese Schlösser umgeben von einem Park und oft inmitten von Weinfeldern.

Wie wird es hier sein? Eine einzige Frau, die ein ganzes Schloss bewohnt?

> »Sie begrüßt uns, als wären wir alte Bekannte.«

Es ist schon dunkel. Der Weg führt durch die engen Straßen des Dorfes Roquemaure, dann biegt das Taxi nach links, gleitet durch eine kurze von Bäumen gesäumte Allee, bis wir auf dem Vorplatz vor einem dunklen viereckigen Kasten aussteigen, wo bereits viele Autos geparkt sind.

Im Eingang empfängt uns eine schöne, farbig gekleidete Frau. Rechts erleuchten Kronleuchter einen Raum. Links liegt eine imposante Küche.

Da erscheint eine ältere Dame, in Hosen und Pullover, sehr geschmackvoll, aber alles andere als fein gemacht oder gar aufgedonnert. Els. Sie begrüßt uns, als wären wir alte Bekannte. So ungezwungen wie sie verhalten sich die anderen Gäste. Viele Holländer, einige Franzosen, einige Engländer. Menschen um die achtzig, offen, interessiert an uns Hamburgerinnen, gelassen freundlich.

Wir befinden uns in einem großen Raum, der von einer Seite des Gebäudes zur anderen führt. Vorn können wir auf den Vorplatz schauen und auf den im Dunkel liegenden Schlosspark, hinten kann ich Landwirtschaftsfahrzeuge ausmachen – und Weinstöcke.

Im Raum sind viele Tische und Stühle verteilt, an den Wänden stehen hier und da erlesene antiquarische Kommoden und Schränke. Im Zentrum eine hufeisenförmige Sofaanordnung, auf der es sich einige Gäste bequem gemacht haben. Zwischen ihnen wuselt ein Rottweiler, kräftig, angsteinflößend, doch offenbar fürchtet sich niemand. Der eine oder die andere streichelt ihm im Vorübergehen über den Kopf, die meisten beachten ihn gar nicht.

Vor dem Essen werden Champagnerflöten gereicht, alle singen *Happy birthday.*

Erst Erbsensuppe, dann Matjes werden auf den Tischen angerichtet. Super einfach. Super lecker. Dazu hervorragende Weine. Was für eine Kombination!

Zwei Tage später besuchen wir Els wieder und lernen sie besser kennen.

Sie wohnt allein mit ihrem Rottweiler Jazz im Schloss Boucarut, umgeben von 10 Hektar Weinfeldern. Jazz hält sich selbst zwar für ein süßes Schoßhündchen, aber er ist groß und bellt laut. Jazz musste noch nie eingreifen, sagt sie, aber er schlägt an.

Bevor Els hierher zog, lebte sie gemeinsam mit ihrem Mann, einem spanischen Rechtsanwalt, und ihrer Tochter in Marbella. Er kam freilich jeden Abend erst gegen 10 Uhr nach Hause, und Els suchte nach einem Weg, wie sie seine Arbeitsmanie stoppen konnte. Sie wählte die Lösung, die ihr, der Globetrotterin, am geläufigsten war: Sie schlug vor, den Wohnort zu wechseln, woanders hinzuziehen. Er erklärte sich einverstanden. Also schauten sie sich in Südfrankreich um. Els hielt es für ausgeschlossen, dass ihr Mann seine Heimat – und vor allem seine Anwaltspraxis – wirklich verlassen würde. Doch irgendwann sagte er: »Erinnerst du dich an das Haus von diesem Mann, der die Weinfelder hat und davon etwas verkaufen wollte, dort bei Roquemaure?« Er fuhr fort: »Ich habe es gekauft.« Els fiel aus allen Wolken.

Er sagte: »Du langweilst dich hier in Marbella, dort gibt es große Weinfelder.« Sie entgegnete: Ich bin Holländern, keine Französin, von Weinanbau habe ich nicht die geringste Ahnung. Doch wie so oft in ihrem Leben erklärte sie wenig später: Ich werd's schon schaffen. Und das tat sie. In der großen Hoffnung, so mit ihrem Mann ein neues Leben zu beginnen.

Das war vor 24 Jahren. Damals war sie 56 Jahre alt. Doch ihr Umzug dämmte seine Arbeitswut nicht ein. Zumindest am Wochenende, wenn er nach Boucarut kam, verließ er seine Praxis.

Els und ihre Tochter waren mehr oder weniger allein. Sie machte ein Schmuckstück aus der Schlossruine. Und sie lernte, Wein anzubauen und herzustellen. Es war nicht furchtbar schwierig. Ich musste nur Leute finden, die sich auskannten.

Umgib dich mit Leuten, die ihren Job beherrschen, und alles geht voran. Schritt für Schritt habe ich es gelernt.

Nach vier Jahren habe ich Wein hergestellt, in Flaschen gefüllt, verkauft, dies und das, es fügte sich.

Mit sechzig hatte Els sich zu einer Winzerin in einem Schloss in der Provence entwickelt. Ihr Mann war immer noch Anwalt in Marbella.

Sie wird uns später ein Foto von sich und ihrem Mann zeigen, eine glücklich lächelnde schöne Frau mit schulterlangen blonden Haaren Kopf an Kopf mit einem runden schwarzhaarigen Lockenkopf. Er war sechs Jahre jünger als sie. Wie so oft bei Paaren, wo die Frau älter ist, wirkt sie eher jünger als er.

Er war 32 Jahre alt, als sie einander kennenlernten, hatte bereits eine Ehe hinter sich, zwei Töchter. Vorher hatte Els eine große Buchhandlung in Marbella besessen. Nachdem sie mit Anfang vierzig ihre Tochter bekam, hörte sie auf zu arbeiten.

Zehn Jahre lang pendelte er zwischen Marbella und Roquemaure hin und her. Gemeinsam reisten sie auf der Suche nach schönen Dingen. Die roségrau gemaserten Marmorfliesen in den beiden Badezimmern stammen aus Portugal. Die Badezimmer sind so groß, dass man dort Walzer tanzen könnte.

Als er sechzig Jahre alt war, starb er. So hatten wir nicht geplant.

Da war Els 66 und lebte seit zehn Jahren mehr oder weniger ohne ihn. Sie könnte bitter darüber sprechen, aber Bitterkeit scheint ihr völlig fremd zu sein.

Ich zahlte seine Töchter aus und behielt seine Bücher. Seine Bücher. Das klingt nach ein paar Bücherregalen, aber dieser Mann war ein Aficionado, was Bücher betrifft. Er war ein Sammler, ein Liebhaber, ein Mann, der sein Geld in Bücher steckte. Irgendwie passend, dass er sich in eine Buchhändlerin verliebte.

Später wird sie uns durch die Räume führen, die wie eine öffentliche Bibliothek von prall gefüllten Bücherregalen durchzogen sind. Eine der Pretiosen zeigt sie uns: Es ist in dickes Holz gebunden, groß wie ein Aktenordner. Und es ist wertvoller als ein Kleinwagen. Für solche Bücher, wertvoll wie Diamanten, werden Verbrechen begangen.

Als Els nach Frankreich zog, war sie die alleinerziehende Mutter einer Tochter in der Pubertät. Die besuchte die Schule in Villeneuve, später in Avignon, wo sie Abitur machte. Sie studierte Jura in Nîmes, dann arbeitete sie in Barcelona, danach Brüssel, anschließend Luxemburg, dort traf sie ihren Ehemann. Auch er ist Jurist. Sie hat geheiratet, zwei Kinder geboren und ruft ihre Mutter dreimal täglich an. Immer, wenn sie Auto fährt, spricht sie mit mir.

Vor eineinhalb Jahren geschah indessen etwas, das Els' Leben noch einmal durcheinanderwirbelte.

Sie hatte zwar mit Wein zu tun, aber es war mehr wie ein Hobby. 10 Hektar sind zu klein, um davon eine Familie zu finanzieren. Für Els war das nicht wichtig, dennoch war sie oft ein wenig traurig. All diese Arbeit, dieser Traum, nach mir müsste es verkauft werden, weil meine Tochter mit ihrer Familie davon nicht leben könnte. Vor 18 Monaten nun sagte jemand zu mir: »Savez-vous, Monsieur Valain geht in Rente. Und er verkauft.«

Um die Aufregung zu verstehen, in die diese Information Els versetzte, muss man wissen, dass das zu Schloss Boucarut gehörende Land früher viel umfangreicher war, ungefähr 22 Hektar. Die Hälfte blieb freilich bei der Familie, die das Château an Els und ihren Mann verkauft hatte. Dieser Mann besitzt ein anderes Schloss, ungefähr 25 Kilometer von Els' Anwesen entfernt.

Nach dieser aufrüttelnden Information wartete ich keine fünf Minuten, sprang in mein Auto, fuhr zu dem Monsieur und fragte: »Gehen Sie in Rente? Verkaufen Sie?« Er antwortete: »Oui«, worauf ich ohne das geringste Zögern entgegnete: »Wir kaufen.«

Sie kaufte alles, was Boucarut vorher verloren hatte. Ich machte es wieder ganz. Es ist jetzt eine sehr schöne Domaine. 22 Hektar.

Kaum hatte sie ihrer Tochter davon erzählt, rief diese voller Begeisterung, nicht minder schnell entschlossen als ihre Mutter: »Schluss mit schlechtem Wetter und mit den Gesetzen, wir kommen nach Frankreich.«

Ende Juni 2019 werden sie mit ihren

beiden kleinen Kindern umziehen. Und aus den Juristen werden Winzer werden. Els' Tochter hat bereits mit dem Studium des Weinanbaus begonnen, sie nimmt an Workshops teil, an Weinsalons. Sie haben große Pläne, sagt Els stolz.

Die Familie ihrer Tochter wird ins Schloss ziehen. Els selbst will für sich ein Appartment ausbauen zwischen dem Haupthaus und der Kapelle, in der sie im Sommer kulturelle Veranstaltungen organisiert.

Es wird ein wenig sein wie zusammenleben in derselben Straße. Es ist wundervoll. Ich werde nun älter.

Es wird nett sein, nicht mehr allein zu leben. Es ist perfekt.

Els freut sich auf ihre Zukunft. Sie hat zugegriffen, als sich ihr die Gelegenheit bot. Ich bin kein sorgenvoller Mensch, aber ich hatte schon manchmal gedacht, was werde ich tun, wenn ich älter werde?

Was werde ich tun, wenn ich älter werde?, fragt diese Frau, die immerhin 80 Jahre alt ist. Sie strahlt nicht die geringste Anstrengung aus, jung wirken zu wollen, aber gleichzeitig eine völlig natürliche Jugendlichkeit, da ist nichts Gedrücktes, nichts, das nach Schmerz aussieht. Immer noch strahlend blaue Augen, eine aufrechte Haltung, eine Lebensleichtigkeit.

Woher kommt diese Frau, die sich so große Projekte zutraut, und die nun, einen Tag nach ihrem 80. Geburtstag, sagt: Was werde ich tun, wenn ich älter werde?

Ihre Familie ist zwar holländisch, doch als Els 1938 geboren wurde, lebten ihre Eltern in Antwerpen. Anschließend zogen sie in die Nähe von Gent, in eine Art Bankerkolonie. Els schätzte deren Bildung, den Geschmack. Zudem lebten dort einige gute Maler. Els sog alles auf und beschloss, Bildhauerin zu werden. Nach dem Abitur studierte sie auf der Kunstakademie drei Jahre lang Bildhauerei. In ihrem Schloss stehen einige Skulpturen, die sie selbst hergestellt hat, Charakterköpfe, sie bezeugen Talent.

Gleichzeitig sang sie in einer Band Blues in Jazz-Kneipen, es machte ihr Spaß. Musik war – und ist – ihre große Leidenschaft. Doch 1958, zwanzig Jahre alt, verließ sie ebenso leichtfüßig, wie sie hineingegangen war, auch wieder den Weg der Künstlerin.

Sie folgte ihren Eltern nach Afrika, in den Kongo, wo der Vater eine große Buchhandlung in Kinshasa eröffnet hatte, eine zweite lag im Inland. Von dort wurden Universitäts- und medizinische Bücher in den ganzen Kongo versendet. Auch ihr Bruder arbeitete dort.

Els' Vater hatte in Holland mit einem Buchladen begonnen, die Arbeit in Antwerpen fortgeführt, und nun ging er in den Kongo. Der Kongo gehörte zu diesem Zeitpunkt zu Belgien, stand unter belgischer Kolonialmacht.

> »Es war bunt, es war lebendig; bald fand sie Freunde, nahm an Expeditionen im Urwald teil, ging mit auf Krokodiljagd, erlebte Abenteuer.«

So wie Els zuvor Bildhauerin gelernt hatte, wurde sie nun Buchhändlerin. Es ging nicht unbedingt um das Leben mit Büchern, sondern um das Leben im Kongo. Es war bunt, es war lebendig; bald fand sie Freunde, nahm an Expeditionen im Urwald teil, ging mit auf Krokodiljagd, erlebte Abenteuer.

Ein Jahr später allerdings, 1959, fand die große Revolution im Kongo statt. Die Afrikaner kämpften für ihre Unabhängigkeit. Für weiße Ausländer wurde es gefährlich. Noch im Oktober 1959 steckten die Belgier Lumumba als Wortführer der Unabhängigkeitsbewegung ins Gefängnis und folterten ihn.

Indes war die Befreiungsbewegung so stark, dass Lumumba schon im Januar 1960 wieder freigelassen werden musste. Am 30. Juni 1960 erlangte der Kongo seine Unabhängigkeit von Belgien, und Lumumba wurde trotz großen Widerstands der Weißen und der führenden schwarzen Oberschicht des Landes Ministerpräsident der jungen Republik.

Els' Eltern verließen den Kongo und gingen nach Spanien. In Marbella eröffneten sie eine Buchhandlung. Sie hätten nicht mehr in niederländischem Regen leben können. Spanien war Sonne, Helligkeit, das suchten sie.

Els blieb im Kongo.

In den Straßen wurde geschossen, belgische Fallschirmjäger und Söldner besetzten Teile des Landes.

Trotz all der Gefahr war es dort schön. Ich war ungefähr 22. All die jungen Leute von den Vereinten Nationen unter Dag Hammerskjöld waren da, wir hatten viel Spaß.

> *Es war so interessant, all diese jungen Leute unterschiedlicher Nationalität kennenzulernen.*

Als einer ihrer Bekannten, ein ägyptischer Journalist, sagte: »Nächste Woche kommt ein sudanesischer Botschafter, der für den Kongo bestellt ist. Wärst du bereit, für ihn zu arbeiten?«, stimmte sie sofort zu. Vielleicht, weil sie den Sudan, der seit 1956 unabhängig war, unterstützen wollte, doch vor allem aus Abenteuerlust.

Ich liebte diese exotischen Geschichten!

Els erzählt über ihre Arbeit in jener Zeit: Wir machten alles allein, statteten die Botschaft aus, und little by little kamen andere Diplomaten in den Kongo. Ich war die einzige Europäerin und die einzige Frau. Ich saß in meinem Büro, und der Botschafter stellte mich allen Besuchern vor. »Dies ist unsere Sekretärin, unsere Assistentin und unsere Freundin.«

Fast zwei Jahre später verließ Els die Botschaft. Um etwas Neues zu lernen, ging sie, nun 23 Jahre alt, nach Europa zurück. Ein Jahr lang besuchte sie eine Sprachenschule, perfektionierte ihr Englisch, lernte ein wenig Deutsch. Sie absolvierte ein Studium für die Tätigkeit einer fremdsprachlichen Sekretärin.

In der Folge bewarb sie sich um einen Job bei den Vereinten Nationen, gleichzeitig schickte sie ihre Unterlagen nach Den Haag zur Regierung, um eine diplomatische Karriere anzustreben. Sie wurde nach Den Haag eingeladen, um wenig später einen Vertrag zu unterzeichnen, der ihre Rückkehr in den Kongo beinhaltete.

Also arbeitete ich eine Weile in der holländischen Botschaft im Kongo, und es war sehr nett. Kleine Botschaften sind nett.

Anschließend wurde sie für zwei Jahre nach Brüssel geschickt, darauf nach Djakarta. Danach beendete sie die Arbeit in holländischen Botschaften. Ich war satt davon. Sie wollte zurück nach Europa.

Ihr Vater und ihr Bruder hatten den Buchladen in Marbella im Süden Spaniens mit großem Erfolg geführt. Sie sagten zu Els: »Das ist zu groß hier für uns allein, lass all diesen Botschaftskram, komm her zu uns und mach mit!« Und das tat ich. Da war ich ungefähr 30 Jahre alt.

»Sie haben ein Nomadenleben geführt«, sage ich.

Ich habe es nicht so wahrgenommen, erwidert sie. Nun erst realisiere ich, dass es ein wenig seltsam war. Mein Vater war auch so.

Sie hat ihn geliebt, ein Mann, der in die Welt hinauswollte, Abenteuer erleben, der Bücher liebte und überaus gebildet war. Ihre Mutter hingegen bleibt etwas blass, wenn Els von ihr erzählt.

Die Beziehung ihrer Eltern war zwar sehr glücklich gewesen, aber sie hatte Els auch gezeigt, dass der Mann der Impulsgeber war, und die Frau folgte. Els gleicht zwar einerseits ihrem Vater, indes ist ihr auch die Seite vertraut, die eher folgt. Dabei ist sie alles andere als eine konturlose Frau, alles andere als verhuscht oder grau.

Ich liebe Übertreibungen, sagt sie. Es macht, dass du aufwachst.

Ich mag es nicht, wenn Menschen immer untertreiben.

Wenn ich sage: »Oh, wie wundervoll!,« sagen sie: »Nicht schlecht.« Das finde ich scheußlich. Wenn ich sage: »Oh, das ist eine schreckliche Person!«, sagen sie: »Ja, sie ist nicht so sympathisch.« Ihre verstellte Stimme unterstreicht, wie sehr diese untertreibenden Menschen sie anöden, Langweiler, die das Risiko einer klaren Meinung scheuen.

»Können Sie ein bisschen über Ihr Liebesleben erzählen?«, frage ich und lache vorsichtshalber.

Sie glauben, ich würde das tun?, fragt sie und wirft mir einen amüsierten Blick zu. Ich nicke. »Ja, bitte. Bisher weiß ich viel über Ihre Arbeit, Ihre Reisen, aber was war mit der Liebe, bevor Sie Ihren Mann kennengelernt haben?«

Jazz spürt anscheinend, dass es jetzt um ein Thema geht, das Els nicht leicht fällt, er rückt ihr näher und liegt schließlich halb auf ihrem Schoß.

Els beginnt zu erzählen.

Ich begann spät, mit 25.

Ihre Stimme ist sehr warm, als sie von ihrer ersten großen Liebe berichtet, einem Portugiesen. Zu jener Zeit verlangte der Brauch, dass portugiesische Diplomaten für ihre Karriere portugiesische Frauen heiraten mussten. Aus diesem Grund endete diese Beziehung nach drei Jahren. Aber ich habe ihn niemals vergessen.

Mein Leben lang liebte ich die Musik. Diese Liebe verband mich und meinen portugiesischen Liebsten.

Ich finde es sehr wichtig, wenn du Musik lauschst mit jemandem, den du liebst, dann teilst du dieselben Gefühle. Die Verbindung durch Musik ist sehr körperlich.

Als sie ihren Mann kennenlernte, war sie 38 Jahre alt. Sie hatte einige Beziehungen hinter sich, aber nichts hatte wirklich überdauert.

Für eine nicht besonders wichtige Angelegenheit ihres Buchladens benötigte sie einen Rechtsanwalt. Er war sehr charmant, aber er war verheiratet, und sie hatte zu jener Zeit einen festen Freund. Sie betrachtete ihn überhaupt nicht als möglichen Lover. Er kam zu mir, angeblich, weil er irgendeine Information brauchte, aber in Wirklichkeit wollte er mich sehen. Ich war gerade dabei, den Buchladen zu verlassen und zu kochen, was ich abends regelmäßig tat. Ich sagte: »Sie können mit mir zu Abend essen.« Also blieb er, und wir sprachen über Bücher und Kunst und …

Eine Woche später lud er mich in ein Restaurant ein. Ich sagte: »Das ist jetzt nicht, weil ich Sie eingeladen habe …«

»Els wird uns so lebhaft detailliert beschreiben, wie es hinterher sein soll, dass sich vor meinem inneren Auge klare Bilder formen.«

»Nein, nein!«, beteuerte er. Also nahm ich seine Einladung an. So begann es. Meine einzige Ehe, eine Liebe, die 28 Jahre lang dauerte.

Sie hatten eine Menge Gemeinsamkeiten: Bücher, Kunst, schöne Sachen.

Das Einzige, wofür er sich nicht besonders interessierte, war Musik.

Els' Stimme ist anzuhören, wie viel an Akzeptanz sie dieser weiße Fleck in ihrer Beziehung gekostet hat.

Aber er arbeitete zu viel. Wir haben unser Leben nicht genossen. Er dachte immer, es würde später kommen, aber du musst dein Leben jetzt genießen, man weiß nie, was später kommt.

Für ihre Tochter war es eine wertvolle Lehre gewesen. Also wird sie nun bald Luxemburg verlassen, den Regen, das Dunkle, und mit ihrer Familie nach Frankreich in den Süden ziehen. Sie könnte es niemals alleine tun, sagt Els, und erst später wundere ich mich über diesen Satz. Els selbst hat so vieles alleine getan.

»Wie nimmst *du* es wahr, zu altern?«, frage ich.

Els fühlt sich nicht von der Frage gestört. Das Thema »Alter« geht ihr nicht so nah wie die gelebten Lieben. Ich fühle nicht im geringsten einen Verlust von Energie. Für mich gibt es bisher ein einziges Problem mit dem Altwerden: Ich mag es überhaupt nicht, es macht mich ein wenig unglücklich, weil ich nicht aussehe wie vorher. Es ist dumm, aber wenn ich in den Spiegel schaue, sehe ich eine andere Frau, als ich innen fühle.

Dabei ist sie immer noch schön. Und sie wirkt unglaublich jung. Aber vielleicht ist es für schöne, begehrte Frauen besonders schwer, im Spiegel zu sehen, dass der Körper vergänglich ist.

Sie freut sich darauf, den bislang brach liegenden Gebäudeteil zwischen Schloss und Kapelle auszubauen. Später wird sie uns hinführen. Da ist nichts als ruinenhafte Räume zwischen alten Mauern. Aber Els wird uns so lebhaft detailliert beschreiben, wie es hinterher sein soll, dass sich vor meinem inneren Auge klare Bilder formen.

Sie überlegt, ob sie vielleicht versäumt hat, einer einzigen tiefen Leidenschaft nachzugehen. Ich habe so viele Sachen gemacht. Ich habe alles im Leben berührt. Alles. Ich habe Blues gesungen, ich habe gemalt, alles. Aber alles nur halb. Sie denkt eine Weile nach, kommt zu dem Ergebnis:

Ich bin froh darüber,

das ist Reichtum.

Manchmal fehlt Frauen die innere Festigkeit zu sagen, das ist meins, das tu ich. Ich war nie so interessiert an mir selbst, ich war an allem interessiert, aber für mich selbst hatte ich nicht viel Zeit. Ich lebte.

Wir sprechen darüber, dass viele Frauen die Männer in ihrem Leben wichtiger nehmen als sich selbst. Oder die Meinung der Gesellschaft. Oder die Wünsche der Eltern oder der Kinder.

Els denkt eine Weile über dieses Thema nach. Sie kommt zu dem Ergebnis, dass sie glücklich ist über die Vielfältigkeit ihres Lebens, es bedeutet für sie einen reichen Schatz an Erfahrungen und Erinnerungen.

Lachend beteuert sie: Ich nehme mich selbst nicht furchtbar ernst. Ich lebe einfach und freue mich am Leben. Ich fühle mich freilich ein wenig schuldig, weil ich mich nicht wichtig genug nehme. Aber ich nehme mich nicht wichtig genug, um mich richtig schuldig zu fühlen. Diese Formulierung amüsiert sie – sie lacht laut.

Doch nimmt sie vieles durchaus ernst. Sie liebt es, Dinge zu restaurieren. Dieses Haus war eine Ruine. Es war traurig. Und ich habe ihm Leben gegeben. Es war voll von Löchern, beschädigt. Ich habe es repariert. Es gab viele Gemälde in dem Haus, ich habe sie restauriert. Das mag ich. Ich bin imstande zu wählen: Das ist schön, oder: Das ist Kitsch. Das ist hässlich. Darin bin ich sicher.

Und dann spricht Els über ihre Liebe zur Natur und zu Tieren, eine tiefe Liebe. Ich leide, wenn ich erfahre, wie sehr Tiere leiden. Manche sagen, ich sollte mehr für Menschen fühlen, und ich antworte, ich fühle für Menschen, aber ich fühle besonders für Natur. Sogar ein Baum ist wichtig für mich. Ein Baum ist jemand. Das nehme ich sehr ernst.

Sie führt uns durch das Schloss. Das Ganze ist zwar beeindruckend, aber es strahlt auch Leichtigkeit aus, alle Details sind liebevoll aufeinander bezogen, nirgends wirkt etwas überladen.

Der Blick aus den Fenstern zeigt blauen Himmel, grüne Wiesen, Weinfelder. Der Garten strahlt die gleiche lässige unaufgeregte Eleganz aus wie Els. Wir stehen vor dem Haus, es sieht nicht aus, wie sich Kinder ein Schloss vorstellen. Es ist ein großes kastenförmiges Gebäude. Ich kann mir vorstellen, wie es ausgesehen hat, als Els hier eintraf. Sie hat eine unglaubliche Arbeit geleistet, diese Ruine zu restaurieren. Ich gratuliere ihr und drücke meinen Respekt aus.

Lächelnd sagt sie: Ich liebe Schönheit. Ständig, wirklich ständig sehe ich Schönheit. Und ich genieße das. Das nehme ich in mir selbst ernst. Meine Fähigkeit zu sehen. Schönheit zu sehen.

Eine Sache, die ich sehr ernst nehme, ist guter Geschmack.

Ich war nie
so interessiert an **mir selbst**,
ich war an **allem interessiert**,
aber für mich selbst hatte ich
nicht viel Zeit.
Ich lebte.

ELS KEIJZER DE LEAL

Karen Seggelke

GESPRÄCH IM JULI 2022

NORDFRIESLAND,
1940 GEBOREN

»

ICH HABE MICH IMMER GEMOCHT

«

Es ist wundervoll unkompliziert, Karen zu einem Gespräch zu bewegen. Sie ist freundlich, offen, ohne jede Allüren.

Sie hat selbst Bücher über Frauen veröffentlicht, begonnen mit »Frauen über 50« bis hin zu »Jahrhundertfrauen«. In diesen Büchern hat sie Text und Fotos gemacht. Doch eigentlich ist sie Fotografin, und was für eine!

Ich besuche sie in Nordfriesland, wo sie mit ihrem Mann lebt. Mittags mache ich einen kurzen Spaziergang mit meiner Hündin. Wind pfeift uns entgegen.

Hier ist es pur, sagt Karen. Echt, ungeschönt, verbunden mit den Elementen.

Pur. Dieses Wort gebraucht sie oft. Pur, wahrhaftig, echt. Das sind Werte für sie.

Auch auf Kreta liebt sie das Echte. Gemeinsam mit ihrem Mann Jo bewohnt sie seit Jahrzehnten ein altes Haus aus Feldsteinen im Osten der Insel; mittlerweile ist es ihnen als Dauermietern zu eigen. Ein einsam gelegenes Haus auf einem Hügel, eine einfache Möglichkeit zu kochen, erst neuerdings auch mit warmem Wasser ausgestattet. Wir sind, weil wir so viel gearbeitet haben, jedes Jahr immer nur zweimal für eine Woche dahin geflogen. Das war sehr intensiv. Heute nehmen wir uns viel mehr Zeit, auch gerade, wenn wir mit dem Bulli fahren. Wir kommen an und spüren sofort, wie wir entspannen, das war selbst in dieser

»Aufzustehen und für sich und andere einzutreten, das gehört zu Karens Werten von Echtheit und Wahrhaftigkeit.«

Zeit, als wir viel gearbeitet haben. Ich bin auch mal drei Monate alleine da gewesen, vor acht Jahren vielleicht. Immer wenn ich da bin, schreibe ich an einem Buch über mich, über das Altern, die Lebensetappen, das Leben als Kriegskind.

1940, ein Jahr nach Kriegsbeginn, wurde Karen als Jüngste von drei Geschwistern in Braunschweig geboren. Als sie ein Jahr alt war, ging ihre Mutter mit den Kindern zurück nach Hamburg, ihre Heimatstadt. Es hielt sie nichts länger in Braunschweig, weil ihr Mann, Karens Vater, zwei Monate nach Karens Geburt gefallen war.

Es wird mir allmählich immer bewusster, wie bedeutsam das für mich war. Ich will gar nicht sagen, dass ich traumatisiert bin, aber es hat doch einen Einfluss auf mich gehabt, was es mit meiner Mutter gemacht hat.

Wenn ich mir die Geschichte von Karens Mutter anhöre, scheint mir, als sei sie eine interessante junge Frau gewesen. 1908 geboren, studierte sie in Hamburg an der Kunsthochschule am Lerchenfeld, wollte anschließend in einer kleinen Boutique in Blankenese ihre selbst designeten Hüte verkaufen. Als das nicht lief, wanderte sie kurzerhand 1932 nach Peru aus, wo bereits eine Freundin lebte. Dort lernte sie eine Gruppe von Junggesellen kennen, heiratete einen von ihnen, kehrte ins Nazideutschland zurück, bekam zwei Söhne und eine Tochter. Der Mann ging zur Luftwaffe und blieb im Krieg, wie man damals sagte.

Zwei Jahre später heiratete sie einen der Freunde ihres verstorbenen Mannes. Auch er blieb im Krieg, verschollen.

Die Mutter musste ihre drei Kinder ernähren. Ihr Talent zu schneidern half. Direkt nach dem Krieg wollten die Frauen wieder hübsch aussehen, es gab aber nichts. Also nutzte sie ihre gestalterische Begabung und schneiderte aus alter Kleidung neue schöne Kleider.

Karen bedauert heute sehr, dass sie mit ihrer Mutter so vieles nicht besprechen konnte, was sie heute umtreibt. Zum Beispiel: War der Vater ein glühender Hitlerverehrer? Dieser Mann war in der Wirtschaftskrise nach Peru gegangen, hatte für eine Schweizer Firma gearbeitet, doch 1935 kehrten sie mit fliegenden Fahnen ins Hitler-Deutschland zurück.

Als ich sage: Es scheint, als seiest du in die Fußstapfen deiner Mutter getreten, verneint sie das. Ihre Mutter habe nie wieder etwas mit Kunst gemacht. Der Verlust der beiden Männer und vielleicht auch der Verlust einer Lebensvision hatte sie anscheinend hart gemacht, zumindest nicht weich und offen für ihre Tochter. Aber die Söhne, die waren wichtig.

In erster Linie hat sie mich so geprägt, dass ich mir geschworen habe, nie eine Opferrolle als Frau einzunehmen.

Sie hat sich immer als Opfer gefühlt.

Doch sie hat nicht nur tatkräftig für das Überleben ihrer Kinder gesorgt, sie kaufte auch vom Geld der Luftwaffe für die Hinterbliebenen sofort ein Teilhaus am Rand von Volksdorf. Hier wuchs Karen auf, und sie erinnert sich an das Leben dort als reines Glück.

Da waren auch meine Großeltern und andere Verwandte. Ich war auf der Walddörferschule, da gab es ganz viel Kunst und Musik. Wir hatten einen Riesengarten, wahnsinnig viele Kinder in der Straße, in der Zeit war ja nicht nur eine Familie in einem Haus. Als Hamburg ausgebombt wurde, kriegten alle Einquartierungen.

Karen erinnert sich in vielerlei Hinsicht an eine Bevorzugung der älteren Brüder. Ich mache sie darauf aufmerksam, dass es damals nicht selbstverständlich war, dass Mädchen Abitur machten. Sie sieht mich überrascht an. Ihre Cousinen, ihre Freundinnen, alle besuchten die Walddörferschule. In Hamburg war Lernmittelfreiheit, erklärt sie. Die schulischen Leistungen der Brüder waren allerdings von Bedeutung. Karen lief eher so mit.

Als die Mutter 1951 nach Braunschweig ging, weil die Familie ihres zweiten Mannes dort eine Textilwarengroßhandlung besaß und sie hoffte, es in einer festen Anstellung leichter zu haben, begann eine dunkle Zeit in Karens Leben. Die frohe Kindheit ging abrupt zu Ende. Sie lernte Einsamkeit kennen. Sie wurde zur Außenseiterin, aber auch zur Beobachterin, was später zu ihrer Berufswahl beitrug. Braunschweig war eine hässliche zerbombte Stadt. Und ich habe mich wiedergefunden in einer reinen Mädchenschule, was ich entsetzlich fand. Dort war keine Lernmittelfreiheit, und meine Mutter musste jedes Mal zum neuen Schuljahr alle Bücher neu kaufen. Was sie nicht konnte.

Die Brüder durften nach einem Jahr wieder nach Hamburg zurück, nur Karen blieb bei der Mutter, die den ganzen Tag arbeitete. Für Karen war das eine weitere Bestätigung, dass sie nicht so wichtig war. Weil die Mutter sich keine Schulbücher leisten konnte, musste Karen immer die Aufgaben für den nächsten Tag aufschreiben. Einmal konnte ich es nicht machen, erklärte es der Englischlehrerin, und da hat die gesagt: Wer die Bücher nicht bezahlen kann, hat auf der Oberschule nichts zu suchen. Da habe ich ohne ein Wort meine Sachen zusammengepackt, bin zur Rektorin gegangen und habe gesagt: Das und das hat die Lehrerin gesagt, ich möchte jetzt von Ihnen hören, was Sie dazu sagen. Da war ich elf oder zwölf.

Sie erzählt ein anderes Beispiel, wie sie auf der Walddörferschule mit Herzklopfen zum Lehrerzimmer gegangen ist, einen Lehrer verlangt und ihm gesagt hat, dass

»Dieses Gefühl: Ich mag mich, scheint unerschütterlich zu sein. Es gab einige Stürme in ihrem Leben, doch nichts brachte diese Überzeugung ins Wanken.«

er ungerecht (mit einem anderen Schüler) gewesen war. Und sie bat ihn, das auch vor der Klasse einzugestehen.

Aufzustehen und für sich und andere einzutreten, das gehört zu Karens Werten von Echtheit und Wahrhaftigkeit. So wurde sie damals Klassensprecherin und später Elternvertreterin.

Sie sagt einen bedeutsamen Satz: Ich habe mich immer gemocht. Das scheint mir ein Schlüssel zu sein, um Karen und ihr Leben zu verstehen.

In dem Zusammenhang beschreibt sie einen Moment, als sie wohl vier Jahre alt war: Die Sonne schien, und vor mir sah ich meinen Schatten und hinter mir hatte ich die Sonne, die meinen Rücken wärmte. Es war ein ganz intensives schönes Gefühl, und ich dachte: Das bin ich.

Dieses Gefühl: Ich mag mich, scheint unerschütterlich zu sein. Es gab einige Stürme in ihrem Leben, doch nichts brachte diese Überzeugung ins Wanken.

Mit sechzehn kehrte sie mit der Mutter nach Hamburg zurück. Das Leben wurde leichter, auch wenn sie anfangs nicht in ihr Haus zurückkehren konnten und zwei Jahre im Esszimmer der Großeltern wohnten. Die Mutter schlief auf der Couch, Karen musste jeden Abend auf der Luftmatratze halb unter dem Tisch schlafen.

Doch Karen besuchte wieder die Walddörferschule, und am Abend entdeckte sie gemeinsam mit Cousinen und Mitschülerinnen den Jazz in den vielen Jazzkellern Hamburgs, tanzte Rock 'n' Roll bis zum Umfallen, trank Coca-Cola, trug Petticoats. Die Braunschweiger Zeit hatte sie indes geprägt. Sie blieb eine stille Beobachterin.

Wie trat die Fotografie in ihr Leben?

Während der Oberstufenzeit wurde Karen bei Karstadt in der Milchbar angesprochen, ob sie Lust hätte, für Nivea fotografiert zu werden. So wurde sie der Teenager Christa von der Nivea-Familie. Diese Shootings weckten ihre Neugier an der Fotografie.

Mir scheint, dass 1958 ein wichtiges Jahr für Karen war. Sie durften wieder in ihr Haus ziehen, wenn auch nur in zwei frei gewordene Zimmer. Erstmals richtete sich Karen eine Ecke mit Bett und eigenen Büchern ein.

Und dann kam 1958 die Ausstellung »The Family of Man« nach Hamburg. Mehrfach besuchte sie das Museum für Kunst und Gewerbe, fasziniert von diesen Fotos von 273 Fotografen aus 68 Ländern. Edward Steichen, Direktor am New Yorker Museum of Modern Art, hatte für diese Ausstellung mit seinen Mitarbeitern aus über zwei Millionen Fotos letztlich 503 Aufnahmen ausgesucht, fast nur Schwarz-Weiß-Fotos. Nach diesen unsäglichen Kriegserfahrungen hat er gesagt: Wir sind aber eine große Familie.

Die Bilder habe ich heute noch vor meinem inneren Auge.

Die Ausstellung inspirierte sie, Fotografin werden zu wollen. Der Friedensgedanke, der dahinter stand, dass überall auf der Welt Menschen mit denselben Freuden und Kümmernissen leben, berührte sie zutiefst.

Es sind hervorragende Aufnahmen gewesen. Zum Teil Fotografen, die später richtig berühmt wurden. Das hat mich so geprägt, dass ich zum Beispiel mit Werbefotografie nie was anfangen konnte. Sondern es galt für mich immer das Wahrhaftige, das Pure.

Karen wollte eigentlich Kunst studieren. Aber die Brüder studierten schon, sie musste etwas tun, womit sie Geld verdiente. Also begann sie eine Lehre als Fotografin.

Als ich mich entschieden habe, mit der Fotografie etwas anzufangen, das war, als ob sich irgendetwas öffnete.

Plötzlich sah ich überall ganz besondere Dinge. Also Schönheit, überhaupt.

Seit ihrer Jugendzeit wünschte sie sich, nach dem Abitur eine Weile in Frankreich zu leben. Doch als es so weit war, erlitt ihre Mutter eine Gehirnblutung, die Brüder waren auf Reisen. Karen blieb bei ihrer Mutter, bis diese wieder gesund war.

Es ist auffällig, dass Karen und ihre Mutter räumlich immer wieder eng miteinander verwoben waren. Die wichtigen Entwicklungsjahre von zehn bis sechzehn in Braunschweig, danach in Volksdorf, und auch die Krankheiten der Mutter verlangten Karens Nähe.

Nach ihrer mit Auszeichnung abgeschlossenen Lehre bekam sie das Angebot, als Assistentin an der neu eingerichteten Bundesfachschule für Fotografie in Hamburg-Altona zu arbeiten. Nach zwei Jahren hatte sie das Gefühl, nichts Neues mehr

»Es ist eine große Qualität, entschieden durch Türen zu gehen, die sich für einen öffnen, aber an Türen zu klopfen, verlangt noch viel mehr.«

lernen zu können. Nun wollte sie selbst künstlerisch tätig werden.

Und dann geschah etwas, das ein Mädchen ohne Karens tiefes Gefühl des »Ich mag mich« wahrscheinlich nicht gewagt hätte. Als eifrige Theaterbesucherin war sie hingerissen von den Schauspielerporträts der Theaterfotografin Rosemarie Clausen. Von ihr wollte sie lernen. Rosemarie Clausen war *die* Hamburger Theaterfotografin, damals schon eine reife Frau. Sie fotografierte an sämtlichen Hamburger Bühnen. Gustav Gründgens, der seit 1955 Generalintendant des Schauspielhauses in Hamburg war, war schon während seiner Berliner Zeit vor 1933 von ihr fotografiert worden.

Karen fand heraus, wo sie wohnte, und klopfte an ihre Tür. »Ich möchte Ihre Volontärin werden.« Und Rosemarie Clausen akzeptierte. Sie warnte Karen, dass sie ihr kaum etwas bezahlen könne, aber das war der jungen Frau egal.

Welche Unbedingtheit! Welche Entschiedenheit!

Es ist eine große Qualität, entschieden durch Türen zu gehen, die sich für einen öffnen, aber an Türen zu klopfen, verlangt noch viel mehr.

Karen wurde Mitarbeiterin Rosemarie Clausens, vor allem fand sie in ihr die Mutterfigur, die ihre Mutter ihr nicht bieten konnte. Ich habe sie Mums genannt, ebenso wie ihre Kinder.

Bei ihr lernte sie Menschenfotografie. Menschen … mit ihrem Eigenen zu erkennen und sie so abzubilden …

Das Sich-Einlassen auf das Gegenüber, sich leer machen, im Gespräch mit Augen, Ohr und Herz ganz auf Empfang sein …

Wenn sie darüber spricht, fällt wieder das Wort »pur«: Karen machte Schwarz-Weiß-Aufnahmen, noch lange in der Zeit der boomenden Farbfotografie. Zudem war es ihr wichtig, ihre eigenen Fotos in der Dunkelkammer selbst zu vergrößern.

Inzwischen hatte sie ihren späteren Mann kennengelernt, einen Freund ihres allerersten Freundes. Vor der Hochzeit machte Karen ihre erste große Alleinreise. Es gibt Themen, die sich durch Karens Leben ziehen, und dazu gehören auch das Alleinsein und das Alleinreisen.

Die Reise unternahm sie mit dem VW ihres Freundes, einem Käfer. Sie legte die Rückenlehne des Beifahrersitzes um, so hatte sie eine Liegefläche, auf die sie eine Luftmatratze legte. Ich bin nach Frankreich, was ich ja immer wollte, ich wollte in die Camargue, dann kam Spanien dazu. Ich bin im August losgefahren und im Oktober, zwei Wochen vor unserer Hochzeit, zurückgekommen.

Wieder trat Braunschweig in ihr Leben. Ihr Mann studierte dort noch, kurz vor der Hochzeit machte er Examen.

»Warum hast du geheiratet?« Das frage ich mich heute auch, aber das war einfach so. Heiraten und Kinder kriegen. Das war die Zeit damals. Ich wollte mit diesem Mann leben und Kinder haben. 18 Monate später habe ich mein erstes Kind bekommen.

Im Wolfsburger Schloss fand Karen einen sehr guten Fotografen, der sie anstellte.

Ich hatte einen sehr hohen Anspruch an meinen Beruf.

Irgendso Porträts oder Passfotos, das kam überhaupt nicht in Frage. Man muss das auch im Zusammenhang damit sehen, dass ich drei Monate allein unterwegs war und sehr mit mir gelebt habe. Mich sicher fühlte.

Als sie schwanger wurde, zogen sie in das Haus ihrer Mutter nach Volksdorf. Der Dachboden war ausgebaut, und Karen bekam dort ihr Kind. Als Imke acht Monate alt war, gingen sie für zwei Jahre nach Kalifornien. Ihr Mann wurde Assistent und nutzte das, um ein Research Fellowship zu machen. In den USA nahm Karen ein Pflegekind im gleichen Alter ihrer Tochter dazu, arbeitete zudem fotografisch für eine kleine Zeitschrift.

In Braunschweig zurück, blieb Karen, erneut schwanger, zu Hause. Ihrer zweiten Tochter folgte ein Jahr später ein Sohn.

Als Björn in die Schule kam, begann sie wieder zu arbeiten und baute das sukzessive immer weiter aus. Zudem unterrichtete sie an der Kunsthochschule und gründete gemeinsam mit anderen ein Fotomuseum. In zwei Jahren hat es 40-Jahre-Jubiläum. Das war mein Baby.

Ihr Mann stammt aus einer großen baltischen Familie mit einem starken Familienzusammenhalt. Ich hatte auch Sehnsucht danach, eingebettet zu sein in eine große Familie.

Karens unbedingtes Streben nach Wahrhaftigkeit war jedoch schwer in Einklang zu bringen mit der Art, wie in dieser Familie Harmonie erzeugt wurde: »Negatives« wurde unter den Teppich gekehrt. Diese Harmonie war Karen zu oberflächlich.

Karen spürte auch bei ihrem Mann, dass eine wirklich tiefe Begegnung nicht stattfand, aber sie liebte ihn und hatte die feste Absicht, mit ihm zusammenzubleiben. Die Ehe dauerte immerhin zwanzig Jahre, bis sie durch einen Zufall erfuhr, dass er fast die Hälfte dieser Zeit eine andere Frau gehabt hatte. Dann habe ich noch versucht, mit ihm direkt darüber zu sprechen. Da waren wir uns kurze Zeit erstaunlich nah. Aber dann ging es nicht mehr. Weil er wieder andere Frauen hatte. Dann habe ich gesagt: Du musst dich jetzt entscheiden: Willst du mit mir leben, und zwar nur mit mir. Ich konnte es nicht anders. Er sagte: Du wirst immer meine Hauptfrau sein, aber ich brauche viele Frauen. Ich habe gesagt, dann musst du gehen.

Fortan lebte Karen allein mit ihren drei Kindern von 11, 14 und 15 Jahren. Ihre Vorstellung von Partnerschaft war zusammengebrochen, eine starke psychische Belastung. Zudem hatte sie besonders im ersten Jahr Existenzangst. Sie arbeitete damals als Dozentin an der Kunsthochschule und erhielt hauptsächlich während der Semester ihr Honorar.

Nach einem Jahr wollte ihr Mann zurückkommen. Karen setzte sich gemeinsam mit ihren Kindern hin und besprach mit ihnen, ob dies für sie eine gute Alternative wäre. Gemeinsam entschieden sie sich dagegen.

Danach wollte Karen nie wieder heiraten. Doch heute ist sie mit ihrem jetzigen Mann seit dreißig Jahren verheiratet, seit vierzig Jahren sind sie ein Paar.

Zu ihrer Hochzeit schreibt Karen in dem Text über ihr Leben, den sie mir freundlicherweise zur Verfügung gestellt hat: Der Standesbeamtin war deutlich anzumerken, dass ihr diese ungewöhnliche Trauung nicht geheuer war: die Braut schon 53 und 13 Jahre älter als der Bräutigam, und die Braut nahm ihren Mädchennamen wieder an und nicht den Namen des Mannes. Der Mann erklärte sich bereit, ihren Namen mit seinem zu verbinden, was zu der Zeit noch sehr ungewöhnlich war. Die eine Trauzeugin war fast neunzig, der andere Trauzeuge war der erwachsene Sohn der Braut.

Dieses Paar beeindruckt mich sehr. Jo kommt am Nachmittag hinzu, um mit uns eine von Karen hergestellte Quiche zu verzehren. Sie sitzen einander gegenüber. Fasziniert beobachte ich, wie sich ihre Gesichter verändern, wenn sie miteinander reden. Ein intensiver Kontakt ist zwischen ihnen spürbar. Immer wenn er sich ihr zuwendet, lächelt Jo. Es ist dieses Lächeln, das sich auf die Gesichter frisch Verliebter stiehlt, unbewusst und machtvoll. So eine Intimität und Nähe habe ich noch nie bei langjährigen Paaren erlebt. Und ich bin mir sicher, es ist für sie selbstverständlich.

Von mir nach ihrer Beziehung gefragt, als wir wieder allein sind, sagt sie:

Wir haben eine tiefe Liebe miteinander.

Ich brauche auch viel Distanz, er nicht so. Es kommt dann immer wieder eine gro-

»Die andere Seite ist die Frau, die allein sein muss und will..«

ße Nähe. Jo ist zwölf Jahre jünger als ich. Wenn ich Männer in meinem Alter treffe, diese Kriegskinder, merke ich immer wieder: Das würde nicht funktionieren.

Lange Zeit lebten sie in zwei Wohnungen. 2006 richtete Karen sich an ihrem heutigen Wohnort eine Wohnung zum Schreiben ein und behielt ihr Atelier in Hamburg. Ab Donnerstag war sie in Nordfriesland, Jo kam Samstag und Sonntag dazu. Drei Jahre später gab sie ihr Atelier in Hamburg auf, siedelte ganz um. Jo blieb während der Woche in Hamburg, wo er auch seine Firma hatte. Erst seit kurzem leben sie ganz zusammen.

Karens Biografie weist eine große Kontinuität auf, obwohl es viele Brüche und Veränderungen gab. Bis zum Alter von 49 Jahren lebte sie mit ihren Kindern als alleinerziehende Mutter in Braunschweig, obwohl Hamburg immer ihr Sehnsuchtsort blieb. Als ihr Sohn mit seinem Zivildienst fertig war, nahmen er und seine große Schwester gemeinsam eine Wohnung in Hamburg, und so zog auch Karen zurück. Mit 50 eröffnete sie dann in Hamburg ein Atelier.

Noch etwas geschah mit 50. Karen machte ja viele Porträtfotos, auch von berühmten Frauen wie Senta Berger und Hannelore Elsner, ebenfalls Frauen um die 50. Auch die fühlten sich jung, vital, sexy. Und also flatterte gewissermaßen ein Thema in Karens Leben: Frauen um die 50.

Mit dem Buch »Frauen über 50« trat sie auch als Autorin in Erscheinung. Als Fotografin von Menschen brauche ich eine gute Beobachtungsgabe und die Möglichkeit, mich ganz auf mein Gegenüber einzustellen, und als Autorin verarbeite ich das, was ich beobachtet habe.

Das Buch wurde ein großer Erfolg, und fortan erschien alljährlich ein Buch von Ute Karen Seggelke. Bis es schließlich um die Frauen ab 80 ging. Auch dieses Buch wurde nach einigen Schwierigkeiten, einen Verlag zu finden – Frauen über 80 waren angeblich nicht gut verkäuflich –, ein großer Erfolg, drei Auflagen, ein Taschenbuch.

Karen sagt: Ich mag es, bekannt zu sein. Sie liebt es, Lesungen zu machen.

Ich mag einfach Herausforderungen, das spornt mich an, das ist, über sich selbst noch mal zu lernen.

Zum Beispiel bin ich besonders nach dem ersten Buch in Talkshows gewesen. Da haben meine Kinder vorher gesagt: Hast du Angst? Ich fand es aber spannend. Das charakterisiert mich mehr als Mut: die Neugier. Hinzu kommt: Wenn man sich selbst mag, dann denkt man immer, die anderen mögen einen auch.

Dies ist die eine Seite von Karen, die kommunikative, an Menschen interessierte. Die andere Seite ist die Frau, die allein sein muss und will. Die alleine auf Reisen geht, die sich selbst in der Natur immer wieder neu entdeckt. Als sie 70 wurde, begab sie sich auf eine dreimonatige Reise. Ihr roter VW diente ihr als Zuhause für die Zeit, in der sie die iberische Halbinsel umrundete. In ihrem Tagebuch notierte sie ihre Gedanken zu Leben, Liebe, Alter. Und auch zum Alleinsein.

Ein Grund für diese Reise alleine ist, dass ich wieder in Ruhe und Stille in mich hineinhorchen, auf meine Seele achten will.

Auch aus dieser Reise wurde ein Buch: *Mit 70 hat man noch Träume.*

Und nun, mit 82, welche Träume, welche Visionen treiben Karen heute an?

Sie führt mich durch ihr Atelier. An den Wänden hängen digital verfremdete Fotos. Ich bin fasziniert. Sie sehen aus wie Gemälde.

Jetzt bearbeite ich Aufnahmen am Computer, und das ist im Augenblick das Medium, mit dem ich ausdrücken kann, was ich will. Es sind immer innere Bilder. Ich bin lange genug auf der Welt und habe genug innere Bilder angehäuft. In dem Moment, in dem ich fotografiere, löst es im Kopf etwas aus, was ich daraus machen kann.

So ist ihr Weg von der reinen Schwarz-Weiß-Fotografie über erste erzählende farbige Fotos für ihr Buch über die Jahrhundertfrauen zu verfremdeten Fotos gegangen, zu inneren Bildern, zu Gemälden.

Wir sprechen über Mut. So viel, was sie getan hat, erforderte Mut. Nicht nur die Reisen, auch das Bekennen zur ihrem eigenen Weg. Leute sagen manchmal: Bist du mutig! Ich muss das zurückweisen. Ich weiß auch nicht genau, was Mut ist, sondern es treibt mich. Ich will etwas. Und das hat nur mit mir zu tun. Also: Ich halte eine Ehe nicht mehr aus. Jetzt gehe ich, ohne lange darüber nachzudenken. Das Wichtigste ist: Ich halte es nicht mehr aus. Die Reisen oder auch etwas Neues beginnen, kommt auch zum Teil zu mir. Also plötzlich diese Frage als Fünfzigjährige: Was ist eigentlich mit den anderen in meinem Jahrgang? Das will ich jetzt wissen.

Auch als Großmutter geht Karen ihren eigenen Weg. Sie hat sechs Enkelkinder. Bei der Geburt ihres ersten Enkelkindes war sie mitten in ihrem Schaffen als Fotografin und Autorin. Ich habe gesagt, ich freue mich, dass ich Großmutter werde, aber rechne nicht mit mir. Ich habe mir dann eine Woche frei genommen und bin dann mit ihm in die Nähe hier gefahren, habe mir ein Häuschen gemietet. Das habe ich später auch mit den anderen Enkeln gemacht. Eingeladen und sie verwöhnt. So Kompaktsachen. Ich bin keine typische Großmutter. Also ich wiederhole nicht das, was ich mit meinen Kindern gemacht habe.

»Wie geht es dir mit dem Altwerden?«, frage ich sie.

Mit diesem Thema hat Karen sich in ihren Büchern immer wieder kritisch auseinandergesetzt. Der Blick der Gesellschaft auf Frauen nach der Menopause, auf Frauen um die 60, um die 80. Sie hat ihr Bild dem entgegengesetzt, das die Gesellschaft Frauen aufzwängt. Noch mit 70 hat sie sich nicht im geringsten alt gefühlt. Erst jetzt habe ich das Gefühl, im Alter angekommen zu sein. Nichts zwingt mich, schnell und effizient zu handeln. Die entdeckte Qualität von Langsamkeit beschenkt mich täglich neu.

Dass sie nicht mehr dem gängigen Schönheitsideal entspricht, ist ihr einerlei. Ich sehe mich gern im Spiegel. Ich weiß nicht, wie es wird, wenn mein Körper streikt. Aber mit diesem sich vergrößernden Reichtum in mir sehe ich dem gelassen entgegen.

In ihren Reflexionen zu sich selbst, die Karen mir im Manuskript mitgibt, sind berührende Sätze zum Alter zu lesen:

Ich frage mich jetzt im Alter, was mir als meine Identität erscheint ...

Eine Schlüsselhaltung in meinem Handeln war und ist sicher Authentizität.

Authentisch sein kann ich nur, wenn ich immer wieder Rückkopplung zu meinem Inneren habe und meine Mitte mir als Rückzugsort zur Verfügung steht. Ich spüre in mir eine alles umschließende Liebe.

Eine leise Trauer befällt mich beim Gedanken an die Endlichkeit meines irdischen Daseins. Und wieder auch: So viele Jahre lieb ich dich, mein Leben!

Nana Nauwald

LÜNEBURGER HEIDE,
1947 GEBOREN

GESPRÄCH IM JUNI 2018

»

WILLST DU DEN GESCHMACK EINER BIRNE ERFAHREN, MUSST DU HINEINBEISSEN

«

Vor Jahren lauschte ich im Audimax der Universität Hamburg gebannt einem Vortrag von Professor Felicitas Goodman über ihre Forschungstätigkeit. Irgendwann sagte sie: »Was ich Ihnen, den jungen Frauen hier, als wichtigste Botschaft mitgeben möchte, ist Folgendes: Ein Frauenleben beginnt erst richtig mit vierzig.« Wir lachten.

Ich war damals um die vierzig – und fühlte mich uralt.

Felicitas Goodman selbst hatte spät mit dem Studium der Linguistik und Anthropologie begonnen und erst in ihren Fünfzigern ihre wahre Leidenschaft entdeckt, das Studium der Trancehaltungen, die sie in frühen Skulpturen aus unterschiedlichen Ethnien entdeckt hatte. Als sie mit 65 emeritiert wurde, wollte sie ihre Forschungen unbedingt fortsetzen und gründete ihr eigenes Institut, das weltweit Interesse erregte.

2005, Mitte fünfzig und gerade dabei, meinem Leben in vielerlei Hinsicht eine neue Wendung zu geben, erinnerte ich mich an ihre Forschungsergebnisse. Als ich googelte, um zu schauen, ob ich vielleicht bei ihr einen Workshop belegen könnte, stellte ich fest, dass sie eine Woche zuvor gestorben war.

Nana Nauwald, ihre Schülerin und Mitautorin einiger ihrer Bücher, aber lebte. Sie veranstaltete Workshops zu den Trancehaltungen Felicitas Goodmans, und also fuhr ich gemeinsam mit meiner jüngeren Tochter Mareike in die Heide, wo Nana lebt und arbeitet. Es war Frühling, und ich erinnere, dass es um die Birke ging.

Es wurde ein wundervoller Tag. Nana lebt in einem Bauernhaus mit herrlichem Garten. Dort steht ihr Atelier, in dem sie ihre Workshops abhält, nachdem sie es von Malutensilien geleert hat. Dem Garten verleihen Inseln voller spiritueller Gegenstände eine verspielte bunte Heiterkeit. Wir Teilnehmerinnen nahmen in Trance unterschiedliche Haltungen ein, Nana trommelte.

Unbedingt wollte ich Nana für dieses Projekt gewinnen. Sie war sofort bereit.

Sie führt ein reiches Leben: Sie schreibt Bücher, malt Bilder, gibt Workshops über Trancehaltungen und reist in der Welt umher, um zu lernen und um das Gelernte weiterzugeben. Ihr Aussehen spiegelt ihr Sein wieder: eine kleine üppige Person, gekleidet in selbstgeschneiderte farbenfrohe Stoffe, dazu sehr besonderer Schmuck. Ihre grünen Augen leuchten beeindruckend intensiv.

Nanas Mutter starb direkt nach Nanas Geburt, verblutete an einer Lungenembolie. Viel später schaute Nana heimlich in der Krankenakte nach und erfuhr so, dass die Mutter fünf Stunden nach der Geburt auf dem Weg nach Göttingen im Krankenwagen gestorben war. Ich frage mich: Was passiert da mit einem Baby? Der Tod hat mich mein Leben lang begleitet. Die Sehnsucht nach dem hinter dem Vorhang, hinter der Alltagswirklichkeit, ist immer da.

Nanas Gedanken entfalten einen starken Sog, es ist ein Sog in die Zwischenwelten. Zugleich ist sie total geerdet: Das Essen ist köstlich, der Bauernhof liegt eingebettet in Natur. Sie strahlt Herzlichkeit aus – und Mütterlichkeit, obwohl sie keine eigenen Kinder hat. Für Nana bedeutet Muttersein mehr.

Ich habe gelernt, alle Menschen, die sich liebevoll um mich kümmern, das ist meine Mutter. Es ist mir eine große Stärkung gewesen, mich nicht an Blutsbindung zu halten, meine Lebensbindung ist weiter. Ich habe meine Mutter nie vermisst. Ich kannte sie ja nicht. Erst später habe ich sie vermisst.

Ihre Tante Mi, die Schwester ihrer Mutter, war unverheiratet. Die kümmerte sich um Nana. Tante Mi kam aus Masuren, erzählte Flüchtlingsgeschichten, Vergewaltigung, ein gestorbener Sohn. Und dann dieser Satz: Die Russen kommen. Ich hatte ja keine Ahnung, was Russen waren. Ein Tier? Eine Blume? Aber es bedeutete Gefahr.

Tante Mi sprach oft von zu Hause. Damit meinte sie Masuren. Aber ich lebte in einem Dorf bei Göttingen. Ich kann dir heute noch sagen, wie die Bauern in Masuren in dem Dorf hießen und wie sie wohn-

»Sie führt ein reiches Leben: Sie schreibt Bücher, malt Bilder, gibt Workshops über Trancehaltungen und reist in der Welt umher, um zu lernen und um das Gelernte weiterzugeben.«

ten. Ich bin nie da gewesen. Das ist eine doppelte Wirklichkeit. Dort gab es ein Zuhause, und es gab mein Zuhause.

Nach der Hochzeit ihres Vaters mit einer anderen Schwester ihrer Mutter hatte Nana zwei Mütter. Nanas Vater war Künstler, lebte in seiner ganz eigenen Welt. Nana schenkte er nicht die geringste Aufmerksamkeit.

Seine zweite Frau war engstirnig und prüde. Sie bekam noch einen Sohn, Nanas Bruder. Der war für sie ein Gott. Das beobachte ich bis heute, dass Frauen oft ihre Söhne wesentlich mehr beachten als ihre Töchter. Der ist im Leben gescheitert, hat Theologie studiert, weil sie das gerne wollte, dann ist er dem Alkohol verfallen und eigentlich lebensunfähig geworden.

»Wie haben diese Frauen dein Frauenbild geprägt?«, möchte ich wissen.

Obwohl sie in Deutschland geboren ist, wuchs Nana als Flüchtlingskind auf. Die ganze Familie lebte zusammen auf engem Raum. Nanas Mütter aus Masuren lehrten sie, dass man als Mädchen nicht faul sein darf. Typisch war das Sonntagsessen: Ich musste Geschirr abwaschen, die Brüder gingen hoch in ihr Zimmer und lasen. Die Hausfrau darf nie einen Weg umsonst gehen. Wenn ich in den Keller runtergehe, nehme ich immer was mit.

Tante Mi war eine einfache Frau, die noch lange im Winter barfuß lief. Einen Großteil ihrer Rente gab sie für Milch für ihre dreißig Katzen aus. Nana empfindet es als Bereicherung, dass sie in materieller Armut groß geworden ist. Sie sagt: Es hat mich stark gemacht.

Alle dachten, Nana sei etwas dumm. Sie unterschätzten sie, die sich heimlich das Lesen beibrachte.

Ich mache das immer noch, dass ich eine Menge von dem zurückhalte, was ich weiß oder bin.

Ich hätte meine Brüder ja übertoppen können …

Als sie dann in die Dorfschule kam, das Flüchtlingskind, trug sie keine gekauften Sachen, alles war selbst gestrickt. In einem Preisausschreiben gewann sie einen Gutschein über zehn Mark, sagte davon zu Hause keinen Ton und kaufte sich im Dorfladen ein quergestreiftes T-Shirt. So etwas besaß sie nicht. Alle anderen aber hatten es.

Ihre Freundinnen waren Bauerstöchter aus dem Dorf. Sie war die Außenseiterin, auch weil ihr Vater, der Künstler mit den langen Haaren, anders war. Dennoch wurde sie nicht gemobbt. Sie war eine gute Schülerin, sie war anders, aber es gab keine Feindseligkeit, nur Fremdheit.

Die Brüder gingen aufs Gymnasium, Mädchen brauchten das nicht. Nana machte einen Realschulabschluss.

»Wie war diese Bevorzugung der Jungen für dich?«

Als ich gehen konnte, bin ich gegangen. Es gibt ja eine Zeit, da bist du an die Familie wirklich gebunden. Ich wusste, was ich wollte. Ich wollte Kunst, und ich wollte in die Welt.

Immer wieder betont sie, wie wichtig der jüngere Bruder für ihre zweite Mutter war. »War das eine Kränkung für dich?« Nachdenklich antwortet sie: Es hat mich eigentlich gestärkt, dahin zu gucken, was ich will. Genau wie diese frühe Konfrontation mit Tod eben auch das Gegenteil gebracht hat, nicht nur die Erfahrung, allein gelassen zu werden, sondern auch, es ist immer jemand da, der sich um mich kümmert und der mich liebt. Ich habe sehr viel Mütterlichkeit erlebt. Später fand sie in Felicitas Goodman eine Mutterfigur. Wir haben jeden Montag telefoniert.

Zur Kunst kam sie durch ihren Vater. Bei ihm absolvierte sie eine Lehre zur Kirchenmalerei. Er restaurierte Kirchen in ganz Niedersachsen. Das war eine gnadenlose Lehre, aber ich habe über Farbe Dinge gelernt, die man an der Hochschule nicht lernt.

»Gnadenlos?«, frage ich. »Was meinst du damit?«

Wenn alle anderen schon zu Hause waren, hat er mir zum Beispiel eine Erdbeere hingelegt und gesagt, genau dieses Rot musst du jetzt nachmischen. Da hat er nicht locker gelassen, und wenn ich Stunden daran saß. Und er hat die Frauen geliebt. Deshalb hatte ich mir geschworen, erstens, ich heirate nie, und zweitens nie jemanden, der Waage ist. Was habe ich gemacht? Eine Waage geheiratet. Sie ist die Einzige der Familie, die in seine Fußstapfen getreten ist. Ich wollte seine Anerkennung bekommen.

In Nanas Atelier steht ein Selbstbildnis von ihm: ein attraktiver Mann mit vollen grauen Haaren und einem klugen lebhaften Ausdruck. Sie lächelt, als wir davor stehen: Er hat immer gesagt: Aus dir wird nie ein guter Maler, weil du nicht in der Lage bist, Hände zu zeichnen.

Auf meine Frage, wie diese vergebliche Suche nach seiner Liebe sie geprägt hat, überlegt sie: Es hat meine Widerborstigkeit gestärkt. Du kannst dran zerbrechen, oder du wirst stark. Es hat mich auch männerunabhängiger gemacht.

»Nana wandelt jeden erlebten Mangel oder Schmerz in eine Stärke um. So ist sie sehr stark geworden.«

Im Laufe des Gesprächs wird immer deutlicher: Nana wandelt jeden erlebten Mangel oder Schmerz in eine Stärke um. So ist sie sehr stark geworden.

Nach der Ausbildung in Kirchenmalerei machte sie ihr Begabtenabitur in Braunschweig, wo auch ihr älterer Bruder studierte, der Studienrat in Mathematik geworden ist. Auch Nana studierte auf Lehramt. Es entsprach dem damaligen Frauenbild. Wenn Kunst, dann Lehrer.

Bald trat sie dem Kommunistischen Bund Westdeutschlands bei. Sie erklärt ihre guten Examensnoten mit den Regeln der roten Zelle. Wir mussten immer die Besten sein.

Ihre Genossen entstammten alle gutbürgerlichen Häusern, oft mit religiösem Hintergrund. Wir waren die erste Generation nach dem Krieg, die wirklich anders leben wollte. Am ehesten waren wir Maoisten. Was wussten wir schon von der Wirklichkeit in China. Es gab Ideen, wir haben Bücher gelesen.

In dieser Zeit waren Spiritualität und Emotionalität peinlich, Nana wurde trainiert, analytisch zu denken. So schnell lass ich mir nichts vormachen, sagt sie, stolz auf ihren geschulten Verstand. Damals habe sie auch gelernt, Verantwortung für eine soziale Gemeinschaft zu übernehmen. Denn darum sei es letztlich gegangen, eine Praxis sozialen Zusammenseins, das nicht trennt zwischen oben und unten.

Bewahrt hat sie ein Mao-Zitat: »Willst du den Geschmack einer Birne erfahren, musst du hineinbeißen.« Das ist bis heute ihr Motto.

Auch in die Sexualität hat sie hineingebissen.

In der Kindheit wurde Sexualität nicht erwähnt. Ihr Vater war seiner Frau untreu, aber darüber sprach keiner.

Zum Glück lernte Nana in der Studentenzeit eine vergnügte und entspannte Sexualität kennen. Das war völlig normal, nach einer Zellsitzung ging man mit jemandem ins Bett, und morgens trennte man sich. Wir nahmen die Pille, hatten keine Aidsangst. Es war ein angenehmer

»Wichtig sollte nicht ihr Aussehen, sondern die Qualität ihrer Arbeit sein.«

Umgang damit, wenn ich am Abend nicht alleine im Bett liegen wollte. Es war meine Entscheidung.

Zum Schluss ihres Studiums lernte sie einen Mann kennen, eine wilde Socke, obwohl er Geschäftsführer einer Privatbank in Braunschweig war. Er war sehr begabt. Und frech. Er trug Knobelbecherstiefel bis zu den Knien, hatte wirres, langes blondes Haar. Zu dem bin ich in die WG gezogen, und wir hatten eine jahrelange Beziehung.

Er war etwas älter als sie, bereits geschieden, und dann bekam er eine Stellung in Königstein, Kronberg im Taunus, in einem der renommiertesten Häuser für Bücherauktionen in Deutschland. Sie ging mit ihm. Weil sie während des Studiums begeistert zu Kinderbüchern geforscht hatte, eröffnete sie einen Antiquitätenladen, in dem sie altes Kinderspielzeug und alte Kinderbücher verkaufte. In Kronberg sitzt das meiste alte Geld. Rothschild, Bethmann usw. Ich hatte hinten ein Atelier, vorne den Laden. Sie zeigt mir ein Foto: Eine beeindruckende langhaarige Schönheit in einem mädchenhaften wadenlangen Kleid zu rustikalen Stiefeln, die vor einem Laden sitzt, auf dem in schöner Schrift »Nana-Antiquitäten« steht. Sie hatte Sammler bis in die USA. Das machte sie mehrere Jahre lang. Sie fühlte sich dort wohl, aber der soziale Druck lastete immer stärker auf ihr. Gnade dir Gott, wenn du Blumen in der falschen Farbe zu irgendeiner Einladung gebracht hast, dann haben sie darüber geredet. Den Menschen dort gehörten Konzerne.

Nachts fuhr sie in die Jazzgasse in Frankfurt. Sie interessierte sich für die dortigen philosophischen Impulse, las Adorno, Habermas, Marcuse. Durch eine Bürgerinitiative gegen einen Nazibuchladen gelangte sie in die politische Arbeit. Und wieder gab es eine doppelte Welt: Einerseits besaß sie den Laden bei den Superreichen, andererseits lebte sie in der linken Szene in Frankfurt. Dieser Spagat brachte ihr Migräneanfälle ein.

Sie trennte sich von dem Laden und von dem Mann. Es stimmte einfach nicht mehr. Er hing sehr am Geld. Er hatte diesen Laden bezahlt. Als ich gegangen bin, wollte er von mir das Geld zurück. Da hat mich der Mann, für dessen Auktionshaus er gearbeitet hat, zu sich bestellt, das war so ein richtiger Herr, und hat gesagt, ihm hätte im Leben auch mal jemand geholfen. Damit ich Frieden habe und mich loskaufen könne, gab er mir einen Kredit, den ich endlos lange zurückzahlen konnte. Eigentlich sein früherer Chef. Ganz toll.

Nana mietete in Frankfurt ein großes Atelier, wo sie auch wohnte. Ihren Lebensunterhalt verdiente sie mit dem Restaurieren antiker Gemälde und Bilderrahmen. Sie liebte ihre Arbeit. Bei den alten Gemälden spürst du den Geist des Menschen, der es gemalt hat, vorausgesetzt es wurde mit Geist gemalt. Es hat mich fasziniert, in die Bilder hineinzugehen wie in manche Fantasygeschichten, wo man im Bild verschwindet.

Sie schnitt sich die langen Haare ab. Eine Seite trug sie extrem kurz und türkis gefärbt. Wichtig sollte nicht ihr Aussehen, sondern die Qualität ihrer Arbeit sein.

In dieser Zeit in Frankfurt brach ihre Krankheit aus. Sie hatte mit Lösungsmitteln gearbeitet, um den Firnis abzutragen. Trotz Absauganlage drang das Gift über die Haut in ihren Körper. Die Bronchien und das Herz sind geschädigt, die Hände waren verkrümmt, jahrelang konnte sie die Finger nicht strecken, sie litt unter entsetzlichen Kopfschmerzen, übergab sich mindestens einmal täglich, das ging über Jahre. Eine richtige Vergiftung. In der Uniklinik haben sie gesagt, damit müsste ich leben. Das habe ich nicht akzeptiert. Bruno kannte eine Ärztin, die homöopathisch mit chronisch Kranken arbeitet. Die hat eine Ausleitung gemacht.

Nach zähen sieben Jahren mit Unterstützung der Alternativmedizin habe ich es überwunden.

Guck auf meine Hände. Sie sind beweglich. Der Magen ist immer noch etwas empfindlich. Ich darf keinen Kaffee trinken, obwohl ich ihn liebe.

Im Dezember 1990 heirateten Bruno und sie, erst zwei Monate zuvor hatten sie einander auf der Buchmesse in Frankfurt kennengelernt.

Ada, eine Buchhändlerin aus Hamburg, besuchte mich während der Buchmesse. Sie hatte eine Einladung zur Abendveranstaltung eines Verlags, der esoterische Bücher herausgab. Da saß neben mir einer, lang und dünn, ganz in schwarz gekleidet. Ich dachte, oh, der sieht wenigstens nicht so esoterisch aus, und dann las ich sein Schild: Bruno Martin.

Sie hatte Bücher aus seinem Verlag, und eine Freundin hatte bei ihm in der Heide manchmal geputzt, nachdem seine Frau an Leukämie gestorben war. Er hatte vier Kinder. Ich hatte mir Bruno Martin immer klein und dick vorgestellt, der Name Martin, so wie ein Bär.

Nach diesem Abend wollte sie ihn wiedersehen. Da sie umsetzt, was sie will, fuhr sie am kommenden Tag zur Buchmesse. Dort traf sie ihn. Da habe ich gesagt, und ich finde bis heute, das ist eine gute Formulierung: Gibt es irgendeinen Grund, dass du nicht heute oder morgen mit mir zu Abend essen kannst? Das war sehr intelligent, denn manchmal hat man ja schon was vor, aber wenn er absolut absagt, habe ich meine Ruhe und weiß Bescheid. Aber es gab keinen Grund, und so besuchte er sie abends. Sie hatte einen Restaurantplatz bestellt. Und was macht er? Da steht ein großes Doppelbett, er kommt, legt sich aufs Bett. Ich dachte, mamma mia! Aber er war krank. Grippevirus von der Buchmesse.

Drei Tage nach der Buchmesse rief er sie an und fragte: »Kannst du dir vorstellen, mich zu heiraten?« Später erklärte er ihr seine eilige Frage: »Eine Frau wie du ist sonst schnell wieder weg.«

Zwei Monate später heirateten sie. Da haben sie in Frankfurt gesagt, jetzt dreht sie vollkommen durch.

Bruno wohnte in ihrem jetzigen Zuhause. Nana konnte die vier Kinder anfangs kaum dem Namen nach auseinanderhalten. Der Verlag war im ersten Stock, sie hatten nicht mal ein eigenes Schlafzimmer. Bevor morgens drei Frauen ins Büro kamen, mussten sie ihren Futon zusammengerollt haben.

Immer wenn etwas nicht so einfach zu entscheiden ist, wie zum Beispiel eine Hochzeit nach drei Tagen Bekanntschaft, dann mache ich es so: Ich überlege, was ist das Schlimmste, was mir passieren kann, und wenn ich mir das überlegt habe, ist es okay. Und ich dachte, na ja, dann gehe ich eben wieder.

Dennoch gibt sie heute zu, dass es eine tollkühne Entscheidung war. Und manches Mal stellte sie diese auch in Frage, aber immer ist sie geblieben.

Bei der Hochzeit war Nana 42. Ich frage sie, ob sie keine eigenen Kinder wollte. Sie antwortet sehr sachlich, sie habe mit Anfang dreißig eine Eileiterschwangerschaft gehabt. Das sei schlimm gewesen. Und als dann vier Kinder da waren, habe sie nicht mehr an ein eigenes gedacht.

Ich frage sie, wie sie die Bauchhöhlenschwangerschaft verarbeitet hat. Ich habe das mit mir selbst ausgemacht. So schlimme Dinge mache ich meist mit mir selber ab. Ich muss dann in Ruhe gelassen werden.

Sie erzählt von dem alten Schamanen in Peru. Der besingt einen Kranken, sieht die Ursachen und sagt: Mit meinem letzten Lied lege ich dir einen Heilverband auf, der schmilzt nach und nach wie bei euch Schnee in der Sonne. Dieses Bild, dass es Zeit braucht, das entspricht mir. Wenn ich immer in einer Wunde herumbohre, hat sie keine Zeit zu heilen. Es ist gut, sie anzusehen und nach der Ursache zu gucken, aber dann muss sie auch in Ruhe gelassen werden. Manche Menschen müssen schlafen oder rausgehen in die Natur.

Spirituelle Arbeit, sagt sie, sei für sie Verantwortung für die Gemeinschaft und eigentlich politische Arbeit. Sie schimpft über die vielen Gurus auf der Welt. Und darüber, dass Frauen diese Männer so anhimmeln. Sie kennt sich aus in der Szene, nennt buddhistische Lamas, Schamanen, Heiler, die junge attraktive Frauen um sich scharen. Als sie diese Szene aufmerksam eine Weile beobachtet hatte, war für sie klar, dass sie nach einer Frau als Lehrerin suchen musste.

Sie las ein Buch von Felicitas Goodman, und dann besuchte sie eine Veranstaltung von ihr. Nana fragte, ob sie zu ihr nach

Amerika in ein Seminar kommen könne. Das war landschaftlich sehr schön, alles sehr einfach, auf Matratzen draußen geschlafen, das war in der Wüste. Anfang der Neunziger, da hat sie noch in der Uni gearbeitet.

Acht oder neun Jahre lang fuhr Nana jeden Sommer dorthin, und sie begleitete Felicitas auf deren Reisen nach Deutschland. Es gefiel Nana, dass Professor Felicitas Goodman wissenschaftlich arbeitete. Mit ihr unternahm sie erste Gehirnforschungen zu Trancephänomenen. Felicitas war für Nana Lehrerin, Mutter, Freundin.

Wenn ein Seminar bei Felicitas zu Ende war, mussten die Menschen gehen. Felicitas sagte: Das Land braucht Ruhe. Das kann Nana heute sehr gut nachvollziehen. Auch wenn ihre Seminare zu Ende sind, braucht sie Ruhe. Die Seminare waren vollvegetarisch, aber kaum waren sie vorbei, sagte sie: Nanale! Dann musste ich auf den Stuhl steigen und eine Tequilaflasche holen, und in einem großen Schrank war so ein Privatfach von ihr, da habe ich dann die Salami rausgeholt.

Zu Felicitas' 90. Geburtstag machte Nana ein Interview mit ihr, es ist auf CD erhältlich. Nana fragte, wo Felicitas spirituell zu Hause sei. Felicitas' Antwort lautete: »Für mich gehört heute alles zusammen, ich trenne nicht mehr.« Auch Nana trennt nicht.

Seit 18 Jahren fährt sie nach Südamerika. Das erste Mal 1999, da war sie 52 Jahre alt. Irgendwas hat mich da gepackt. Das überwältigende Naturerleben. Die Einfachheit. Das Leben in der Gemeinschaft zieht mich nach wie vor an. Ich muss eintauchen. Ich kann nicht ein- oder zweimal wohin, dann weiß ich gar nichts.

Bereits bevor sie in Peru in »ihrem« Dorf anlangte, suchte sie nach Menschen, die sie begleiten, gar leiten konnten in die Realität hinter den Vorhängen, nach der Wahrheit hinter der Erscheinung. Und sie suchte nach Heilung ihrer Vergiftung.

Sie reiste nach Nigeria, nach Manaus, nach Sao Paulo, machte überall spannende, manchmal auch abschreckende Erfahrungen. Die meisten dieser spirituellen Wege waren ihr zu hierarchisch, zu männlich dominiert.

In Manaus erlebte sie ihre erste Ayahuasca-Zeremonie. Anschließend, wieder in Deutschland, überzeugte sie Freunde, dass alle zusammen einmal nach Peru fahren sollten. (Ihr Mann kommt nicht mit, er langweilt sich auf Reisen. So bleibt er daheim und schreibt während ihrer Abwesenheit seine Bücher.) Nach jener Reise wusste sie: Da muss ich wieder hin. Richtig lernen und erfahren, da muss ich alleine sein, egal wie liebenswert die Freunde sind.

Da habe ich gemerkt, diese Dschungelwelt, die ist gut für mich, das ist ein Zuhause. Diese Einfachheit tut mir sehr gut.

Zuerst fuhr sie, landesüblich, in Richtung Iquitos, begegnete dort einem Touristenführer, Betto, und von da an begleitete er sie. Sie lernte auch seine Familie kennen. Sie wurden Freunde bis zu seinem frühen Tod mit Ende dreißig.

Er ist wirklich mit mir reingegangen in diese Welten, in den Urwald, er hat mich gut betreut.

Als Frau alleine würde ich das keinem raten.

Betto hatte wieder Freunde, und so kam sie »hoch«. Der Amazonas heißt »oben« Ucayuali, die größte Stadt dort heißt Ucalpa. Dort kannte Betto einen Freund, Boa, und dieser Freund ist bis heute Nanas »compañero«. Boa lebt in einem Zelt, jedes Jahr bringt sie ihm ein neues mit. Boa weiß über Tiere und Pflanzen mehr als jeder Schamane, den Nana jemals kennengelernt hat. Von da an zog sie mit Boa los, und irgendwann gelangten sie in das kleine Dorf Santa Clara. Nana hat die Angewohnheit, auf Reisen Klowärter, Taxifahrer, alle zu fragen: Wohin gehst du, wenn du dich nicht gut fühlst? So erreicht sie die traditionellen Heiler der Einheimischen. Und so lernte sie den alten Juan kennen. Keiner weiß, wie alt er ist, auch er selbst nicht. Es ist ein Wunder, dass er noch lebt.

Nana spricht fließend Spanisch. Sie sagt: Wenn ich Spanisch spreche, geht mein Herz auf. Englisch spreche ich mit dem Kopf.

Dieses Dorf wurde mehr und mehr ihre zweite Heimat. Irgendwann durfte sie sich eine Hütte in der Nähe des Alten bauen. Das ist ein wirklicher Schamane, der sich Jaguarschamane nennen darf. Ich habe mal einen Mann kennengelernt, der nennt sich Jaguarschamane der Alpen, was willst du dazu noch sagen …

Der alte Juan kann nicht schreiben und lesen, aber er musste in seiner Lebenslaufbahn in den Dschungel gehen und sich mit einem Jaguar treffen. Die Regel lautet, dass entweder er stirbt oder der Jaguar. Und erst, wenn der Jaguar stirbt und er sein Blut getrunken hat, darf er sich Jaguarschamane nennen.

Nach sechs Jahren, in denen sie jedes Jahr dort war, hat Juan gesagt: Jetzt können wir dir vertrauen. Es kommen so viele, die den Kick suchen, Ayahuasca trinken und dann wieder verschwinden. Nana hingegen ist tiefer getaucht. Sie hat ein kleines Hilfsprojekt aufgebaut. Bildung ist die einzige Rettung. Wenn ich da leben würde, würde ich Aktivistin werden. Die Not wächst ständig, und sie ist nur über Geld zu bekämpfen. Sie sterben an Dingen, die sie früher gar nicht kannten.

Auf Seminaren hat Nana Patinnen und Paten gesammelt. In vierzehn Jahren hat sie ungefähr 14.000 Dollar in das Dorf gesteckt. Es ist für die Menschen dort teuer geworden, sie können nicht mehr von dem leben, was da ist, von Bananen oder Fischen, alles kostet Geld. Es ist ein Albtraum. Und diese Ayahuasca-Touristen. Der Alte hat gesagt, zuerst habt ihr uns die Bodenschätze genommen, dann die Identi-

> »Neuerdings sammelt Nana nicht mehr Geld, sondern sie unterstützt die Frauen, indem sie ihre Stickware verkauft.«

tät und jetzt auch noch die letzten Zugänge zu unserem geistigen Feld.

Nana beschreibt, wie die Ausbeutung voranschreitet. In den Bergen lassen die Chinesen und Schweizer für Handyzubehör Bodenschätze abbauen. Sie erzählt von einem jungen Mann, den sie fürs Anthropologiestudium unterstützt haben. Er hatte eine kleine Expedition zum Berg unternommen. Als er zurückkam, lief ihm aus allen Körperöffnungen Blut. Im Krankenhaus stellte sich heraus: Er hatte wie üblich Wasser aus den Bächen im Dschungel getrunken, aber die Seen am Hochplateau der Anden sind vergiftet. Zornig sagt Nana: Am Ufer vom Ucayali ist alles niedergerodet, da stehen die Sojapalmen wie die Soldaten. Wir fressen sie auf.

Neuerdings sammelt Nana nicht mehr Geld, sondern sie unterstützt die Frauen, indem sie ihre Stickware verkauft. Die sind ja berühmt: das Volk der geometrischen Muster. Ich bezahle so ihre Arbeit, das ist kein Almosen.

Ich frage sie, ob es für sie im Alter schwieriger wird zu reisen.

Reisen ist immer anstrengend. Das Leben dort ist super einfach. Das ist subtropisches Klima, wenn ich mich müde fühle, lege ich mich in meine Hängematte und schlafe. Es ist anstrengend, aber ich brenne, ich muss das machen. Egal, ob mich der Skorpion beinahe umgebracht hätte oder der Schadenszauber, aber ich muss dahin.

»Skorpion?«, frage ich. »Was war mit dem Skorpion?« Nana erzählt, dass sie mit Boa im Bergdschungel war, an einem Vulkan, wo heißes Schwefelwasser herauskommt, eine verzauberte schöne Gegend. Sie war im Wasser, zog ihre Hose, die sie über einen Stock gehängt hatte, wieder an, griff in das Hosenbein, um es umzukrempeln, und dachte, sie würde dreimal geschlagen. Ein großer Skorpion hatte sie gestochen. Das war ein Schmerz, das kann ich gar nicht beschreiben. Es hat höllisch gebrannt. Der saß da noch, bis Boa ihn ins kochende Wasser geschmissen hat. Und dann geschah etwas Interessantes: Ich trinke ja keinen Kaffee, aus Vernunftgründen, aber ich habe von Boa einen Kaffee verlangt. Zur Hälfte mit Zucker und mindestens zwei, wenn nicht drei Zitronen rein. Das war meine Intuition.

Direkt nach ihrer Rückkehr kam der alte Juan und sagte, er hätte gewusst, wenn sie nach Hause komme, sei sie sehr krank. Dann gab es ein Heilritual. Am Ritual nimmt die ganze Familie teil, vom Baby bis zur Großmutter. Es ist anders als bei uns, da gehst du allein zum Arzt. Und ein Punkt wird geheilt. Aber sie sagen, wenn das Umfeld nicht mit einbezogen wird, dann nützt es nichts. Dann hat er gesungen und gesungen, und ich war nicht mal in der Lage aufzustehen. Da hat er gesehen, ich wäre an einem Ort gewesen, da wär ein Wasser gewesen, das wär ganz tief gewesen wie ein Brunnen – das war der Wasserfall –, und am Grunde dieses Wassers würde die Mutter der Anaconda wohnen, und die hätte ich gestört. Gott im Himmel, dachte ich, wie soll ich wissen, wer da in dieser Welt lebt. Er sagte, ich könnte froh sein, dass ich überlebt habe, denn eine der Mütter dieses Platzes sei mit mir hier hochgekommen.

Alles was ist, hat einen Geist, und jeder Geist hat eine Mutter.

Die hätte mich beschützt, sodass der Geist der Mutter der Anaconda nur meinen Körper beschädigen konnte und nicht meine Seele. Wenn er meine Seele beschädigt hätte, wäre ich tot. Und das hat er immer so knüppeltrocken gesagt. Dann hat er drei Nächte gesungen, und dann war es gut.

Nana betont, dass sie immer bescheidener wird. Von der geistigen Welt dort weiß sie so wenig. Sie ist immer Gast dort, voller Respekt.

Ungefähr mit 60 Jahren ist sie das erste Mal nach Russland gereist. Ein russischer Verlag hatte ihr Trance-Buch auf Russisch herausgegeben. In Moskau hielt Nana einen Vortrag. So bildete sich ein Kreis interessierter Menschen. Seitdem wird Nana von Lena betreut, einer Psychologin. Durch Lenas Unterstützung kam sie nach Sibirien. Und bald führte Nana Seminare auf Olchon durch, einer Insel im Baikalsee.

Durch Lenas Familie in Irkutsk lernte Nana eine dortige Schamanin kennen, Marina, eigentlich eine Psychiaterin an einer Klinik. Marina sagt, was sie als Schamanin macht, da müsste sie sich eigentlich in ihre eigene Klinik einweisen lassen. Von Anfang an sprachen die Geister auf Burjat mit Marina. Obwohl sie Burjatin ist, kannte sie die Sprache nicht, weil das zur Sowjetzeit verboten war. Ihre Eltern hatten zwar Burjat gesprochen, die Kinder durften es indes nicht lernen.

Im letzten Sommer war Nana allein in Sibirien. Übersetzt hat sie mit Google. Sie würde gerne Russisch lernen, aber sie weiß nicht, wie sie das in ihrem prall gefüllten Leben noch unterbringen soll. Dennoch ist sie letzten Sommer in diese Welt eingetaucht. Getreu Maos Satz vom Reinbeißen in eine Birne.

Gelebt hat sie bei der Tochter eines Schmiedes. Mircea Eliade beschreibt in seinem Werk, dass Schmiede in alten Kulturen geachteter waren als Schamanen. Die Schmiede verwahren ihre Seele im Feuer, da kann niemand ihr schaden. Sie sind die ersten Transformatoren. Sich zu überlegen, aus Metall und Feuer etwas Neues zu machen, das ist eine sehr besondere Machtsituation. So kommt es nicht von ungefähr, dass früher in Schmieden geheiratet wurde. Auch bei uns im Dorf ist eine Schmiede, da gibt es jetzt einen Schmiedeverein, da kann man auch heiraten. Der Schmied war eine ganz wichtige gesellschaftliche Säule.

Feuer besitzt eine intensive Wandlungskraft. Nicht nur in Burjatien geschehen viele Rituale mit Feuer. Ich habe weiß glühende Steine geleckt, muss man dreimal tun, ganz schnell, Feuerlauf ist nichts dagegen. Die Steine ziehen alles Übel aus dir raus.

Die Familie des Schmieds ist arm, aber für Nana war es wie nach Hause kommen. Die Frauen kochten den ganzen Tag lang, für jeden, der kam. Sie machten für Nana Platz in der Küche, da konnte sie auf einem Sofa schlafen.

Auch hier erlebte sie wieder den Gegensatz von Dazugehören und Fremdsein. Im Hof lag ein Reifen von einem riesigen Fahrzeug, und darin war Wasser. Da sah ich, wie ein Tankwagen ankam und Wasser in den Reifen füllte. Und dann sah ich, wie die Schweine daraus tranken und die Ziegen und Hunde. Da habe ich mir im kleinen Dorfladen Wasser gekauft. Wasser ist das Einzige, wo ich auf Reisen pingelig bin.

Der Schmied ist auch der Heiler des Ortes. Seine Klienten sitzen auf Autositzen. Dann schlägt er mit einem kleinen Hammer in dem Trancerhythmus auf seinen Amboss. Nach zehn Minuten fiel auch Nana in Trance. Er arbeitete mit dem Geist des Feuers. Aber der Feuergeist ist so mächtig, dass selbst der Schmied nicht direkt mit ihm kommuniziert. Wenn er singt, ruft er den Geist der Ahnen, und das sind die Lebensahnen, nicht nur Blutsahnen, und die wiederum sind in der Lage, mit dem Geist des Feuers zu kommunizieren. Dieser sagt jenen, was der Schmied den Klienten sagen soll. Und dann bekommt der Geist des Feuers eine Gabe.

Man opfert nicht, man gibt, das ist ein großer Unterschied.

In den Tropen war Nana jährlich vier bis sechs Wochen, in Sibirien war sie drei Wochen allein, in Moskau ist sie drei-, viermal im Jahr.

»Warum machst du diese Reisen?«, frage ich.

Ich mache es für meine Entwicklung.

Es ist wie ein Feuer, als ob ich so gern verstehen würde, was dieser Urkern von Schöpfung ist. Dem komme ich am nächsten, wenn ich bei Menschen bin, die in starker Verbindung mit der Natur leben und die noch nicht so überfrachtet sind von diesem Scheinwissen, das wir haben.

In Peru, in Nanas Dorf, ist sie seit mindestens zehn Jahren 47 Jahre alt. Das sagt sie nicht aus Eitelkeit, sondern um die Frauen dort nicht zu beschämen. Als ich einmal mein Alter richtig sagte, da haben sie sich angeguckt und dann haben sie wörtlich gesagt: »Ja, das ist eine andere Klasse.« Das hat mich beschämt. Ich habe nichts dazu getan, dass ich in Deutschland geboren wurde. Wenn du die Leute so lange kennst und siehst, wie hart sie leben und wie elend sie oft sterben müssen, weil sie keine 30 Euro für Medikamente haben, das drückt mich.

Bevor sie zurückfliegt, geht sie in Lima immer in ein exklusives Restaurant, das am Meer, schon fast im Meer, liegt. So richtig First Class. Zuerst habe ich mich geschämt und habe gedacht, was ich hier für ein Essen ausgebe, davon kann da die ganze Familie eine Woche lang leben, aber Bruno hat mich zurechtgewiesen, er hat gesagt, wenn ich nicht dafür sorge, dass es mir gut geht, und dazu gehört auch, einmal in diesen vielen Wochen ein Essen, das mir gut tut, dann helfe ich den anderen auch nicht.

Wir sprechen übers Alter. Nana sieht schön, lebendig und genauso farbenfroh aus, wie sie ist. Sie freut sich an ihrer Kleidung, ihrem Schmuck. Sie näht alles selber. Die Kleidung, die ihr in Geschäften gefällt, ist zu teuer. Wenn ich mich auf ein Seminar vorbereite, mache ich gern etwas mit den Händen. Gartenarbeit geht auch, aber beim Nähen ist es noch anders, dann ist mein Kopf frei, und es sortiert sich.

So richtig begreift sie nicht, was das Altern ausmache, sagt sie. Manchmal fallen mir Wörter nicht mehr ein, dann sage ich zu Bruno, werde ich jetzt dement, aber es ist fast immer overload. Dass ich nicht mehr so schnell flitzen kann, mein zweiter Name war Miss Flummy, das finde ich doof. Ansonsten erlebe ich noch keine Kräfteeinbüßung.

Alter und Weisheit sieht sie nicht als Paar.

Wenn Alter etwas mit Weisheit zu tun hätte, sähe die Welt anders aus.

Ich kann sagen, dass mein sowieso weiter Blick noch weiter geworden ist. Auf der einen Seite eine größere Gelassenheit, auf der anderen Seite, wie soll ich sagen, Mut? Ich habe vor kaum noch etwas Angst. Ich kann für das einstehen, was mir wichtig ist. Aber die Tatsache der eventuellen Sterblichkeit, die ist schon da, und damit verbunden die Frage: Was will ich wirklich? Damit verbunden sind auch dunkle Wolken, Ängste, und das ist gar nicht so einfach. Was ist wirklich noch wichtig zu tun?

»Was hat dich genährt und was nährt dich?«, frage ich sie, die so viel gibt und andere nährt.

Mich nährt die bedingungslose und anspruchslose Liebe von Bruno … zu malen … wenn ich in Ruhe gelassen werde …, und wenn ich draußen bin. Mehr brauche ich eigentlich nicht.

Ich habe vor
kaum noch etwas **Angst**.
Ich kann für das einstehen,
was mir **wichtig** ist.
Aber die Tatsache
der eventuellen **Sterblichkeit**,
die ist schon da,
und damit verbunden die Frage:
Was will ich wirklich?

NANA NAUWALD

Monika Salzer

GESPRÄCH IM AUGUST 2018

WIEN,
1948 GEBOREN

ICH MACHE MEINE TRÄUME WAHR

Monika Salzer wohnt auf dem Lande, eine Stunde Bahnfahrt von Wien entfernt. Hier ist es ruhig, grün und wunderbar romantisch. Ein Garten wie ein Park, darin ein kleines einstöckiges Haus mit Anbau. Die Sonne scheint, die Rosen duften, auf dem Teich hüpfen Wasserläufer.

Monika ist gerade siebzig geworden, hat diesen Geburtstag aber nicht gefeiert, weil jüngst ihre Mutter gestorben ist. Anlässlich ihres Geburtstags erinnert sie an den Film *Julias Verschwinden*, wo Corinna Harfouch in der Rolle der Julia an ihrem 50. Geburtstag denkt, sie sei unsichtbar geworden.

Im Patriarchat kann man leicht dieses Problem haben. Von einem bestimmten Alter an hört man auf, als Sexualobjekt ins Auge zu fallen. Wenn man sich schon jung als etwas anderes sieht als nur als Pendant zum Mann, dann kann man sich selbst das wichtigste Gegenüber sein.

Im weiteren Gespräch zeigt sich hingegen, dass Monika keine Frau ist, die sich über ihre Unabhängigkeit definiert. Solange mein Mann lebt, bin ich nicht allein. Ich würde nicht allein leben wollen, ich würde mit einer Freundin leben oder einer Flüchtlingsfrau mit Kind, auch ein Tier ist ein Ansprechpartner.

Monika wurde 1948 in Wien geboren, und sie sagt: Je älter ich werde, umso mehr begreife ich, wie stark wir durch unsere Geschichte geprägt sind.

Schauen wir uns also ihre Prägungen an. Die erste: Direkt nach Monikas Geburt starb ihre Großmutter mütterlicherseits. Das war eine Tragödie für meine Mutter, die ihre Mutter sehr geliebt hat.

Praktisch mit der Muttermilch musste ich diese wahnsinnige Trauer mitnehmen.

Also, sehr früh ist in mich der Schrecken des Todes gekommen.

Ihre spätere berufliche Tätigkeit versteht Monika auch auf diesem Hintergrund. Sie studierte evangelische Theologie, ist bis heute Pfarrerin und hat immer den Eindruck, sie müsse sich um kranke Menschen kümmern. Über zehn Jahre lang hat sie in der Krankenhausseelsorge gearbeitet. Die Kranken hält sie für diejenigen, die am stärksten beschützt werden müssen.

Eine weitere Prägung sieht Monika in der unterschiedlichen Herkunft ihrer Eltern. Monikas Mutter wurde 1925 geboren, deren Vater war Preuße aus Berlin, deren Mutter eine Wiener Hebamme aus sozialistischem Milieu.

Monikas Mutter war eine wenig mütterliche Frau. Ihre Kindheit spielte sich weitgehend im Krieg ab, war durch den BDM und die Nazis geprägt. Monikas Vater hingegen stammte aus einer kroatischen Familie. Seine Eltern waren im Burgenland geboren. Bis heute herrscht dort Zweisprachigkeit.

Diese kroatische Familie prägte Monika sehr.

Das Dorf, aus dem Monikas Familie stammte, war bettelarm. Monikas Vater, 1923 geboren, zog in den dreißiger Jahren mit seiner Familie nach Wien, weil sein Vater Arbeit suchte. Arbeitsmigration war damals weit verbreitet. Monikas Vater war noch ein Kind, als er seine Großfamilie verlassen musste. Diese Abschiedstrauer trug er bis ins hohe Alter in sich.

Sein Vater war Sozialist, er hasste Hitler. Auf Monika hatte er einen prägenden Einfluss. Sie meint, ohne diesen Großvater hätte sie die Idee der »Omas gegen rechts« nicht verwirklicht.

Als ihr Vater und seine Schwester nach Wien kamen, sprachen sie kein Wort deutsch. Doch innerhalb eines Jahres lernte er die neue Sprache perfekt. In der zweiten Klasse war er bereits Klassenbester. Die waren so ehrgeizig, die wollten dazugehören, aber sie haben natürlich oft gehört: Trau schau wem, keinem Kroaten und keinem Böhmen.

Monika fühlt sich der kroatischen Kultur verbunden. Ich habe sehr viel Slawisches an mir, das spüre ich.

Es ist diese offene Art, ich weiß, dass ich das hab. Das Herz am rechten Fleck.

»Sie studierte evangelische Theologie, ist bis heute Pfarrerin und hat immer den Eindruck, sie müsse sich um kranke Menschen kümmern.«

Ich bin nicht kalt, nicht rigide, das, was ich oft an Österreichern erlebe, das alles eben nicht. Deshalb verstehe ich mich auch mit jüdischen Frauen so gut. Ich liebe dieses Orientalische. Das monarchistisch Österreichische, das habe ich nicht.

»Was für eine Mixtur: Berlin und Burgenland und Kroatien!«, bemerke ich.

Eine kulturelle Mischung, und das war im Kaiserreich normal. Das haben wir durch den Krieg verloren, das ist vielleicht der traurigste Verlust neben all den Toten und neben unserer Würde.

Das Schätzen der Vielvölkerbiografie. Die hab ich in mir, das ist meine Identität.

Monika wurde direkt nach dem Krieg geboren. Eine weitere Prägung. Unsere Generation hatte auch den Schrecken des Krieges zu verarbeiten.

Ihre Eltern lernten sich auf dem ersten Wiener Ball nach dem Krieg kennen, dem Nelkenball. Ihr Vater war als Soldat in Swinemünde gewesen, damals das drittgrößte deutsche Ostseebad, heute gehört es zu Polen.

Er sprach gern über den Krieg. Als habe es sich um einen Urlaub gehandelt, vom Schwimmen in der Ostsee, von Liebesabenteuern, lauter lustige Geschichten. Nach dem Krieg arbeitete er als technischer Zeichner.

In meiner Familie ist niemand im Krieg gestorben, aber das war irgendwie so ein grauer Teppich, der über die Seelen gelegt wurde und wo natürlich auch viele depressive Anteile waren. Trotzdem sind beide Eltern über neunzig geworden, und beide haben Monika Freude am Leben vermittelt. Mein Vater hat mindestens die letzten zehn Jahre täglich gesagt: Das Leben ist herrlich. Die Dankbarkeit dieser Generation: Kannst morgens ein Ei essen und Kaffee trinken, und es ist kein Krieg!

Monika wuchs als Einzelkind in einer kleinen Wohnung im 10. Bezirk auf, einem Arbeiterbezirk. Zehn Jahre lebten wir in sehr einfachen Verhältnissen. Meine Eltern waren nicht wohlhabend. Aber sie hatten Arbeit.

Monika besuchte einen Ganztagskindergarten. Sie war nicht glücklich dort. Die anderen Kinder blieben ihr fremd. Sie vermisste auch ihre Mutter. Und ihr Vater kam meist zu spät, um sie abzuholen. Es waren noch diese Schuttberge von den

Bomben, wenn ich mit meinem Vater spazieren gegangen bin. Wenn er mich abgeholt hat, sehe ich ihn im Gegenlicht mit einem wehenden Mantel kommen. Und ich stehe da als letztes Kind und bin so froh und denke, ah, jetzt kommt er endlich.

Ihre Eltern wollten aufbauen, raus aus der Enge. Die Mutter arbeitete bis 7 Uhr abends, zwölf Stunden fort von daheim. Monika hat sie kaum gesehen. Zumindest erinnert sie es nicht. Am Abend wusch die Mutter sie und brachte sie ins Bett.

Ich war sehr unbemuttert.

Das große Ziel ihrer Eltern war, ein Haus zu bauen. Der Vater war Burgenländer, und jeder Burgenländer baut ein Haus. Die Mutter wollte gern wieder einen Garten haben, gewissermaßen als Symbol der Geborgenheit ihrer Kindheit. (Und auch den Garten, in dem wir heute sitzen, hat die Mutter angelegt, ein kleines Paradies.)

Sechs, sieben Jahre floss all ihre Energie in den Hausbau. Wie wenig Aufmerksamkeit für Monika übrig war, sagt der kleine Satz aus: Mit fünfzehn habe ich meinen ersten Freund kennengelernt, und das war dann Geborgenheit.

Von Monikas 15. Lebensjahr an bis heute hat sie kein Jahr ohne Beziehung zu einem Mann gelebt. Sie ist eine attraktive, strahlende Frau.

Ich habe so etwas Unkompliziertes mit Männern.

Obwohl ihre spätere Geschichte alles andere als das widerspiegelt. Mir scheint, dass ihre von der Mutter nicht beantwortete Sehnsucht, gesehen und gewollt zu sein, von den Männern befriedigt wurde.

All das ist sehr widersprüchlich, denn der erste Mann in ihrem Leben, ihr Vater, teilte ihr von der Pubertät an täglich mit, dass Frauen nichts wert seien. Und ich bin aufgewachsen mit einer illoyalen Mutter, die immer zu den Männern gehalten hat. Ich bin deshalb heute auch sehr empfindlich, wenn Frauen hinten herum sind. Trotzdem bin ich Feministin.

Monikas Ahninnen waren nicht unbedingt die liebevollsten Frauen, aber sie haben Stärke vermittelt. Ihre Mutter war berufstätig, ihre Großmutter war Sekretärin, die war Feministin, damals eine der ersten. Bubikopf und nicht lange Haare, hat sie gesagt. Ihre Tante war in der sozialistischen Partei aktiv. Und feministisch.

Meine Urgroßmutter war Feministin, meine Großmutter war Feministin, meine Mutter war keine bekennende Feministin.

Ich bin Feministin, meine Tochter ist Feministin. Dass dieser Begriff jetzt wieder negativ konnotiert werden soll, finde ich absurd. Es bedeutet einfach, zu seinem Wert als Frau zu stehen und sich nicht von irgendwelchen Obrigkeiten das Gegenteil erzählen zu lassen.

Es beeindruckt mich, wie Monika ihren eigenen Weg angesichts der gewiss verwirrenden Botschaften gefunden hat.

Monikas Vater erzählte ihr täglich, dass Frauen nichts wert seien. Ihr habt ja nichts erfunden, sagte er, gibt's unter euch einen Beethoven? Monika leistete Widerstand. Aber sie liebte ihn auch. Und sie, die studierte Psychologin, sagt heute: Es wird schon auch manches von seinen Worten in mich reingegangen sein.

Der Kampf gegen den abwertenden Vater hat Monika motiviert, auch später nicht klein beizugeben. Indes erinnert sie seine Liebe bis heute. Ich war seine hübsche Tochter, man sieht es auf den Fotos, ich war wirklich entzückend, und ich hab gedacht, du kriegst mich nicht unter.

Zu Hause der Vater, der Frauen für Menschen zweiter Klasse hielt, gleichzeitig ging Monika von 1958-66 auf ein feministisches Mädchengymnasium. Die Direktorin war Madame Chacron, eine bekannte Gewerkschafterin. Es kursierte der Spruch: Vor ihr fürchtet sich sogar der Kreisky. Sie war eine leidenschaftliche Lehrerin. Privat lebte sie eine Beziehung mit einer anderen Professorin, was sie offen zeigte.

Diese Schule war das erste Wiener Mädchengymnasium. Hier fanden bereits im 19. Jahrhundert Bemühungen statt, Mädchen zu Bildung zu bewegen. Monika ist stolz, dort gewesen zu sein. Später hat sie in der Opera eine Rede gehalten, im Museumsquartier, direkt gegenüber der Realgasse, wo die Schule liegt. Und ich habe gesagt:

Ich bin dort zu Schule gegangen und habe da gelernt, dass eine Frau etwas wert ist.

Monika sagt allen Ernstes trotz ihres Vaters: Ich habe keine männliche Frauenabwertung erlebt, so was wie meine Tochter später: Du hast ja immer noch keinen Busen oder so.

Auf meine skeptische Nachfrage erklärt sie, dass es damals auf dem Gymnasium keine Konkurrenz um Kleidung oder Schönheit gegeben habe. Viele Eltern waren arm oder nicht wohlhabend. Monika hat zweimal im Jahr einen neuen Rock bekommen. Da hab ich mich nicht draufsetzen getraut, weil er so fesch war.

Monikas Geschichte ist die einer Außenseiterin. Ihre Mutter war von ihrem Berliner Vater evangelisch getauft worden. Sie erzog Monika evangelisch, allerdings nicht besonders religiös. Im Burgenland aber waren die Protestanten die Ketzer. Dort habe ich auf meine Großmutter vor der Kirche gewartet, oh, da kamen wunderschöne

Gesänge, und ich durfte nicht hinein, und dann ist eine alte Frau gekommen und hat gesagt, ah, du bist die Ketzerin. Ich war stolz. Offenbar ist es damals gelungen, mir zu vermitteln, evangelisch zu sein ist etwas Besonderes. Die kroatische Minderheit … die evangelische Minderheit …

Im Gymnasium besuchte sie den evangelischen Religionsunterricht und empfand es als ein Stück Geborgenheit.

Es war das erste Mal im Leben, dass ich den Eindruck hatte, ich gehöre zu einer kleinen Gruppe. Da fühlte ich mich geborgen.

Nach dem Abitur studierte sie nicht. Die Mutter meinte: Du wirst eh heiraten, du brauchst nicht studieren. Eigentlich wollte sie Medizin studieren, stattdessen lernte sie Medizinisch-technische Assistentin im Labor. Das Spital faszinierte sie, das Heilen. Das Blutabnehmen allerdings langweilte sie.

1968 begann sie ein Psychologiestudium. Damals brach die Studentenbewegung aus. Monika hingegen konnte diesen studentischen Umbruch nicht wirklich auskosten. Ihre strenge Preußenmutter sagte: »Wenn du jetzt eine Ausbildung hast, dann arbeitest du und zahlst uns auch Geld dafür, dass du bei uns wohnst.« Also arbeitete Monika halbtags und gab ihren Eltern ein Viertel dessen, was sie verdiente. Ich habe von nichts eine Ahnung gehabt, aber ich war auf der Straße demonstrieren. Mao und Ho Chi Minh und was weiß ich alles. Es war großartig. Und die Musik! Meine Mutter war immer sehr tolerant, die war ein freies Kind. *I can't get no satisfaction* hab ich den ganzen Tag irrsinnig laut im Haus gespielt, und sie hat nur gesagt, kannst ein bisschen leiser drehen.

Sie erzählt von sexueller Traumatisierung durch Exhibitionisten. Durch Männer, die sich in der Bahn an sie gedrängt haben. Als ich zum ersten Mal einen erigierten Penis an meinem Rock gespürt habe, dachte ich, dass ich in Ohnmacht falle. Mir ist das mehrfach passiert. Trotz dieser Erfahrungen und trotz der Prüderie der fünfziger Jahre erinnert Monika ihre Sexualität als leicht und schön. Mein Freund und ich waren ab 15 zusammen, immer sexuell, aber wir haben nicht miteinander geschlafen. Das haben wir dann gemacht, als ich 17 war, und das war toll, da habe ich triumphiert: Jetzt bin ich eine Frau.

Doch 1970 war das freie Studentenleben vorbei. Da war sie knapp 22 Jahre alt und schwanger. Im selben Jahr hat sie ihre Tochter geboren. Ihr Mann, 15 Jahre älter, stammte aus einer Nazifamilie. Ich mit meiner Sozialisation habe einen Mann aus einer Nazifamilie geheiratet!

Dieser Mann bot Monika indes etwas, das sie nicht kannte und wonach sie sich sehnte: Er hatte drei Geschwister, und es war ein sehr enges Familienleben. Mein Mann war damals Techniker im Atomforschungszentrum, und er war der erste Mensch, mit dem ich gelernt habe, in der Familie zu diskutieren. Meine Eltern waren sehr verschlossen. Mit meinem Vater habe ich nur über Frauenabwertung gestritten. Und meine Mutter war sehr introvertiert.

Nach vier Semestern Psychologie hörte Monika 1970 auf zu studieren, heiratete und war dann sieben Jahre lang Hausfrau und Mutter. Ich wollte es anders machen als meine Mutter und meine Kinder nicht verlassen, nicht in den Ganztagskindergarten stecken. Ich wollte die bessere Mama sein. Dreizehn Jahre lang war ich zu Hause.

Das Jahr 1970 gestaltete sich dramatisch für Monika. Ihre Mutter, 45 Jahre alt, trennte sich von ihrem Mann, sagte: Ich habe einen anderen. Der Vater wurde depressiv. Monika war hochschwanger. Sie spielte mit vielen Bällen gleichzeitig. Der Vater musste betreut werden, bald musste die Tochter betreut werden. Da war kein Raum für eigene Träume.

Drei Jahre später, 1973, gebar sie ihren Sohn.

Als Monika ihren Mann kennengelernt hatte, nahm er Psychopharmaka aufgrund einer durchlittenen Psychose. In der Ehe stabilisierte er sich. Doch nach sieben Jahren, 1977, erlitt er einen schweren Rückfall, glitt in eine Paranoia. Er dachte morgens beim Aufwachen, das Radio wird abgehört. Er glaubte, er sei Jesus Christus. Oder Napoleon. Da waren meine Kinder sieben und vier. Das war eine der schrecklichsten Phasen meines Lebens.

Eine Freundin erzählte ihr vom Studium der evangelischen Theologie, wie schön das sei. Also sagte Monika nach sieben Jahren ausschließlichen Mutterseins: Ich studiere Theologie, das kann man mit den Kindern schaffen. Die Freundin hat das auch geschafft. Sechs Jahre später, 1983, war Monika Magister der Theologie.

Monika wusste von Anfang an, dass ihr Weg in die Krankenhausseelsorge ging. Sie wollte mit kranken Menschen arbeiten.

Ihre größte Angst war, dass ihr Mann arbeitslos werden könnte. Und sie stände da mit zwei Kindern. Er war Akademiker, er konnte die Familie gut ernähren. Als sie in einen Urlaub fuhren, der von seinem Chef finanziert worden war, begleitete und kontrollierte Monika ihn unablässig. Sie zwang ihn, Medikamente zu nehmen. Das tat er zwar nur zwei Tage lang, aber die kurze Medikamenteneinnahme bewirkte einen Break. Monika meint, dass er ein gesunder Mensch wäre, wenn er Medikamente nähme, was er aber bis heute ablehnt. In der Küche habe ich mir stundenlang seine Erlebnisse auf der Arbeit angehört. Er war mein drittes Kind. Aber irgendwann hatte ich genug. Ich konnte nicht mehr. Wie meine Kinder dann dreizehn und zehn waren, hab ich mich in den Martin verliebt, meinen zweiten Mann.

Monika sagt: Der war meine Rettung.

Sie hatte ihn schon 1981 während ihres Studiums kennengelernt. Sie gestattete sich aber keine amourösen Gefühle, wollte erst zu Ende studieren. 1983 war es dann so weit. Er war Chefarzt, und sie kam von der Uni und arbeitete in einem Forschungsprojekt mit. Er fragte sie, ob sie mit ihm einen Kaffee trinken wolle, und so begann es. Auch er war verheiratet. Auch er war unglücklich in seiner Ehe. Es gab einen Magneten zwischen uns.

Sie war 35, als sie ging. Sechs Jahre hat sie in einer Ehe mit einem Psychotiker gelebt. Mein Mann war zwar anwesend, aber ich habe die Kinder eigentlich alleine erzogen. Er war immer in seinen Gedanken.

»Auch er war unglücklich in seiner Ehe.«

Man sollte meinen, dass auch die Kinder erleichtert gewesen wären, dieses Zusammenleben zu beenden. Aber beide Kinder blieben beim Vater. Freiwillig? Monika beginnt zu weinen, als sie von dieser Zeit erzählt.

Es war ganz schwierig für mich. Ganz schrecklich. Die schlimmste Erfahrung in meinem Leben. Ich hab den Martin kennengelernt, hab ihn wahnsinnig geliebt, verrückt verliebt, und ich hab gedacht, ich darf die Kinder nicht mitnehmen. Darf nicht ausziehen mit den Kindern, dann nehme ich ihm alles weg.

Also sorgte Monika weiterhin als Hausfrau und Mutter und Pflegerin für die anderen. Im ersten Jahr erschien sie morgens um 7 Uhr und stahl sich am Abend um 22 Uhr davon. Das war so ein schreckliches Dilemma.

Sie kann darüber nicht sprechen, ohne in Tränen auszubrechen.

Es scheint mir, als hätte sie sich aufgeopfert für die Idee eines guten Umfelds für die Kinder und dabei ihre Kinder gar nicht wirklich gesehen. Später hat ihre Tochter ihr vorgeworfen, dass sie die Kinder nicht mitgenommen habe. Aber ich wollte sie nicht aus ihrem Milieu reißen, es war eine wunderschöne Wohnung, sie hatten Freunde im Haus und im Nachbarhaus, sie hatten einen herrlichen Garten mitten in Wien. Ich glaub, ich hab das bis heute nicht verkraftet. Er hat dann gesagt, er bringt mich um. Er habe in der Nacht geträumt, er nimmt ein Messer und geht zu mir rüber – ich habe manchmal im Nachbarraum geschlafen – und bringt mich um.

Monika mietete in der Nähe eine Wohnung, und die Kinder kamen nach der Schule zu ihr. Zu diesem Zeitpunkt machte sie eine Psychotherapieausbildung. Da hat meine Tochter dann gesagt, sie will zu mir kommen, sie hält es nicht mehr aus mit dem Vater. Was ja immer möglich gewesen wäre, ich hatte ihnen das nie verboten. Aber sie sind aus Solidarität mit ihm dageblieben. Vor allem meine Tochter hat sich verpflichtet gefühlt. Wir haben uns alle für den Vater irgendwie aufgeopfert.

Monikas Therapeutin sagte: »Wenn

deine Tochter kommt, nimmst du deinen Sohn auch mit. Der kann nicht allein mit dem Vater sein.« Aber der Sohn beharrte darauf, beim Vater zu bleiben. Sie nahm ihn trotzdem mit. Nach zwei Jahren, die die Kinder bei dem kranken Vater geblieben waren.

Ich konnte damals mit meinen Kindern auch nicht die richtigen Worte finden. Ich war noch sehr jung. 35 ist sehr jung. Ich war wie in einem Ausnahmezustand. Bin morgens aufgewacht und war so verliebt. Ein Schmerz, diese Liebe, weil sie so unglaublich stark war.

Monika ist froh, dass es heute keine negativen Folgen zeitigt. Die Kinder haben sich zu wunderbaren Erwachsenen entwickelt. Zwischen ihrem Ex-Mann und ihr gibt es keinen Groll.

Und dann sagt sie einen Satz, der mich aufhorchen lässt: Vorher hätte ich nicht gehen können, weil ich nicht den Partner für den Absprung hatte. Ich glaube, ich bin klassisch eine Frau, die total im Patriarchat gelebt hat, auf der anderen Seite rein theoretisch feministisch war. Ich habe mich zwar mit Männern aktiv auseinandergesetzt. Ich habe nie klein beigegeben. Nie gekuscht.

Trotzdem war ich die klassische heilende Frau, die Retterin.

Nach dem Ende ihres Studiums, 1983, bestrafte die Kirche sie, weil sie geschieden war, und ließ sie warten. 1985 wurde sie für das kirchliche Amt ordiniert als vollwertige Pfarrerin. Damit wurde Monika allerdings nicht pflegeleicht für die Obrigkeiten. Sie nahm an einer Gruppe feministischer Theologinnen teil, die sich für das vollständig gleiche Recht von Frauen in der Kirche einsetzten. Wir haben irrsinnig viel Positives miteinander geteilt.

Das war die Zeit, wo ich nicht mehr die alte Monika war, sondern eine neue wurde.

»Welche Monika warst du nicht mehr und welche dann?«, frage ich.

Die frühere Monika war die Angepasste. Sie erzählt von ihrem Theologiestudium. Dort hat sie gelernt, Ideologien zu durchschauen und kritisch zu betrachten. Mir kann niemand was erzählen über Ideologien, die sie anbeten. Das ist immer Religionsersatz. Auch wie sich der Kapitalismus verheerend auf die Menschen auswirkt, das habe ich im Religionsstudium zu durchschauen gelernt.

1990 gründete Monika ein Seminarzentrum zum Thema »Seelsorge und Kommunikation«, sie veranstaltete viele Seminare zum Thema Sterbebegleitung. Damals begann die Hospizbewegung in Österreich.

Mit 48 Jahren schien sie am Ziel: Endlich ein erfülltes glückliches Leben.

Und dann: Krebs.

Es gab drei Schrecken in meinem Leben: Der Tod meiner Großmutter, meine Scheidung, und das dritte war, dass ich Brustkrebs gekriegt habe. 2001. Da war ich 53. Ich bin sicher, dass es die Arbeitsüberforderung war. Und dann hab ich geraucht und getrunken, also ein ungesundes Leben geführt.

Ihr Mann ist selbst Tumorspezialist, ein orthopädischer Chirurg von Knochentumorpatienten. Viele Patienten kamen selbst aus dem Ausland zu ihm. Er hat Monika auf eine Weise begleitet, dass sie sich nie allein gelassen gefühlt hat. Ich hab damals gedacht, ich sterbe. Es waren zwei Drüsen von vier betroffen. Dann war ich ein Jahr krank, und dann hab ich mich wieder gefangen. Aber ich hab den Humor nie verloren.

Ich glaub, das ist meine größte Stärke, dass ich letztlich immer über alles auch lachen kann.

Monika wurde operiert, anschließend Chemo und Bestrahlung. Man geht da durch ein Jammertal, aber der Jammer ist oft die Trauer der anderen.

Ihre Kinder waren um die dreißig, und Monika bedauert sie, weil sie niemanden hatten, der sie während dieser Krise begleitete. Monika war dazu in jener Zeit nicht in der Lage. Sie selbst hatte in ihrem Mann einen starken Begleiter. Er ist auch ein Helfer, wir haben uns gefunden. Dieses anderen Helfenwollen ist auch etwas sehr Schönes, Befriedigendes.

Monika betont, dass sie sich nach der OP gegen eine Brustrekonstruktion entschieden hat. In meinem Körper ist Sexualität überall, das ist nicht nur die Brust. Trotzdem liebe ich jetzt immer noch nicht FKK mit fremden Menschen.

Wir sitzen in der Sonne. Sie sucht einen Sonnenschirm. Macht uns etwas zu essen. Salat, Melone mit Schinken. In diesem verwunschenen Garten bei sonnigem Wetter hat sich zwischen uns eine vertraute Stimmung entwickelt. Inzwischen habe ich die vielen Exponate ihrer Kreativität entdeckt, eine Nana-Skulptur, selbst gemalte Bilder. Sie hat ein Buch über das evangelische Wien verfasst. Monika erklärt ihre Kreativität als typische Reaktion des verlassenen Kindes. Aufgrund der äußeren Einsamkeit hat sie einen weiten inneren Raum geschaffen. Diese Kinder, die alles besitzen, haben Schwierigkeiten, inneren Reichtum zu entwickeln. Ein Freund von mir sagte zu meinem 60. Geburtstag: »Monika macht Träume wahr.« Ich glaube, das trifft zu.

Ich mache meine Träume wahr. Ich teile das nicht vorher in großen Diskussionen mit, aber ich tu es einfach.

2017 gründete sie die Facebook-Gruppe »Omas gegen rechts«, eine politische Plattform, die sich gegen den Abbau von Demokratie engagiert, gegen Faschismus, gegen Rassismus. Die Reaktionen waren überwältigend. Damit hatte sie nicht gerechnet. Aber ihr Gefühl hatte ihr gesagt, dass das etwas wird.

Und ich habe einen guten Kontakt zu meinen Gefühlen.

Die Idee entstand am 17. November, dem Tag der Beerdigung ihrer Mutter.
Fast sofort kamen die ersten hundert Anmeldungen. In der Woche darauf schrieb Susanne Scholl, sie finde das toll. Und dann haben wir telefoniert, und sie hat gesagt, ich mache mit. So war das geboren. Eine Zweite hat es gebraucht. Wir haben uns nur am Rande gekannt, aber wir verstehen uns so gut.
Monika ist immer noch in Trauer. Sie hält dieses Trauerjahr für wichtig, um wirklich loslassen und weitergehen zu können.

Ihre Mutter wurde 93 Jahre alt. Zwölf Jahre wohnten sie gemeinsam in diesem Haus, auf diesem Garten. Die Mutter war immer ein halbes Jahr dort, ansonsten lebte sie in Wien. Während der letzten zwei Jahre hatte sie eine 24-Stunden-Hilfe. Die betreute Monika und ihren Mann zum Teil mit. Das war wunderbar. Wir haben dann jeden Tag um 17 Uhr Tiptoi mit meiner Mutter gespielt. Diese Regelmäßigkeit habe ich sonst nicht in meinem Tagesablauf. Meine Mutter war strukturiert, ein Preuße.

Auch wenn Monika in den letzten zwölf Jahren viel Nähe mit ihrer Mutter erlebt hat, wischt sie den Schmerz des Mädchens über die mangelnde Bemutterung indes nicht weg. Doch dadurch, dass die Mutter so alt wurde, hatten Mutter und Tochter Zeit und die Chance für eine Heilung ihrer Beziehung. Ihre Mutter öffnete sich, wurde weicher. Ich finde immer, am Schluss kann man nicht mehr so kämpfen. Da wird man weicher. Ich selber werde weicher. Im Alter fällt auch ab, dass man gegen sich selber so viel kämpft.

Dennoch: Wenn Monika heute strenge Frauen erlebt, sträubt sich alles in ihr, kommt die Erinnerung an die strenge Mutter hoch.

Auch bei den Omas, wenn da welche sagen: Wir müssen dies, wir müssen das. Dann denke ich immer, wir müssen gar nichts.

Am Schluss unseres Gesprächs erwähnt Monika ein weiteres Thema, das für sie eine Rolle spielt: das Reiten. Kurz bevor sie 50 wurde, begann sie damit. Ihr Mann besaß einen alten Haflinger, das war sein Familienerbe. Als sie vor 20 Jahren häufiger bei der Mutter zu Besuch waren, stellte er ihn dort auf die Weide. Mein Mann hat irgendwann gesagt, ich soll es einmal versuchen, und dann hab ich es getan. Das war gut für mich. Du musst deine Angst beim Reiten ablegen. Man muss sich durchsetzen, sonst macht das Pferd mit dir, was es will. Ich habe da leiten gelernt. Ich fahre seitdem auch anders Auto. Vor großen Pferden würde ich mich fürchten. Die Isländer haben viel Bodennähe. Geben viel Vertrauen.

Führung besitzt eine wertvolle Rolle im Leben, es geht nämlich darum, wertschätzend zu führen. Das können nicht viele. Und auch nicht immer.

Als Lena und ich heimfahren, sprechen wir kaum etwas. Der Tag hallt in uns nach. Diese berührende Frau, der traumhafte Garten, der von Mutter und Tochter erzählt, von Sonne und auch von den Widersprüchen der nach dem Krieg geborenen und aufgewachsenen Frauen, die in mir ganz gewiss ein völlig anders Echo finden als in Lena, die dreißig Jahre später geboren wurde. Schweigend gleiten wir durch die Landschaft.

Dankbar. Ich bin dankbar. Und ich glaube, sie auch.

Ich finde immer,
am Schluss kann man
nicht mehr so kämpfen.
Da wird man weicher.
Ich selber
werde weicher.

MONIKA SALZER

Gloria Heilmann von Bergen

GESPRÄCH IM DEZEMBER 2020

HAMBURG,
1948 GEBOREN

»

WENN MAN ALT IST, DARF MAN VERRÜCKTE SACHEN MACHEN

«

Gloria, eine bekannte Wahrsagerin und Kartenlegerin in Hamburg, und ihr Mann Klaus sind in Hamburg in der Tango-Szene zu Hause. So erhalte ich den Kontakt, rufe an, frage. Sie sei offen dafür, werde oft interviewt.

Eine Woche später steige ich die Treppen in einem Gründerzeithaus dicht beim Hamburger Hauptbahnhof bis zum 4. Stock hoch. In der zweiten Etage stehe ein Stuhl zum Ausruhen, sagte sie am Telefon. Mich empfängt eine Frau wie ein Bonsai. Ein sehr besonderer Bonsai. Sie trägt ein schokobraunes Hängerkleid mit dunkleren großen samtartigen Punkten, am Saum ein Volant. Darunter schwarze Leggings mit Glitzerpünktchen und Socken, die an der Hacke mit Schleifen verziert sind. Im Wohnzimmer sitzt schon ihr Mann. Es gibt einen feinen Quarkkuchen mit Himbeeren.

Überall stehen Blumen, Lilien, Rosen. Es duftet betörend.

In dieser herrschaftlichen Jugendstilwohnung lebt das Paar seit ihrer Heirat vor dreißig Jahren. Seine dritte Ehe, ihre zweite. Gemeinsam haben sie fünf Kinder, sie zwei, er drei. Und die Menge der Enkelkinder liegt ungefähr bei zehn.

Es wirkt alles sehr harmonisch und zufrieden, doch dann erfahre ich, dass beide schon neue Hüftgelenke haben, und frage erstaunt, wie sie nach den Operationen die Treppen bewältigten. Man lernt ja in der

Reha schon, Treppen zu steigen, sagt sie. Und er fügt hinzu: »Mit Geduld.«

Geduld musste Gloria lernen im Laufe ihres Lebens.

1948 wurde sie geboren, in Hamburg in der Finkenau. Anfangs wohnten ihre Eltern in Eimsbüttel, dann zogen sie um auf die Uhlenhorst, wo ihre Großeltern, Eltern und sie drei Zimmer bewohnten.

Es war nach dem Krieg, da war das so. Es war eng, aber das war normal.

Ihre Schwester wurde sieben Jahre nach ihr geboren. Der Abstand war wohl zu groß, auf jeden Fall haben sie wenig Kontakt. Sie ist auch ganz anders als ich. Sie ist Fisch, ich bin Widder. Sie saß immer unter dem Tisch, ich saß oben drauf.

Mit zweieinviertel Jahren begann das erste Drama in Glorias Leben. Sie hatte eine beidseitige Hüftluxation. Da es beidseitig war, wurde es vom Kinderarzt durch die Pofalten nicht rechtzeitig festgestellt. Aber sie fiel immer hin, also wurde sie geröntgt und dann ins UKE eingeliefert. Zweimal wurde sie operiert, danach lag sie bis zur Brust eingegipst in einem Krankenzimmer mit vielen anderen Kindern.

Daher stammt

vielleicht meine Fähigkeit,

Dinge zu sehen,

die andere nicht sehen.

Ich habe damals meinen Körper verlassen. Ich wollte mich immer bewegen, habe den Gips zerkratzt, aber hatte keine Chance. Meine einzige Chance war, meinen Körper zu verlassen.

Sie beschreibt das Krankenzimmer und Begebenheiten im Krankenhaus auf eine Weise, wie Erinnerungen von Zweijährigen sonst nicht aussehen. Sie beschreibt auch die traumatische Erfahrung, wie eine Krankenschwester ihr, nachdem sie das Mittagessen erbrochen hatte, dieses gewaltsam wieder einflößte.

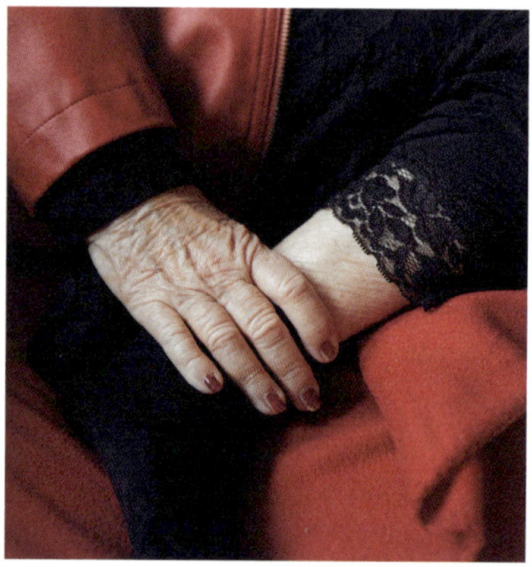

Immer wieder kam sie ins Krankenhaus. Die Zahl der Aufenthalte mag sie nicht zählen.

Diese Erfahrung ebenso wie ihre winzige Zartheit machten sie gleichwohl unter anderen Kindern zu keinem Opfer. Die größeren Jungs haben mich von der Schaukel geschubst. Da habe ich meine Fäuste in die Hüfte gestemmt und gesagt: Das machst du nicht mit mir. Und dann habe ich meinen Kopf in seinen Bauch gerammt und mein Knie hochgezogen. Das haben die nie wieder gemacht.

Sie lacht, und ich glaube ihr sofort. Diese kleine Frau weiß sich zu behaupten. Sie hat keinen Hauptschulabschluss gemacht. In der Schule hat sie sich gelangweilt und die Form der Wolken am Himmel studiert. Wenn die Lehrer Fragen stellten, war sie aus ihrer Forschung gerissen. Die Lehrer haben gestört.

Mit 16 war sie schwanger, mit 17 bekam sie ihren ersten Sohn.

Es gab damals eine Beratungsstelle für Verlobte und Eheleute. Dort mussten ihr Freund und sie getrennte Befragungen über sich ergehen lassen.

Ihre Eltern wollten sie nicht bei sich zu Hause mit dem Kind aufnehmen. Also wurde Gloria von einer Fürsorgerin ein Platz in einem Heim für uneheliche junge Mütter besorgt. Da waren Prostituierte, die übers Fenster verschwanden und ihre Kinder zurückließen.

»Diese kleine Frau weiß sich zu behaupten.«

Mit 17 war es dann so weit. Sie durften heiraten. Es dauerte nicht lange, und Gloria war wieder schwanger. Zwischendurch noch eine Fehlgeburt. Mit 18 wurde ihr nächster Sohn geboren. Danach noch eine Fehlgeburt. Sie folgte dem Rat der Ärzte, die meinten, eine neuerliche Schwangerschaft würde ihre Hüften zu sehr belasten, und ließ sich sterilisieren.

Ich sage, dass so viele der frechen mutigen Frauen, die ich interviewt habe, schlimme Sachen erlebt haben, das seien keinesfalls glatte reibungslose Biografien. Sie lächelt: Durch Druck entstehen Diamanten.

Gloria beschreibt ihr Mutterleben. Wenn ich später als Mutter bei einer Klassenfahrt mitgefahren bin, hat die Lehrerin gesagt: Du kannst auf Kinderfahrschein mitfahren. Ich glaube, meine Jungs haben sich eine andere Mutter gewünscht, eine normalere. Groß, mit dickem Busen. Älter. Eine richtige Mutter, ich war wie eine Schwester.

Sie war auch keine Mutter, die zu Hause bei den Kindern blieb. Das war nicht möglich, dafür reichte das Geld nicht. Also arbeitete sie. Unmittelbar nachdem sie das Heim verlassen durfte, arbeitete sie in einer Reinigung, wo sie die Kleidung zusammenlegte. Mein Kind habe ich in den Gasen gestillt. Anschließend sortierte sie in einer Krankenkasse die Akten, dann wechselte sie zur Commerzbank. Dort wurde sie entlassen, weil ihre Kinder Keuchhusten hatten und sie deshalb krankgeschrieben war, aber mit den Kindern in eine Kinderveranstaltung gegangen ist, wo sie gesehen wurde.

Schließlich arbeitete sie im Ordnungsamt in Rahlstedt. Sie war und ist kein Mensch, der sich an starre Regeln hält. Also warf sie die Akte einer Frau fort, die Probleme bekommen hatte, weil ihre beiden Hunde entgegen dem Wunsch der Eigentümerin mit ihr in der Wohnung wohnten. Als ihr Fehlverhalten aufflog und ihr Vorgesetzter sie entlassen musste, meinte er, sie solle lieber etwas mit Menschen machen als mit Akten. Er schlug ihr vor, Theater zu spielen.

»Sie hatte Spaß daran, ins Mikro zu sprechen und dann auch auf der Bühne zu stehen.«

Theaterspielen war ihr nicht fremd. Im Grunde hatte sie bereits ein kleine Karriere als Schauspielerin hinter sich. Und zwar arbeitete ihr Vater als Postbote auf St. Pauli und kannte viele Schauspieler. Der damals sehr bekannte Hamburger Schauspieler Friedrich Schütter suchte ein Kind für den Kinderfunk. Also schickte Glorias Vater seine Tochter zum Vorsprechen, und sie wurde sofort genommen. Sie hatte Spaß daran, ins Mikro zu sprechen und dann auch auf der Bühne zu stehen. Lange Zeit spielte sie in der Jugendgruppe des Ernst Deutsch Theaters, sang im Erich-Bender-Chor, dem Kinderchor des NDR, sprach im Kinderfunk und im Schulfunk.

An diese Kinderlaufbahn als Schauspielerin erinnerte Gloria sich, als der Leiter des Ordnungsamtes ihr vorschlug, zum Theater zu gehen. Daran anzuknüpfen, hielt sie für ausgeschlossen. Sie hatte zwei Kinder, musste Geld verdienen. Träume von einem Künstlerleben erschienen da geradezu absurd. Allerdings hatte dieser Beamte Glorias Hang zur kreativen Selbstdarstellung sehr richtig erkannt.

Und noch jemand sah das. Genau zu diesem Zeitpunkt wird Gloria im Bus von einer Frau angesprochen: »Ich suche eine Propagandistin, die auch andere Propagandisten ausbildet. Ihnen traue ich das zu.« Kurz darauf arbeitete Gloria als Propagandistin. Weihnachten, als Weihnachtsengel verkleidet, verkaufte sie Christstollen, Ostern trat sie als Osterhase auf. Immer bewegte sie sich in der Öffentlichkeit. Auf Messen oder in Kaufhäusern oder auf der Straße.

1983 wandelte sich ihr Leben noch einmal radikal. Da war sie 35 Jahre alt. Ihre Söhne waren 17 und 18 Jahre alt. Nun verließ sie ihren Mann, beendete das Familienleben.

Mein Mann hat mich besitzen wollen wie einen Schrank.

Wenn wir ein Klassentreffen hatten, wir waren eine reine Mädchenklasse, dann brachte er mich hin, blieb in einer Kneipe und holte mich danach wieder ab. Er war entsetzlich eifersüchtig, wollte mich immer kontrollieren. Und er war jähzornig. Anfangs habe ich das für Liebe gehalten. Sie schaut auf ihren jetzigen Mann und sagt: Erst dachte ich, er liebt mich nicht. Weil er mir so viele Freiheiten gelassen hat.

Sie trennte sich von ihrem Mann, und ein neues Leben begann.

Zuerst einmal musste sie die Tätigkeit als Propagandistin beenden. Das viele Stehen, das schwere Tragen hatte ihren Körper über die Maßen belastet. Die Schmerzen nahmen überhand, und sie bekam eine neue Hüfte.

Nach der Reha brauchte sie eine neue Arbeit. Bei der Berufsberatung vom Arbeitsamt behauptete sie, Mittlere Reife zu haben, so kam sie zu einer Ausbildung als Altentherapeutin. Dem schlossen sich im Laufe der Zeit andere Ausbildungen an: in Gestalttherapie, in Suchttherapie, in systemischer Therapie.

Sie arbeitete in Beratungsstellen und einige Jahre in der Altentherapie in Ochsenzoll. Als sie 48 Jahre alt war, musste eine zweite Hüfte her, und danach wurde sie frühverrentet.

In jenem Jahr 1983 geschah noch etwas Wegweisendes: Eine Freundin besuchte sie und brachte zufällig Karten mit. »Leg mir die mal!«, sagte sie. Gloria tat es. Zum Spaß. Die Freundin war begeistert. Das stimmt ja alles. Das solltest du für Geld tun. Menschenkenntnis hast du ja auch.

Gloria vergaß es. Doch wenig später wurde sie auf einem Fest von Freunden wieder aufgefordert, die Karten zu legen. Und alle waren beeindruckt.

Zufall? Wie viel Zufall im Leben ist noch Zufall?

Sie erinnerte sich an ihre Großmutter, die Warzen und Gürtelrose besprochen hatte und ihr mit ihrem 18. Lebensjahr diese Fähigkeit übertragen hatte. Gloria hatte es als Alte-Frauen-Ding abgetan und sich seither nicht mehr darum gekümmert. Nun aber erinnerte sie sich.

Ich frage sie nach ihrer Mädchenerziehung in den fünfziger Jahren. Sie lacht: Na ja, mein Vater ist immer mit Badehose mit mir in die Badewanne gegangen, und die Schlüssellöcher hat er mit Klopapier verstopft.

Ihr Vater war kein autoritärer Nachkriegsvater. Er trug immer ein Staubtuch in der Tasche …

Später, während ihrer therapeutischen Ausbildungen, hat sie eine Systemaufstellung gemacht. Dabei wurde deutlich, dass die frühere Verlobte ihres Vaters für Gloria eine wichtige Bedeutung gehabt hatte. Unbewusst, so meint sie, habe sie versucht, dem Bild dieser Frau zu entsprechen, die ihr Vater so sehr geliebt hatte. Also wendete sie sich vom Bild ab, das die Mutter ihr zeigte: eine fleißige Frau, die Schuhe wie Boote trug, sich nicht schminkte und nichts von Mode hielt. Gloria hingegen liebte Schminken und schöne Kleidung.

Da der Vater als jüngstes von fünf Geschwistern, von denen einige in die USA gegangen waren, nach dem Krieg von seinen Geschwistern mit allem versorgt wurde, war Gloria das bestangezogene Mädchen der Straße. In den Paketen aus USA waren neben Lebensmitteln auch schicke Mädchenkleider und Puppen.

In der Zeit zwischen 35 und 40, zwischen der ersten Ehe und der zweiten, holte Gloria ihre Jugend nach. Die Söhne waren erwachsen, Gloria hatte sturmfreie Bude. Besonders gern ging sie ins Café Keese.

Die Männer fragten immer das Gleiche. Was machst du beruflich? Ich habe dann gesagt: Ich verkaufe Hundeschuhe oder:

> »Gloria hat ein ausgesprochen komödiantisches Talent.«

Ich wasche Mönche. Wenn die dann lachten, hab ich weitergetanzt, wenn die pikiert waren, hab ich gesagt, mir tun die Füße weh, ich muss mich mal hinsetzen.
Gloria hat ein ausgesprochen komödiantisches Talent. Das setzte sie auch im Café Keese ein. Ich hatte dann immer so einen roten Spitzenslip in einer Rocktasche vergraben, und wenn ich die Tanzfläche verließ und Pause war, ließ ich den Slip fallen. Die Tanzfläche war ja etwas erhöht, das konnten dann alle sehen. Und als dann nur noch die Tanzfläche mit Slip zu sehen war, klatschten alle, und der Kellner kam mit weißen Handschuhen und einem Tablett und trug den Slip fort.

Ihren jetzigen Mann Klaus lernte sie auf einer Hochzeit kennen. Seine ehemalige Schülerin war ihre ehemalige Babysitterin. Sie saßen nebeneinander, und als er sie zum Tanzen aufforderte und sie sich hinstellte, sagte er: »Sie sind aber klein«, und sie antwortete: »Und Sie können gut gucken.«

Er hatte zusätzlich zu seiner Lehrerausbildung Gestaltpädagogik gelernt, und sie hatte die Ausbildung in Gestalttherapie hinter sich. Also machten die beiden sich einen Spaß daraus, die Hochzeitsgäste zu analysieren, bis ihnen auch das langweilig wurde und sie die Hochzeit verließen. Sie spazierten von der Alster zum Großneumarkt, ein langer Weg, so lange bin ich noch nie gelaufen. Dort gingen sie in eine Bar, und danach tauschten sie Telefonnummern aus.

Sechs Jahre später haben sie geheiratet. Da war sie 46 und er 52.

In der Zwischenzeit hatten sie begonnen, miteinander Tango zu tanzen.

> *Ich dachte, dass uns das noch eine andere Nähe geben könnte, und Klaus hat gleich mitgemacht. Unser Hochzeitstanz war auch ein Tango.*

Ich kann mir Gloria mit ihrer theatralischen Begabung sehr gut beim Tango vorstellen.

Auf meine Frage nach den Wechseljahren winkt Gloria ab. Das war kein Problem. Wenn ich nachts geschwitzt habe, hab ich mich auf unsere Ledercouch gelegt, und dann war das vorbei. Immer nachts. Ich hab gedacht, ich könnte doch mal tagsüber schwitzen, weil ich so leicht friere. Aber nichts da. Nein, keine Stimmungsschwankungen und so weiter. Ich glaube, dass Frauen, die sehr unter den Wechseljahren leiden, ungelebte Aggressionen haben.

Gloria hatte während jener Zeit ein

faustgroßes Myom, das blutete und Schmerzen bereitete. Ich habe mich dann täglich hingelegt und eine Phantasiereise gemacht, dass das Myom immer kleiner wird. Bei der nächsten Untersuchung bei der Frauenärztin war es weg. Die war ganz baff.

Gestalttherapie, Psychotherapie und Theatralik, so scheint es mir, spielen eine wesentlich wichtigere Rolle für Gloria als die Eingebungen von oben.

Ich bin überhaupt nicht mystisch. Ich bin sehr gut geerdet.

Aber ich langweile mich schnell. Das heißt, ich langweile mich nicht, weil ich mir vorher immer etwas einfallen lasse.

Sogar eheliche Streitigkeiten bewältigen sie auf gestalttherapeutische Weise. Klaus zeigt zwei große Stoffpuppen, in die man die Hand stecken kann und sie so sprechen lassen kann. Wenn wir Krach haben, lassen wir die Puppen sprechen, was die so dazu sagen ... das ist sehr hilfreich.

Mit 48 Jahren ist Gloria in Frührente gegangen. Danach hat sie nur noch als Künstlerin gearbeitet. Ich frage, wie sie vermieden hat, sich zu langweilen.

Wir sind viel gereist. Klaus ist als Busreiseleiter durch ganz Europa gefahren, da habe ich ihn begleitet. Außerdem haben wir viele Reisen auf Kreuzfahrtschiffen gemacht. Die haben mich engagiert als Wahrsagerin.

Überhaupt war ich sehr beschäftigt. Der Künstlerdienst vom Arbeitsamt hat mich als Wahrsagerin vermittelt. Ich war auf Weihnachtsfeiern, Betriebsfesten, in Einkaufszentren. Das Schauspielhaus hat Silvester ein Zelt für mich errichtet, damit ich fürs nächste Jahr wahrsagen sollte.

Seit 1998 hat sie eine Website. Seitdem braucht sie keine Werbung mehr zu machen. Ohnehin wird für sie breit geworben. Selbst im Fernsehen wurde mehrfach über sie berichtet.

Sie arbeitet zwar mit den Lenormand-Karten, aber sie schaut ins Innere des Menschen. Es gibt Bücher, die die Bedeutung der einzelnen Karte interpretieren, darüber ist sie lange hinaus. Welche Bedeutung die einzelne Karte für diesen speziellen Menschen hat, interpretiert sie aufgrund ihrer Menschenkenntnis, ihrem psychologischen Wissen, ihrer Intuition und Einfällen, die plötzlich da sind und die sie nicht erklären kann.

Sie hat viele Geschichten parat von diesen seltsamen Einfällen, die sich nachträglich als richtig erwiesen haben. So erzählt sie von einem Mann aus Afghanistan, der verzweifelt zu ihr kam, weil er dabei war, obdachlos zu werden, kein Geld hatte und nicht wusste, wie er überleben sollte. Sie sagte zu ihm: Da ist eine Wohnung von einer älteren Dame, die ist sogar noch billiger als ihre jetzige Wohnung, und sie werden eine Reise mit einem Flugzeug machen. Er war wütend, weil ihm das Ganze völlig absurd erschien. Er warf ihr das Geld hin und verschwand.

Als Gloria nach einem Urlaub nach Hause kam, stand eine Vase mit Blumen vor der Tür. Ihr Mann meinte: »Hast du einen heimlichen Verehrer?« Nach einiger Zeit standen dort wieder Blumen. Bis der Afghane sich bei ihr meldete und erzählte: Eine Nachbarin von ihm sei ins Altersheim gekommen und habe ihm ihre Wohnung überlassen, und bald darauf sei er gebeten worden, auf einer Konferenz in Afghanistan als Dolmetscher zu arbeiten.

Gloria weiß nicht, woher diese Einfälle kommen. Das ploppt dann so auf.

Sie berichtet von einem anderen Fall, einer Frau, die zu ihr kam, der sie riet, Gütertrennung zu machen. Der Mann hätte eine Krankheit. Und er könne schlecht mit Geld umgehen. Auch diese Frau kam später, um sich zu bedanken. Ihr Mann war an einem Hirnaneurysma gestorben. Er hatte eine hoch verschuldete Firma hinterlassen. Zum Glück war sie Glorias Rat gefolgt und hatte noch vor dem Tod des Mannes notariell Gütertrennung beglaubigen lassen.

Ich frage Gloria, ob ihre Macht über andere Menschen ihr nicht manchmal unheimlich sei. Nein. Ich vergesse das dann hinterher wieder. Das ist dann weg. Ich bin gut geerdet.

Sie erzählt, dass sie während ihrer Arbeit als Altentherapeutin für Demenzkranke und deren Angehörige dünner war und oft übersehen worden ist. Dann habe ich zugenommen, und dann haben die Leute mich gesehen.

Ich frage, wie sie mit dem Altern umgeht, ob sie Angst vor dem Tod habe.

Ich war schon immer alt! Sie lacht. Als Kind durfte ich nicht laufen, und als ich schwanger war und meine Füße nicht sehen konnte, dachte ich, so fühlt man sich, wenn man uralt ist.

Jung durfte sie erst ab 35 sein, als sie die Nächte durchtanzte, und dann ab 40, als sie mit ihrem Mann die Welt bereiste und Tango tanzte.

Wenn man alt ist, darf man sagen, was man will. Man darf verrückte Sachen machen, hat viel mehr Freiheit. Ich bin mutiger geworden.

Sie erzählt von einer Nahtoderfahrung, die sie als Kind erlebt hat.

Ich konnte nicht schwimmen, und da hat mich im Schwimmbad einer ins tiefe

Becken geschubst. Ich bin immer tiefer gesunken, und dann habe ich gedacht, jetzt stirbst du also. Aber das war nicht schlimm. Ich habe mein Leben vor mir ablaufen gesehen, wie auf einer Filmrolle, ich habe die Löcher an der Seite gesehen und habe genau hingeguckt. Dann war da dieser Tunnel, von dem alle sprechen, es war hell, aber dann wurde ich aus dem Wasser gezogen und reanimiert. Mein Körper fühlte sich danach so schwer an. Im Sterben war er ganz leicht. Danach hatte ich keine Angst mehr vorm Sterben.

Sie glaubt an Reinkarnation. Ein Leben ist zu kurz für all die Erfahrungen, die wir machen.

Einige Wochen nach dieser Begegnung erkrankt eine Freundin von mir an einer Gür-

telrose. Ich erzähle ihr von Gloria, und sie wendet sich hilfesuchend an sie. Dreimal geht sie zu ihr, dann ist die Gürtelrose weg.

Wer heilt, hat recht!

Halima Krausen

HAMBURG,
1949 GEBOREN

GESPRÄCH IM SEPTEMBER 2022

ALT? BIN ICH ETWA ALT?

Halima Krausen, bis vor kurzem sagte mir dieser Name nichts. Dann empfahl mir ein befreundeter Journalist, der einmal ein Interview mit ihr gemacht hatte, mich über sie zu informieren. Die erste weibliche Imamin in Deutschland. Seit 1995 hat sie in der Moschee an der Außenalster gearbeitet. Eine Deutsche, die zum Islam konvertiert ist. Wenn das nicht spannend ist!

Sie ist 73 Jahre alt, und seit 2014 hat sie ihr Leben wieder einmal verändert, arbeitet nicht mehr als Imamin, sondern als wissenschaftliche Mitarbeiterin an der Fakultät für Erziehungswissenschaft der Hamburger Universität und der Akademie der Weltreligionen.

Wir treffen uns in Finkenwerder in ihrer Wohnung. Ich komme zu spät, und es ist mir peinlich, doch zur Begrüßung höre ich zum ersten Mal ihr herrliches freies Lachen. Da ist kein Raum mehr für Peinlichkeit.

Halima wurde 1949 in Aachen geboren. Die Eltern ihrer Mutter lebten zwischen Leipzig und Dresden. Ihre Eltern waren evangelisch und katholisch. Der Vater musste konvertieren, um die Mutter heiraten zu können.

Zwischen diesen beiden Stühlen wuchs Halima auf. Ich habe mehr gefühlt als gedacht: Was soll das? Sind doch beide nette Menschen. Sind anständig und ehrlich, gehen in die Kirche. Da ist doch irgendwas

»Sie macht schnell deutlich, dass sie in der Lage ist, sich zu wehren.«

verkehrt. Da war ich noch sehr klein. Zwischen drei und vier. Und dann kam noch diese Nachkriegsgeschichte dazu, dass es so viele Tabuthemen gab. Wo die Erwachsenen nur geflüstert haben.

In diesem frühen Alter begann sie, lesen und schreiben zu lernen. Auch wenn sie nicht alles verstand, was sie las, versuchte sie, die wichtigen Dinge zu Gott und der Welt zu begreifen.

Der Vater ihrer Mutter war Pastor. Seine umfangreiche theologische Bibliothek lockte Halima. Bei Schulanfang war sie bereits ziemlich vertraut mit biblischen Geschichten. Damals gab es den Begriff »Hochbegabung« noch nicht.

Zur Zeit der Einschulung lebte ihre Familie im Ruhrgebiet. Die Lehrerin beauftragte sie nach anfänglichem Schock über das lese- und schreibgewandte Kind, die Mitschüler zu kontrollieren, ob sie alles richtig machten. So wurde sie isoliert von den anderen Kindern. Ihre Freunde blieben die Bücher.

Als sie nach einiger Zeit wieder in die Gegend von Aachen zogen, verstärkte sich die Außenseiterrolle noch, weil ihre Mutter nicht wollte, dass ihre Kinder den rheinischen Dialekt sprachen. Der war ihr nicht fein genug. Und den Klassenkameraden war Hochdeutsch zu fein.

Als Halima aufs Gymnasium kam, war sie zwar integrierter, aber Freundschaften zu pflegen war schwierig, weil alle weit auseinander wohnten.

Ich frage, wie ihre Eltern mit ihrer klugen Tochter umgegangen sind.

Mein Vater hat das gefördert, der hat mir Naturwissenschaften und Mathematik beigebracht.

Der war Ingenieur.

Die Mutter hatte die kontrollierende und versorgende Rolle in der Familie inne. Sie förderte nicht Halimas Intelligenz, sondern versuchte, sie im Haushalt einzuspannen.

Halima hat zwei Brüder. Johannes war vier Jahre jünger als sie, der nächste noch mal drei Jahre jünger. Den Jüngeren habe ich ziemlich betüddelt, der hatte Lese-Rechtschreibschwäche. Das war damals in der Schule noch nicht anerkannt. Da war man doof. Da habe ich gesagt, du bist nicht doof. Wir üben das.

Halima hat zuweilen einen ruppigen Ton, der zarte Gemüter, denke ich mir, einschüchtern kann. Sie macht schnell deutlich, dass sie in der Lage ist, sich zu wehren. Heute verbal. In ihrer Kindheit tat sie dies auch körperlich. Als ich zehn war, hatte ich einen Arm gebrochen, da war ich wochenlang im Krankenhaus. Ich hatte einen Knatsch mit zwei Jungen aus meiner Klasse, das waren die Oberrabauken. Eigentlich hatten sie es auf meinen Bruder abgesehen, weil der ja Hochdeutsch sprach. Da habe ich meinen Bruder verteidigt. An dem Tag haben die mir Schnee in den Nacken gesteckt und sind weggerannt. Am Bahndamm wollte ich denen hinterher, bin dann abgerutscht, und zack, sah der Arm komisch aus.

Ihr mittlerer Bruder ist bereits gestorben. Zu ihrem jüngsten Bruder hat sie engen Kontakt. Auch er ist Moslem geworden. Er ist Fotograf, fotografiert Moscheen und muslimisches Leben in Europa. Auf Halimas Couchtisch liegt ein opulenter Bildband mit seinen Fotos.

Ich erkundige mich nach ihrem Übertritt zum Islam.

Konvertieren ist die Außenperspektive.

Innenperspektive heißt, dass das, was ich glaube, sich allmählich herauskristallisiert hat zwischen evangelisch und katholisch und »da stimmt doch etwas nicht«.

Und dann bekam ich heraus, was mit den Juden im Dritten Reich passiert ist. Da habe ich mir zwischendrin meine eigene Theologie zurechtgebastelt. Habe über andere Religionen gelesen, über Missionare, über Hinduismus und Buddhismus und alles Mögliche. Meine theologische Grundvorstellung wurde damals und ist bis heute: Wenn denn Gott gerecht ist und barmherzig, dann muss es doch möglich sein, verschiedene Beziehungen zu Gott zu haben, so wie Kinder verschiedene Beziehungen zu ihren Eltern haben. So kommen die verschiedenen Religionen zustande. An all diesen Sachen ist etwas dran. Und man selbst geht seinen eigenen Weg. Ich war auch nie gegen irgendwas. Manche Sachen sind nicht für mich, dass es mehrere Götter geben könnte zum Beispiel. Dass es verschiedene Vorstellungen von Gott gibt, das ist ein anderes Thema, dass man sie unterschiedlich personifizieren kann. Aspekte von dem Einen.

Mit acht wollte sie wissen, was in der Bibel steht, und las sie durch von der Schöpfung der Welt bis zur Johannesoffenbarung. Dann schrieb sie aus den verschiedenen Quellen der unterschiedlichen Religionen alles Mögliche heraus, was sie für weise hielt, und stellte dabei fest, dass die weisesten Sprüche oft aus der islamischen Tradition, auch der Sufitradition, stammten. Zudem verfügte ihr Vater über eine umfangreiche Goethe-Ausgabe. Im *West-östlichen Divan* las sie, dass Islam und Gottergebenheit eins seien. Und andere wunderbare Erkenntnisse über den Islam. Über den einen Gott und die Propheten, das entsprach ihrer Vorstellung.

Außerhalb der Lektüre erfuhr sie nichts über den Islam. Ich dachte, wenn ich denn

Moslem bin, sollte ich irgendwann den Koran auf Arabisch lesen können. Und dann ergab es sich, dass einer der arabischen Studenten ein Praktikum machte in der Firma, wo mein Vater arbeitete, und den habe ich gebeten, mir das Alphabet aufzuschreiben. Das habe ich auswendig gelernt und angefangen, Deutsch mit arabischen Buchstaben zu schreiben. Das geht eigentlich nicht. In der Schule habe ich das eine Zeitlang als Geheimschrift benutzt. So habe ich angefangen, mir das zu erarbeiten. Da war ich so dreizehn, vierzehn.

Vor den Eltern hielt sie ihre theologische Entwicklung geheim. Sie wusste, dass ihre Mutter kein Verständnis für so etwas hätte. So war sie wieder ganz allein in ihrer inneren Welt. Nur eine Schulkameradin und ein Kunstlehrer wussten davon. Mit dem Kunstlehrer teilte sie den drei Kilometer langen Schulweg. Auch wenn er nicht alles verstand, so hörte er doch interessiert zu. Unter der Einsamkeit litt sie nicht, da ihre innere Welt sehr belebt war. Als ihre Mutter jedoch durch das Lesen ihres Tagebuchs herausfand, womit sich ihre Tochter beschäftigte, brach der schwelende Konflikt auf.

Das war dann barfuß durch die Hölle und zurück. In der Folge bin ich von der Schule abgegangen und habe gesagt, unter den Umständen kann ich nicht zu Hause wohnen. Ich wusste, wenn ich etwas lernen will, dann lerne ich das auch ohne Schulangebot, dann kann ich mir lieber einen Job suchen und mich selbständig machen und dann eben fürs externe Abitur lernen. (Was sie später auch tat.)

Der Religionslehrer hatte den Auftrag meiner Mutter, mich zurück zu bekehren.

Wir haben wahnsinnig spannende Diskussionen gehabt. Das war ein junger Mann, direkt von der Schule zur Uni, und der hat sehr moderne historisch-kritische Methoden angewendet. Der hat alles, was ihm in die Finger gekommen ist, entmythologisiert. All diese Fragen: Wie hat Jesus wirklich gelebt?

Zu diesem Zeitpunkt galt für Halima der Islam bereits als meine eigene Religion. Das hinderte sie indes nicht, sich brennend für die Religionen anderer zu interessieren. Buddhisten, Hinduisten, Juden, das wurde so etwas wie ihr Forschungsprojekt. Sich an Juden zu wenden, fiel ihr schwer. Zaghaft rief sie bei der Synagoge in Aachen an und erhielt einen Termin. Der Gemeindesekretär zeigte ihr die Synagoge und erklärte ihr alles.

Ich frage, warum es ihr mit den Juden so schwer fiel, und sie entgegnet mir in gereiztem Ton: Hallo! Deutsche Geschichte!?

Im Alter von neun Jahren fand sie den Schlüssel des Schranks, in dem die »verbotenen« Bücher ihres Vaters lagerten. Da waren viele Bücher über den Zweiten Weltkrieg und über KZs. Da habe ich Schlafstörungen bekommen. Alles in schwarz-weiß von den Lagern. Das hat sich lange hingezogen, dass diese Sachen mir in schwarz-weiß im Gedächtnis waren. Das hat erst sehr viel später durch jüdische Freunde, auch Überlebende, Farbe angenommen. Da ist eine Gesprächsmöglichkeit entstanden.

In ihrer Familie hatte niemand mit den Nazis sympathisiert. Das Schweigen war indes kultiviert worden. Der Vater ihrer Mutter gehörte der Bekennenden Kirche an. Der war auch einige Male zum Verhör abgeholt worden. Für meine Mutter war das alles ein Tabuthema. Frag nicht so viel! Dass mein Großvater bei der Bekennenden Kirche war, habe ich erst allmählich durch Ohren-Aufstellen rausgekriegt. Da war ich erleichtert. Der Vater meines Vaters hat sich hochgearbeitet zu einem Beamten beim Versorgungsamt, und der wusste, dass er den Mund halten und keine Stellung beziehen sollte. Mein Vater musste natürlich zur HJ, das machten ja alle, dann war er Soldat und hat tatsächlich geglaubt, dass er sein Vaterland verteidigt.

Nach dem Zusammenbruch hat er den Rest seines Lebens damit verbracht, seinen Irrtum zu verarbeiten.

Deshalb diese Büchersammlung.

Für Halima war die deutsche Sprache schon von frühem Alter an mit Klappe halten verbunden, sodass es ihr nicht möglich war, in dieser Sprache ihre Gefühle zu äußern. Erst viel später, mit Hilfe der vielen fremden Sprachen, lernte sie, ihre Gefühle nicht nur auszudrücken, sondern auch einen Zugang zu ihnen zu finden. Der erste Durchbruch mit Deutsch kam, nachdem meine Mutter gestorben war. Vor zehn Jahren. Es ist auch jetzt nicht die Sprache, in der ich formulieren würde, was mir wirklich wichtig ist. Meine Tagebucheintragungen sind englisch.

Englisch hatte sie in der Schule gelernt. Nachdem sie wusste, dass sie Muslima ist, fand sie nur auf Englisch authentische Informationen über den Islam, zum Beispiel eine kommentierte Koranübersetzung oder Überlieferungen vom Propheten Mohammed.

Halima war fasziniert von anderen Ländern, anderen Sprachen, neuen Erfahrungen. Schon bevor sie von zu Hause ausgezogen war, begann sie zu reisen: Holland, Belgien, Frankreich, England.

»Unterwegs auf ihren Reisen lernte sie später Hebräisch, Schwedisch, Dänisch, Französisch, Niederländisch, Türkisch und Urdu.«

Ich sollte einmal zur Strafe in den großen Ferien allein zu Hause bleiben. Da hat meine Mutter mir Geld zum Essen gegeben, ich habe das Geld in die Tasche gesteckt und ein paar Klamotten und meinen Jugendherbergsausweis und bin losgezogen. Per Anhalter. Da war ich fünfzehn. Wenn ich eine Tochter hätte und die würde solche Sachen machen, ich würde keine einzige Nacht schlafen. Für meine Mutter muss das fürchterlich gewesen sein. Vor allem hatte ich dann noch ausgepeilt, wo sie mit meinem jüngsten Bruder die Ferien verbracht hat, und bin dort aufgetaucht.

Sie lacht laut und sehr fröhlich, als würde ihr das heute noch diebische Freude bereiten.

Mit 18 ging sie also von der Schule ab. Da man erst mit 21 volljährig wurde, musste eine Erziehungsberaterin zwischen den Eltern und Halima vermitteln. Der Kompromiss lautete: Die Eltern lassen sie ausziehen, und Halima geht vorher noch ein Jahr auf die Höhere Handelsschule. Auf der Handelsschule lernte sie Russisch. Unterwegs auf ihren Reisen lernte sie später Hebräisch, Schwedisch, Dänisch, Französisch, Niederländisch, Türkisch und Urdu.

Ich bin immer von Sprachen fasziniert. Wenn du eine andere Sprache wirklich begreifst, bekommst du andere Denkanstöße, eine andere Perspektive. Dann kann man richtig kreativ werden. Dasselbe in verschiedenen Sprachen durchspielen.

Als ich 1987 mit einer interreligiösen Gruppe in Pakistan war, hat mir das geholfen, die Brücke zwischen den verschiedenen Teilen von mir zu entdecken.

Teilnehmer aus Deutschland kannten mich von hier, und da habe ich erst gemerkt, wie ich mit den Leuten dort im Dorf war und wie anders mit den Deutschen. Auch wie die von mir etwas anderes erwarteten an Verhalten. Ich verstehe ja Urdu. Und wenn in der Moschee jemand eine ganz temperamentvolle Rede hält ohne Mikrofon, dann geht es zwangsläufig so: (Sie zeigt mit Armen und Beinen temperamentvolles Sprechen.) Die Deutschen haben einen Schrecken gekriegt und haben hinterher zu mir gesagt, das war ja ganz fürchterlich, hattest du nicht auch Angst? Und ich war so begeistert von der Ansprache.

Nach der Höheren Handelsschule suchte sich Halima Zeitarbeitsjobs. Jedes Mal musste sie sich in etwas Neues einarbeiten. Bei einem Germanistikprofessor ging es um Semantik, im Krankenhaus ging es um Laborberichte. Dann ging sie für ein Jahr nach Berlin und arbeitete für einen muslimischen Verein, der von einem türkischen Gelehrten die Werke ins Deutsche übersetzte. So lernte sie Türkisch.

1968 war sie in Berlin. Den studentischen Protest empfand sie zum Teil als berechtigt, als jedoch Gewalt ins Spiel kam, war für sie eine Grenze erreicht. Nach dem damaligen Brandanschlag auf die al-Aqsa-Moschee entschieden die Moslems aus dem internationalen Studentenverein, in dem Halima arbeitete, dass sie eine Demonstration machen müssten. Also ein Gebet vor der Gedächtniskirche, und dann sollte ein Rabbiner und ein Pastor und ein muslimischer Vertreter eine Rede halten. Rabbiner und Pastor haben zugesagt, und ein muslimischer junger Student aus dem Sudan. Zwei Tage vorher sagt der Rabbiner ab, Sicherheitsgründe. Kurz drauf sagt der Pastor ab, und dann sagte der muslimische Vertreter ab. Da waren aber alle Vorbereitungen gelaufen. Wer kann denn jetzt auf Deutsch eine Rede halten? Halima?

Und das eine Stunde vor der Veranstaltung. Ich hatte nicht mal Zeit, einen Panikanfall zu kriegen.

Das war meine erste öffentliche Rede. So viel zu 68.

Bei ihrem Auszug von zu Hause ging sie in Aachen in einen muslimischen Verein und lernte so Moslems kennen, vor allem Männer. Frauen studierten selten auf der Technischen Hochschule in Aachen. Wir haben unglaublich diskutiert, wie das Studenten so machen. Die waren aus allen möglichen Ländern. Islam ist ja kein monolithischer Block, ist ziemlich weit verzweigt, jeder hatte seine eigene Tradition mitgebracht, und immer, wenn irgendwas war, gab es eine Riesendiskussion, was man jetzt als Moslem machen soll, was jetzt richtig ist.

Das waren nächtelange Debatten, und oft stand ich im Mittelpunkt.

Ob denn die Frau im Islam so etwas kann, darf, muss … Das fand ich weniger schön, aber ich möchte keine fünf Minuten von der Zeit missen. Wir waren wie eine Horde Geschwister, ohne Eltern zu Hause. Mit vielen bin ich bis heute in Kontakt.

Dort lernte sie auch ihren späteren Mann kennen. Er kam aus Pakistan. Das war nicht knallgroße Liebe, sondern das waren jahrelange Diskussionen. Ich hab ihn gleich kennengelernt, als er zum Studieren nach Deutschland kam. Wer praktizierender Moslem war, der ging als Erstes in die Moschee. Da gab es auch eine

> »Die Tätigkeit einer Imamin erklärt Halima mit Patchwork aus Sozialarbeit, hochtheologischen Abhandlungen und Gefängnisseelsorge.«

Küche, da konnte man sich mal was zu essen machen.

Die Verbindung zwischen Halima und ihrem Mann war stark religiös-intellektuell geprägt, außerdem war er ebenso neugierig auf das Erkunden der Welt wie sie. So unternahmen sie viele Reisen miteinander und diskutierten nächtelang. Lachend sagt sie: Vielleicht liegt es daran, dass wir keine Kinder haben.

Geheiratet hat sie mit 27, sieben Jahre nach ihrem Kennenlernen. Kann ich nur empfehlen, das ist, glaube ich, besser, als wenn man sich rosarot verliebt in etwas stürzt.

Durch ihren Mann lernte Halima Rassismus hautnah kennen. Selbst bei Studentenjobs wurde er benachteiligt.

Als pakistanischer Staatsangehöriger benötigte er ein Visum für jede Überschreitung der deutschen Grenze. Nach einem Auslandspraktikum in Norwegen kehrte er begeistert zurück. Als sie erfuhren, dass man in Schweden im Sommer als Student ohne Arbeitserlaubnis einen Ferienjob ausüben durfte, nahmen sie das wahr. Dann haben wir überlegt: Wenn man einen verbindlichen Jobnachweis hatte, konnte man in Schweden auch einwandern. In dem Moment, als wir das machen wollten, wurde es geändert. Da haben wir gesagt, dann heiraten wir und ziehen nach Dänemark. Das war EU, da konnte man hin. Ich suche mir einen Job, ein Dach über dem Kopf, arbeite drei Monate und importiere dann meinen Mann. Und nie wieder Deutschland.

Fünf Jahre lang lebten sie gemeinsam in Dänemark und unternahmen währenddessen längere Reisen, die Halima für Studienzwecke benutzte: Ägypten, Sudan, Pakistan, Iran, Türkei ...Sie wollte Islamische Theologie studieren.

Ich habe mich ja für Theologie interessiert, und so habe ich auch meine Gasthörerei in verschiedenen Ländern wahrgenommen und meine Besuche in islamischen Zentren in Europa und in verschiedenen Bibliotheken und meine Studien bei Gelehrten, die als Gastreferenten nach Deutschland kamen.

In Kopenhagen traf sie den Gelehrten Mehdi Razvi, den sie bereits aus Hamburg kannte. Er schlug ihr vor, ihre Studien zu systematisieren, indem sie in Hamburg an der Uni Islamwissenschaften studierte. Dann habe ich mit meinem Mann gesprochen. Drei oder vier Jahre bis zum Magister, vielleicht promovieren, lässt sich überleben. Da war ich 30. Ich war 31, als ich nach Hamburg kam. Er blieb in Kopenhagen, und ich habe studiert. Und dann bin ich hier hängen geblieben.

Islamwissenschaft gehört zu den Kulturwissenschaften. Halima erklärt das so:

Islamwissenschaft ist Außensicht, Theologie ist Innensicht.

Islamwissenschaft systematisiert und kategorisiert den Islam, Islamische Theologie stellt Fragen zum Glauben.

Islamische Theologie studierte Halima als Gasthörerin in unterschiedlichen Ländern und bei Mehdi Razvi, den sie als ihren Lehrer betrachtet. Zuletzt machte sie in Hamburg ihre Prüfung in Islamischer Theologie. Das habe ich also studiert. Bisschen Patchwork, aber so ist auch unsere islamische Gemeinschaft hier in Europa oder überhaupt im Westen, und das hat mir ermöglicht, mit dieser Vielfalt umzugehen und immer mal Brücken zu bauen zwischen verschiedenen islamischen Richtungen oder zwischen Menschen verschiedener Religionszugehörigkeit.

Ab 1995 arbeitete sie an der Seite von Razvi, der Imam der Imam-Ali-Moschee war, und als er abtrat, übergab er ihr die Stelle.

Ich war seine rechte Hand, alle kannten mich. Die wussten, dass ich es kann.

Die Tätigkeit einer Imamin erklärt Halima mit Patchwork aus Sozialarbeit, hochtheologischen Abhandlungen und Gefängnisseelsorge. Halima musste sehr aktiv nach außen sein, ein Trauerfall wechselte sich mit einer Eheschließung, die mit einer Scheidung und dann wieder einem Kindersegen ab.

Ich frage sie, ob sie als Frau dabei Probleme hatte. Sie greift zu ihrem schnippischen Tonfall: Wenn die sagen, wir möchten lieber einen Mann, sag ich: Suchen sie sich einen. Hab ich weniger Arbeit.

Ich habe von Männern – im Schnitt – bei unkonventionellen Ideen, die ich hatte, eher moralische und auch tätige Unterstützung bekommen als von Frauen. Meine Lehrer waren überwiegend Männer. Ich hatte nur wenige weibliche Lehrerinnen. Auch in meiner Familie waren die Frauen bei kontroversen Sachen immer zurückhaltender als die Männer.

Dennoch erkennt Halima an, dass viele theologische Abhandlungen aus Männerperspektive geschrieben sind. Manchmal schaut sie sich »die ganze Sache« aus der Frauenperspektive an. Ich würde aber nicht sagen, dass ich eine Feministin bin. Verkehrt herum das Gleiche machen, das finde ich zwar witzig, und manchmal mache ich das und genieße es auch.

Das Ziel ist Partnerschaftlichkeit. So habe ich es auch in meiner Ehe gehalten.

Wer als Erster zu Hause war, der hat gekocht oder aufgeräumt.

Ich frage sie zum Kopftuch. In Innenräumen trägt sie kein Kopftuch. Draußen zieht sie normalerweise etwas über den Kopf, vor allem aber beim Gebet. Was es für mich bedeutet, ist, dass man sich konzentrieren kann. Der Raum, in dem ich ich selber sein kann. Vor allem bei Gebet und Meditation und solchen Sachen.

Halima kennt Ausländerfeindlichkeit, obwohl sie Deutsche ist, allein weil sie ein Kopftuch trägt und so als Muslima erkennbar ist. Ich bin bestens auf dem Laufenden über alle ausländerfeindlichen Sprüche in Hamburg.

Wenn ich gut drauf bin, habe ich eine passende Antwort parat, die dem Betreffenden für die nächsten sechs Wochen was zu denken gibt.

Es ist auch zwei-, dreimal vorgekommen, dass jemand handgreiflich werden wollte. Mich schlagen wollte. Das habe ich dann immer verbal abwehren können.

Als Halima nach Hamburg ging, blieb ihr Mann in Kopenhagen. Er hatte auch erwogen, Islamwissenschaften zu studieren, aber mit einem Ingenieurabschluss war das Studium der Geisteswissenschaften nur möglich, wenn er noch mal ganz von vorne angefangen hätte. Da haben wir beide gesagt, wenn der Rest der Familie über vier Kontinente verteilt ist, dann kann doch ein Ehepaar in Nachbarländern leben.

Vor fünf Jahren ist er 71-jährig gestorben und auch in Kopenhagen begraben worden. Mit Deutschland hat er es nicht so gehabt. Ich fühle mich hier auch nicht so zu Hause.

Zu Hause fühlte sie sich in Pakistan oder, nachdem ihre Schwiegerfamilie sich nach dem Tod ihrer Schwiegereltern in alle Winde verstreut hatte, bei dieser Familie. Sie sagt auch, dass sie nach Pakistan gezogen wäre, hätte sie, was sie sich zwischen dreißig und vierzig gewünscht hatte, ein Kind bekommen. Das war damals noch Großfamilienverband, Eltern und Kinder und deren angeheiratete Frauen, die wohnen dann mit im Haus, und es ist immer jemand da. In einer Kernfamilie muss man alles selber machen.

Wenn Halima über ihren Mann und ihre Schwiegerfamilie spricht, werden ihre Stimme warm und ihre Gesichtszüge weich. Da habe ich eine Familie gehabt, so stelle ich mir Familie vor. Es war auch ein geografischer Ort gewesen, wo ich dachte, so muss sich Zuhause anfühlen.

»Ihre Mutter starb, ihr Lehrer starb, und Halima hätte Zeit für die Trauerbewältigung gebraucht, die ihr als Imamin jedoch nicht zur Verfügung stand.«

Ihr Verhältnis zu ihren Eltern, vor allem zur Mutter, blieb bis zu deren Tod angespannt. Erst als mein Vater starb, wurde sie etwas weicher. Die Frau meines jüngsten Bruders ist aus Somalia, das war auch fremd für meine Mutter.

Ihre Mutter starb, ihr Lehrer starb, und Halima hätte Zeit für die Trauerbewältigung gebraucht, die ihr als Imamin jedoch nicht zur Verfügung stand. Ich hatte, nachdem mein Lehrer gestorben war, auch keinen Ansprechpartner mehr, der das versteht. Ich hatte eine Freundin, die war Rabbinerin, auch noch im Amt in Amerika.

Wir haben uns lange Zeit gegenseitig telefonisch zur Seite gestanden.

Das war für uns beide gut. Aber als sie dann in Ruhestand gegangen ist, da hat sie den Bezug verloren. Da habe ich gewusst, dass ich aufhören muss, und habe dann einfach den Sprung in die Uni gemacht.

Auch vorher hatte sie schon Lehraufträge gehabt. Und als die Akademie der Weltreligionen entstand, wurde ihr die Stelle angeboten, die sie bis heute innehat.

»Hat sich dein Leben sehr verändert, seit dein Mann tot ist?«

Ja, da ist eine große Lücke. Da ist auch nicht mehr das Gegenüber, dem man grad mal was erzählen kann. Was einem einfällt. Aber ich bin nach wie vor ein Teil von der Familie. Obwohl, mein Mann war der Älteste von zehn, und da ist nur noch einer in Pakistan. Die anderen sind in den Golfemiraten, in USA, in Kanada.

Sie betont ihren Wunsch, die ganze große Familie der Reihe nach zu besuchen. Die Geschwister ihres Mannes haben alle geheiratet und Kinder bekommen, und die haben zum Teil schon wieder Kinder. Da bin ich froh, wenn ich da zahlenmäßig auf dem Stand bin.

Ich frage Halima, wie es für sie ist, alt zu werden.

Alt? Bin ich etwa alt? Sie lacht vergnügt, und ihr rundes Gesicht strahlt fast kindlich. Sie erzählt, dass sie vor wenigen Jahren eine Wohnung suchte, weil sie Knieprobleme hat und keine Treppen mehr steigen wollte. Da wurde sie von einer Genossenschaft gefragt, ob sie an einer Seniorenwohnung interessiert wäre. Ich habe gesagt: »Huch! Seniorenwohnung? Mit alten Leuten?« »Ja«, sagte der Mann zu mir, »ab 60 ist das eine Seniorenwohnung.« Ab 60, dachte ich, ich

»Sie lacht ihr lautes fröhliches wundervolles Lachen.«

bin ja schon 69, da könnten doch auch ein paar jüngere Leute sein.

Sie schrieb sich ein und erhielt die Wohnung. Eine feine kleine Einzimmerwohnung mit Balkon und Aufzug, die sie sich gemütlich mit bunten Kissen und Decken eingerichtet hat. Sie ist zufrieden hier, auch mit der Nachbarschaft.

Ja, jetzt bin ich so alt wie alte Leute, ich habe Knieprobleme, Blutdruck, bin nicht mehr so sportlich wie früher. Ich bin viel zu Fuß gegangen. Wandern. Schwimmen. Ansonsten habe ich gemerkt – hat das was mit Altwerden zu tun? –, ich kann immer mal jungen Leuten Erfahrungen mitteilen, die die nützlich finden. Wie konnte man denn damals recherchieren, als es noch kein Google gab, zum Beispiel. Und dann diese kleinen Küchentricks. Wie kriegt man in nullkommanix eine einigermaßen erträgliche Suppe in den Topf. Und zwar billig.

Sie lacht ihr lautes fröhliches wundervolles Lachen. In diesem Lachen liegt alles, was sie sonst zuweilen unter Schroffheit verbirgt: tiefes Vertrauen, grenzenüberschreitende Menschenliebe und eine beeindruckende Intelligenz.

Ich bin immer
von Sprachen fasziniert.
Wenn du eine andere
Sprache wirklich begreifst,
bekommst du andere
Denkanstöße,
eine andere Perspektive.

HALIMA KRAUSEN

Susanne Scholl

GESPRÄCH IM AUGUST 2018

WIEN,
1949 GEBOREN

»

LEBEN AUF DER ÜBERHOLSPUR

«

Susanne ist in Österreich *das* Gesicht und *die* Stimme für Berichte aus Russland und der Sowjetunion. Sie hat im Österreichischen Rundfunk und Fernsehen als Korrespondentin aus Moskau gearbeitet. Und sie hat mehrere Bücher über ihr Leben in Moskau und ihren Blick auf die Sowjetunion geschrieben.

Susanne trägt rot. Ihr Lippenstift ist ebenso rot wie ihr Schal, und irgendwann darf ich einen Blick in ihren Kleiderschrank werfen: ganz viel Rot. Ihre Brille ist rot gefasst, und ihre Fingernägel sind rot lackiert.

In ihrer herrlich gemütlichen Wohnung in einem Jugendstilhaus, zentral in Wien gelegen, zwischen Büchern, in Russland gesammelten Porzellanfiguren, Originalzeichnungen, Gemälden und antiquarischen Möbeln, sitze ich neben einer Tasse grünen Tee, und es dauert nicht lang, da fühle ich mich erstaunlich vertraut mit dieser Frau. Ihre Sprachgewalt, mit der sie ihr buntes und alles andere als einfaches Leben beschreibt, zieht mich in ihren Bann.

Ihre ausdrucksvollen Gebärden werden zuweilen von einem schmerzerfüllten Gesicht begleitet. Sie hat gerade eine Schulteroperation hinter sich. Ich kenne Schmerzen gut, körperliche und seelische. Doch dazu später.

Susanne wurde in eine jüdisch-kommunistische Familie geboren, ihre vier Groß-

»Lange Zeit fanden sie in der Kommunistischen Partei ihre Heimat.«

eltern wurden von den Nazis ermordet, ihre Eltern haben überlebt, weil sie rechtzeitig nach England emigrieren konnten. Sie lernten einander in London kennen, in dem kommunistisch geprägten Restaurant Austrian Center, wo ihre 22-jährige Mutter als Kellnerin arbeitete und ihr Vater, der junge Arzt, sein politisches Zuhause gefunden hatte. Im Austrian Center wurde österreichisch gekocht, und die Emigranten, die riesiges Heimweh hatten, fühlten sich dort zu Hause.

Lange Zeit fanden sie in der Kommunistischen Partei ihre Heimat.Für sie war es eine Organisation junger Leute. Sie genossen ihre Freiheit, und die Verbundenheit mit den anderen bewahrte sie vor Anfeindungen. Bei Kriegsbeginn spazierte ihr Vater gemeinsam mit vielen seiner Freunde im Hyde Park umher, damit die Miliz sie nicht holen konnte. Deutsche wurden als »enemy aliens« betrachtet. Die Engländer internierten Juden gemeinsam mit Nazis auf der Isle of Wright.

Als die Engländer später Ärzte benötigten, war das junge Paar außer Gefahr. Sie zogen nach Bradford on Aven, wo 1941 Susannes Bruder geboren wurde, später ging es nach Leeds, wo der Vater bis Kriegsende im Gesundheitsamt arbeitete. 1944 wurde die Schwester geboren.

Die Mutter kam aus Leopoldstadt, der Vater aus dem 18. Bezirk, einem der Nobelbezirke von Wien. Sein Vater war Schriftsteller gewesen, seine Mutter stammte aus einer wohlhabenden Familie. Zur Hochzeit hatten sie eine von dem bekannten Architekten Josef Frank entworfene Villa geschenkt bekommen.

Als Susannes Eltern 1946 mit zwei kleinen Kindern nach Wien zurückkehrten, fanden sie dort ein Zuhause vor. Die Kinderfrau von Susannes Vater hatte die Villa nach Kriegsende für die Familie beansprucht. Ebenso umgehend fand der Vater Arbeit. Er war Hämatologe, eine damals in Wien wenig verbreitete medizinische Richtung.

Die schöne Villa mussten sie bald verkaufen, der Vater hatte nicht genug Geld, um seine beiden Geschwister auszuzahlen. 1952 zogen sie in eine große Wohnung, da war die 1949 geborene Susanne, das Nesthäkchen, zwei Jahre alt. Später ließ sie Stolpersteine vor die Josef-Frank-Villa legen, denn die Besitzer verweigerten eine Informationstafel.

Susannes Eltern wollten in Österreich den Kommunismus aufbauen. Es war ein Running gag zwischen uns, weil ich immer gesagt habe, zum Glück ist es euch nicht geglückt. Bis zum Einmarsch in Prag 1968 sind die Eltern Mitglied der KP geblieben. Susanne hatte schon früh

Kontakt zur Jugendorganisation, trat der Partei aber nie bei.

Der Vater sprach wenig über seine Familie, die Mutter hingegen viel über ihre große jüdische Familie, ihre Eltern, ihre Großeltern. Erst als Susannes Vater schon lange tot war, recherchierte eine Kollegin für sie und fand heraus, mit welchem Transport ihre väterliche Großmutter nach Auschwitz gekommen war. Mein Vater konnte nicht darüber reden. Hatte sein Leben lang das Schuldgefühl des Überlebenden. Meine Mutter konnte darüber reden, hatte aber auch dieses Schuldgefühl. Das hatten alle, auch dass sie die Eltern nicht retten konnten. Meine Mutter hat immer wütend über ihren Vater gesprochen, der gesagt hat, die Jungen sollen gehen, aber ich habe meine Pension, mir werden sie nichts tun. Sie hat immer behauptet, dass ihre Mutter gerne mitgegangen wäre. Damit kann man eigentlich nicht leben, und ich bewundere sie dafür, dass sie uns so eine so schöne und lustige Kindheit beschert hat. Die Eltern haben uns das Trauma der Überlebenden aber weitergegeben. Die nicht nur ein Leben für die führen mussten, die ermordet wurden, sondern auch für die Ungeborenen.

Das Trauma vererbt sich. Ich weiß das von mir ganz genau.

Ich habe jahrzehntelang geträumt, dass man uns holen kommt und dass ich meine Eltern in Sicherheit bringen muss. Auch mir ist es nicht gelungen. Diese Träume hatte ich, bis meine Kinder geboren wurden.
Je älter Susanne wurde, umso mehr erfasste sie, was es bedeutet hatte, als Jude verfolgt zu werden. Wirklich begriffen, was KZ bedeutet hat, habe ich erst, als ich verstand, wie der Alltag war. Jeden Morgen beim Aufwachen zu gucken, wer noch am Leben war. Ständig zu hungern, ständig in der Angst, geschlagen oder gefoltert zu werden. Und dann die Langeweile.

Es gab nichts. Es gab auch keine Hoffnung auf irgendwann mal.

Das war, glaube ich, das Allerschlimmste und das Gemeinste.

Susanne wuchs sehr behütet auf. In ihrem Umfeld gab es keinen Antisemitismus. Sie erinnert sich an ein einmaliges Ereignis: Mit dreizehn war sie mit der Schule auf einer Skifreizeit. Da saßen in einem großen Raum circa sechzig Kinder, als ein Mann hereinkam. Er sagte: »Hier geht's ja zu wie in einer Judenschul«. Ich habe das gehört und wusste, das ist nicht in Ordnung, das geht gegen uns. Bis heute treibt mich um, dass keiner der Lehrer was gesagt hat. Die wussten doch, dass viele jüdische Kinder in der Schule waren. Die Hälfte der Schüler kam aus einem kommunistisch-jüdischen Elternhaus, ihre erste Fremdsprache war Russisch.

Susanne erinnert eine einzige weitere diskriminierende Erfahrung als Tochter zweier Juden. Da fuhr sie mit ihrer Mutter im Taxi, und der Fahrer sagte, der Kreisky, der Saujud. Da hat ihre Mutter am Ende der Fahrt ein hohes Trinkgeld gegeben und gesagt: Übrigens, wir sind auch Juden.

Sie waren als Juden nicht erkennbar. Ihr Vater war getauft. Er sagte, das Judentum ist eine Religion, wir sind Atheisten, wir sind Humanisten, deshalb sind wir keine Juden. Bis Susannes Träume begannen und sie sagte: Dann erklär mir mal, warum ich immer träume, dass man uns verfolgt.

Später bin ich der Jüdischen Kulturgemeinde beigetreten. Nicht weil ich religiös geworden wäre, sondern weil ich begriffen habe, dass es ganz egal ist, wie sehr man so tut, als ob man nicht dazugehört, man gehört immer dazu. Ich hatte damals zwei kleine Kinder und habe gesagt:

Meine Kinder sollen wissen, dass sie Juden sind, und sie sollen stolz drauf sein.

Ihr Sohn beschäftigt sich als Historiker mit dem Thema der Rache. Wer sich rächt, fühlt sich nicht länger ohnmächtig. Es gab eine Gruppe, die nach 1945 Kriegsverbrecher gejagt und zum Teil auch umgebracht hat. Zu dieser Gruppe hat er recherchiert.

Ich habe mich sehr bemüht, meinen Kindern ein jüdisches Selbstbild zu vermitteln. Meine Generation wurde anders geprägt. Als ich einmal gefragt wurde, ob ich als Präsidentschaftskandidatin der Grünen kandidiere, da war die erste Reaktion meiner Mutter: »Das kannst du nicht machen, du bist doch Jüdin.« Sie hatte wahnsinnige Angst, dass da antisemitische Angriffe kommen könnten. Ich habe gesagt, wenn ich es mache, dann gerade deshalb.

Susannes Mädchenerziehung war durch ihre Mutter geprägt.

Sie hat mir zwar nicht vermittelt, dass eine Frau weniger wert sei als ein Mann. Aber den Hauptwert einer Frau machten in unserer Familie die Kinder aus. Eine Frau ohne Kind zählt nichts. Erst im Nachhinein habe ich begriffen, dass sie stolz war auf meine berufliche Tätigkeit.

Susannes Vater ist früh gestorben, da war sie 36, ihre Kinder zwei Jahre alt.

Nach dem Abitur wollte Susanne weg aus Wien, das ihr eng und bedrückend und kleinkariert vorkam.

Im Sommer nach dem Abitur war sie bei Freunden ihrer Eltern in Rom. Urlaub am Meer; Körper und Gedanken fühlten sich frei. Es war 1968, Studentenbewegung. Die Freunde ihrer Eltern, ein österreichischer Journalist und eine römische Journalistin, hatten eine zwölfjährige Tochter und suchten ein Au-pair. Susanne griff zu.

Sie schrieb sich in der Universität für Slawistik ein. Sie konnte kein Wort Italienisch. Anfangs besuchte sie einen Kurs, bald jedoch meinte sie, mehr Italienischunterricht brauche sie nicht. Italienisch ist für mich fast wie Deutsch. Manchmal bringe ich Russisch und Italienisch ein bisschen durcheinander. Ich habe eine große Sprachbegabung, die habe ich von meiner Mutter, die war wie ich ein Papagei. Nach drei Wochen China habe ich Chinesisch geradebrecht.

Im September war sie nach Italien gegangen, im November fand eine große Demonstration statt, Susanne landete sofort in der Studentenbewegung.

Bald verliebte sie sich in einen älteren Mann, ein unglaublich gescheiter Mensch. Er hat mir die Welt erklärt, ich musste selber keine Zeitung lesen. Ich las Romane.

Er war ein aktiver Trotzkist. Susanne war 19, er war 31. Er kam ihr sehr alt und reif vor, hatte bereits eine gescheiterte Ehe hinter sich. Als wir fünf Jahre zusammen waren, ist seine Frau aufgetaucht. Wir waren im Kino, und plötzlich merke ich, dass neben meinem Freund jemand sitzt und mit ihm redet. Da sage ich: »Könnt ihr rausgehen, ich will den Film sehen.« Sie gingen raus. Ich habe den Film fertig angeschaut, draußen kam sie auf mich zu und sagte, ich solle mich trollen, denn ich stehe ihrem Glück im Weg. Da hab ich zu ihm gesagt: »Kannst du das bitte klären!«, und bin gegangen.

Es war eine schwierige Zeit für Susanne. Sie hatten kein Geld; er war ein Weiberheld. Wie so viele schöne und kluge Frauen dieser Generation war sie voller Selbstzweifel. Ich war damals sehr unsicher. Ich habe furchtbar gelitten unter ihm, aber zum Glück habe ich mich nicht von ihm hindern lassen, meinem Stipendium nach Moskau zu folgen.

Für ein halbes Jahr ging sie nach Moskau, um zu promovieren. Er wohnte währenddessen in der gemeinsamen Wohnung, die ihre Eltern bezahlten. In der Zeit hat er dann eines seiner vielen Weiber in meine Wohnung geholt, und dann kam ich zurück und hab überall die Spuren gefunden. Dann hatte ich ein Jobangebot in Wien. Und das war's.

In Wien verliebte sie sich bald in einen anderen. Ich war Assistentin des damaligen Le Monde-Korrespondenten für Osteuropa, mit dem ich alsbald eine heftige, sehr bittere Affäre hatte. Das war eine ganz große Liebe. Da wäre ich fast in der Psychiatrie gelandet. Er hat gesagt, er kann seine Frau nicht verlassen. Unsere Liaison dauerte ungefähr zwei Jahre. Die Frau hat mich angerufen und mich beschimpft. *Ich* war die Böse.

Anschließend arbeitete Susanne fünf Jahre bei einer Presseagentur, wo sie das Handwerk des Journalismus von der Pike auf lernte. Währenddessen versuchte sie, mittels einer Psychotherapie in ihrer Seele aufzuräumen. Am Ende der Therapie wurde sie schwanger von einem Mann, den sie mochte, mit dem sie aber nicht zusammenleben wollte. Da war sie 34. Als sie merkte, dass sie schwanger war, war sie sehr glücklich. Das Kind kriege ich, das wusste ich sofort. Auch alleine. Das war in meiner Familie kein Thema. Als ich sagte, ich bin schwanger, hat meine Mutter sich einfach gefreut, dann hat sie irgendwann leise gefragt: »Wer ist denn der Vater?« Ich habe gesagt, das ist wurscht, und das hat sie auch akzeptiert.

Männer kommen und gehen, Kinder bleiben.

Es waren Zwillinge, ein Junge und ein Mädchen. Nach der Geburt blieb sie ein Jahr lang zu Hause. Anschließend war sie für Radio Österreich International und die APA (Austria Presse Agentur) tätig, von wo sie 1986 in das Pionierteam der neuen ORF-Osteuropa-Redaktion geholt wurde.

1989, da waren die Zwillinge sechs Jahre alt, bekam Susanne das Angebot, für den Österreichischen Rundfunk nach Bonn zu gehen. Ihr Kollege, der das Büro dort leitete, sagte: »Mit zwei Kindern ist es ideal. Es ist klein, viele Spielplätze, rundum Natur, eine französische Schule, das kriegst du hin.«

Sie zeigte den Kindern Fotos, und als die einverstanden waren, fuhr sie nach Bonn, um alles vorzubereiten. Sie engagierte eine Oma, die dort mit ihnen zusammenleben sollte. Wir sind wie ein Wanderzirkus im Autoreisezug mit einem roten R4, zwei sechsjährigen Kindern und einem Kater bis Köln gefahren und dann nach Bonn, hinter uns die Kinderfrau mit einem gelben VW Käfer. Und dann ging es los mit der DDR.

Von wegen ruhiger Posten. Ich war mehr in Berlin als in Bonn.

Nach einem Jahr kündigte die Kinderfrau, um für ihr eigenes frisch geborenes Enkelkind da zu sein. Susannes Mutter legte ihr eine Freundin ans Herz, die eine wilde Geschichte mit einem irakischen Diplomaten hinter sich hatte. Doch dann kam diese Oma wegen einer schweren Diabetes ins Krankenhaus; Susanne kümmerte sich um sie. Derweil fand sie eine andere Oma, die sich aber bald den Fuß brach. So hatte sie zwei Omas in zwei Spitälern, zwei zu betreuende Kinder und einen anstrengenden Job. Manchmal habe ich gedacht, ich kriege einen Herzinfarkt, weil ich eben nicht mehr alle Bälle im Blick hatte. Im Endeffekt habe ich die Oma mit dem gebrochenen Fuß nach Wien zurückgeschickt, hab die andere Oma betreut, und die hat auch die Kinder betreut, und dann kam der Ruf nach Moskau, das war im Sommer 91. Die Kinder waren sieben Jahre alt.

Ich frage: »Die Kinder sind mitgekommen?«

Sie schaut mich entgeistert an: Ich bin nirgends ohne meine Kinder hingegangen.

Also brachte sie die Kinder für den Sommer zu ihrer Mutter nach Wien, ging nach Moskau, um die Wohnung einzurichten, flog am 18. August abends nach Wien, um die Kinder abzuholen, wollte mit ihnen zwei Wochen Meerurlaub in Tunesien machen. Und am 19. in der Früh hat mich meine Mutter aufgeweckt und gesagt: »Schatzi, irgendwas ist los in Moskau.«

In Moskau war gegen Gorbatschow geputscht worden. Susanne telefonierte mit ihren Kollegen in Moskau, kündigte ihre Rückkehr an. Sie packte ihre Kinder ein und fuhr zum Flughafen. Zum Glück war ihre Kinderfrau, die aus dem Irak, schon in Moskau, hatte das Kinderzimmer eingerichtet, sodass der Schock für die Kinder abgefedert wurde. Sie hatten eine nagelneue Wohnung in einem nagelneuen Haus im Zentrum von Moskau. Ihr Büro lag direkt daneben.

Ich habe, wenn nichts Besonderes los war, mit den Kindern gefrühstückt, die Schule war nicht weit entfernt, ich hatte einen Fahrer, der die Kinder zur Schule brachte, die Kinderfrau war immer da, mit wenigen Ausnahmen habe ich mit ihnen zu Mittag gegessen. Am Abend habe ich die Kinder meistens nicht gesehen, und wenn viel los war, auch in der Früh nicht. Aber die Kinderfrau war eine Oma, die war warm und lieb, das hat gut funktioniert.

»Haben deine Kinder dir irgendwann vorgeworfen, dass du zu wenig Zeit für sie hattest?«

Nein. Sie haben immer gesagt, sie haben so viele Erfahrungen gemacht im Vergleich zu ihren Altersgenossen. Sie haben so viele Sprachen gelernt und so viel erlebt und gesehen, dafür sind sie dankbar.

Von 1997 bis fast 2000 kehrte sie mit ihren Kindern nach Wien zurück, um für den Rundfunk zu arbeiten. Eine schwierige Zeit für die drei, sie waren einen anderen Lebensstil gewohnt. Damals wohnten sie bereits in der Wohnung, in der sie auch heute lebt. Und dann kam die erste schwarz-blaue Regierung, da trieb es sie wieder ins Ausland. Als sie gefragt wurde, ob sie noch einmal das Büro in Moskau übernehmen würde, diskutierte sie es mit ihren fast sechzehnjährigen Kindern, die sofort einverstanden waren. Im Januar 2000 übersiedelten sie abermals nach Moskau. Beide Kinder machten dort Abitur.

»Im Januar 2000 übersiedelten sie abermals nach Moskau.«

Ich hätte vieles nicht gemacht, wenn ich die Kinder nicht gehabt hätte. Ich bin denen unendlich dankbar. Ich hätte mich vieles nicht getraut. Das sind meine wichtigsten Lebensmenschen.

Ein großes Problem, nicht nur für Susanne, sondern auch für die Kinder, besonders für die Tochter, waren Susannes Krankheiten. (Heute ist die Tochter Ärztin.)

Als Susanne fünfzig war, wurde ihr die Gebärmutter entfernt. Sie hatte Polypen in der Gebärmutter, eine Curettage hatte nichts gebracht. Das hat mich psychisch

»Sie wusste, dass ihr Leben auf der Überholspur lief, aber so war ihr Job. Den liebte sie und den wollte sie gut machen.«

wahnsinnig fertiggemacht. Ihre Tochter fragte damals angesichts von Susannes Traurigkeit: »Willst noch ein Kind haben?« Ich habe gesagt, bist du verrückt. »Warum weinst du denn?«, fragte die Tochter. Das hat mir geholfen. Ich hatte das Gefühl, dass ich keine Frau mehr bin. Blödsinn! Sicher ist fünfzig auch dieses Alter, wo man sowieso mit dem Frausein zu kämpfen hat.

Von 2001 bis 2003 war sie ununterbrochen krank.

Es begann mit einer Gesichtslähmung. Zu der Zeit war Susannes Kameramann in Moskau ermordet worden. Es wurde nie vollständig aufgeklärt. Der nächste Kameramann starb mit 38 an einem Herzinfarkt. Der Cutterin starb zuerst die Mutter und dann der Mann an Krebs. Da war viel Tod um Susanne herum.

Ich bin eine Somatikerin, ich bleibe relativ ruhig, aber dann habe ich körperlich etwas.

Die Gesichtslähmung betraf die rechte Seite, die in der Folge hinunterhing. Die Schmerzen waren zwar unangenehm, aber die Verunstaltung des Gesichts war für eine Frau, die im Fernsehen auftritt, gefährlich. Wäre das nicht weggegangen, hätte sie ihren Job an den Nagel hängen müssen. Ich hab dann ein Antivirusmittel gekriegt, und in Moskau haben sie mir so eine Maske gemacht, die mein Gesicht zurechtzog. Ich hatte eine Physiotherapeutin in Moskau, die hat geschaut, dass ich nicht schief wurde.

Als der Afghanistanfeldzug begann, fuhr sie nach Tadschikistan an die afghanische Grenze und zog sich einen schweren Bandscheibenvorfall zu, sodass sie später nach Wien zu einer Operation fliegen musste.

Sie wusste, dass ihr Leben auf der Überholspur lief, aber so war ihr Job. Den liebte sie und den wollte sie gut machen.

»Gab es männliche Konkurrenz?«

Ja, das war schwierig. Mir hat zum Beispiel mal ein Kollege vorgeworfen, dass ich Bücher schreibe. Ich würde ja nichts arbeiten, deshalb hätte ich zu viel Zeit. Später habe ich verstanden, wo das herkam, aber anfangs war ich schockiert. Ich bin natürlich wie alle Frauen sehr selbstkritisch. Ich habe das dann geglaubt.

2001 setzten Susanne und ihr Sohn die Tochter ins Flugzeug, weil sie in Paris Medizin studieren wollte. Alle drei waren unglücklich. Sie hat jeden Abend angerufen und geweint.

Es war schrecklich. Wir waren es gewohnt, immer zusammen zu sein.

Im Sommer 2002 folgte ihr Sohn seiner Schwester, weil er seinen Zivildienst im Jüdischen Dokumentationszentrum in Paris machen wollte. Susanne blieb allein in Moskau zurück.

Während ich dieser Frau zuhöre, wie sie vor mir ihr Leben aufblättert, empfinde ich tiefes Erstaunen. Unfassbar, wie sie alles bewältigt hat. Wie stark sie ist! Und dennoch bringen Männer es immer wieder fertig, sie komplett zu verunsichern.

2006 kam Diabetes dazu. Als es diagnostiziert wurde, war sie kurz vor einem diabetischen Koma. Im Nachhinein sagt sie, sie sei verblödet gewesen. Der Zucker hätte ihr Hirn verklebt. Ich habe überall erzählt, man kann auch abnehmen ohne jede Diät, ich hatte plötzlich acht Kilo abgenommen, war ständig erschöpft, dachte, ich hätte einen Burnout. Entdeckt wurde es per Zufall bei einer normalen Blutuntersuchung. Da hat mich die Ärztin an die Hand genommen und gesagt: »Sie sind in Lebensgefahr.«

Sie blieb bis 2009 in Moskau. Die Kinder besuchten sie regelmäßig. Als Susanne endgültig nach Wien zurückging, holte ihre Tochter sie ab. Sie wusste, wie schwer das für mich war. Das war sehr, sehr süß.

Mit sechzig hatte man mich hinauskomplimentiert. Ich hatte mit 59 die Kündigung auf dem Tisch. Im Fernsehen gehen die Frauen mit sechzig. Die dürfen nicht alt werden. Ich hätte gerne noch ein bisschen länger gemacht, das hat man mir nicht zugestanden.

Die folgenden sechs Jahre schrieb sie für eine Zeitung wöchentliche außenpolitische Kolumnen, bis die sich eine freiberufliche Mitarbeiterin nicht mehr leisten konnten.

Der Tod ihrer Mutter kurz vor deren 100. Geburtstag nahm sie mit. Als sie gestorben ist, habe ich mich verlassen gefühlt. Wie ein Waisenkind. Man steht plötzlich in der ersten Reihe. Sie wollte unbedingt ihren hundertsten Geburtstag feiern, hatte dazu auch schon halb Wien eingeladen. Frauen entwickeln im Alter eine viel größere Stärke, als man glaubt.

Am Schluss gab es zwischen Susanne und ihrer Mutter eine große Nähe. Das fehlt mir immer noch. Zu einer bestimmten Zeit am Nachmittag werde ich unruhig, da haben wir immer telefoniert. Oder so blöde Geschichten, dass man am Sonntagnachmittag einfach zu ihr geht. Jetzt kann ich am Sonntag machen, was ich will. Aber was will ich denn?

Seit ihrer Verrentung schreibt Susanne Romane. Ich habe mir erlaubt, eine Liebesgeschichte zu schreiben.

Ich will mich nicht von den Leuten in eine Schublade stecken lassen.

Die Leute erwarten das 25. Russlandbuch von mir. Ich schreibe keine Russlandbücher mehr, weil es ohnehin zu viele gibt und ich keine Lust mehr dazu habe.

»Was war der Impuls für den Liebesroman?«, frage ich, erinnere Susanne daran, dass sie gesagt hatte, sie hätte mit der Liebe abgeschlossen.

Die Antwort kommt nachdenklich. Susanne zeigt sich sehr verletzlich. Es tut mir doppelt weh, wenn sie sagt, dass sie als junge Frau bildschön gewesen sei, es aber nicht gewusst hätte. Sie ist immer noch schön, weiß offenbar auch das nicht wirklich.
Ich war sehr verliebt, ich bin jemand, der sich dann total reinstürzt. Körperlich hat er mich nicht angezogen, hat mich aber irgendwie berührt, weil er eine bestimmte Sprache hatte und eine bestimmte Stimme. Das war ein ständiges Hin und Her. Das hat mich fertiggemacht. Ich wollte mir das von der Seele schreiben. Von der Seele aber war's erst, als er eines Tages sagte, nachdem wir uns jahrelang kannten: »Du kennst mich ja gar nicht, vielleicht sollten wir uns häufiger treffen, damit du mich besser kennenlernst und siehst, dass ich gar nicht so toll bin.« Da hab ich mir gedacht, so ein eitler Tropf. Da war die Geschichte vorbei.

Susanne traut Männern nicht, gesteht sie, und mit zunehmendem Alter traut sie ihnen immer weniger. Die große Ausnahme ist ihr Sohn. Er ist Historiker, studiert noch, arbeitet im Museum und hat halbtags ein Forschungsprojekt. Er ist ihr ein wichtiger Gesprächspartner.

Ich habe durchaus immer wieder Verliebtheiten, aber ich glaube, ich hüte mich davor, die Sachen in die Realität umzusetzen.

Ich verliebe mich meist in unerreichbare Männer.

Ihr Interesse an Männern hat im Laufe der Zeit ohnehin abgenommen. Als sie jung war, war sie auf die Kinder und ihren Job fokussiert, da gab es keinen Platz für einen Mann. Jetzt wo ich alt bin, kann ich es mir überhaupt nicht mehr vorstellen. Ich will in der Früh aufstehen und meinetwegen bis zwei Uhr nachmittags im Pyjama rumrennen. Ich will niemanden haben, der mir vorschreibt, wann ich kochen muss, der will, dass ich Sachen mache, auf die ich keine Lust habe. Ich bin zunehmend intolerant geworden, was das betrifft.

So viele Frauen lassen sich alles Mögliche gefallen, nur damit sie einen Mann haben. Man kann auch mit jemand anderem reisen. Mit Freundinnen und Freunden. Ich reise zu Leuten, die ich kenne. Ich bin noch nie allein gereist.

Jedes Jahr fährt Susanne mit Freunden nach Sardinien. Dort mieten sie ein Haus. Sie sagt, sie sei mit ihrer Rente arm wie eine Kirchenmaus, da sie von ihrem Gehalt immer ein ganzes Gehalt für eine Kinderfrau bezahlt hat und fürs Alter nichts zurücklegen konnte. Aber das ist ein kleiner Preis für die wunderbaren Kinder. Und wenn sie das Haus in Sardinien nicht mehr zahlen könne, mache sie etwas anderes. In diesem Jahr 2018 war sie täglich im Freibad mit einer Freundin. Sie hat Freunde überall auf der Welt, Italien, Spanien, Moskau, England. Auch viele jüngere Freunde, das hat sie von ihrer Mutter gelernt, die immer junge Freunde um sich geschart hat.

Seit einem halben Jahr gibt es die Gruppe »Omas gegen rechts«. Susanne entdeckte die Gründung auf Facebook, und als eine der Ersten sagte sie: »Ich bin dabei, das ist eine tolle Idee.« Inzwischen gibt es auch in Deutschland viele Gruppen.

Susanne ist in Österreich aus dem Fernsehen bekannt, manchmal sprechen sie Leute auf der Straße an und sagen: »Wir vermissen Sie im Fernsehen.« Das mag sie, und das wirft sie für die »Omas gegen rechts« in die Waagschale.

Ich rege mich furchtbar auf über das, was hier passiert. Ich mache in unregelmäßigen Abständen im Internet etwas, das nennt sich »Omas corner«. Ich wäre gern Oma, bin ja auch in dem Alter. In »Omas corner« erzähle ich politische Sachen.

Wir sind alte Frauen, aber wir lassen uns noch lange nicht nach Hause an den Herd schicken.

Wir können sagen,
was wir wollen,
wir müssen uns
nicht mehr fürchten.

Und: Wir haben die Erfahrung der 68er. Wir sehen jetzt, dass die Entwicklung in die falsche Richtung geht, und sind dagegen, weil wir nicht wollen, dass unsere Kinder und Enkelkinder in einem Land leben, das wieder zurück in die fünfziger oder vierziger Jahre geht. Das ist unsere Stärke. Genau deswegen nennen wir uns Omas.

Die »Omas gegen rechts« sind entstanden aus dem Entsetzen über die

> »Die ›Omas gegen rechts‹ sind entstanden aus dem Entsetzen über die Regierung. Das Ziel ist, laut aufzuschreien und aufzuklären.«

Regierung. Das Ziel ist, laut aufzuschreien und aufzuklären.

Sie haben einen Jour fixe, wo sie einmal monatlich Referenten einladen, die für sie interessant sind, eine bekannte österreichische Journalistin, den ehemaligen Bundeskanzler, den Chef der FPÖ oder einen Schriftsteller. Zudem veranstalteten sie einen Oma-Rave. Mit Musik aus den sechziger Jahren, Beatles und Rolling Stones und Pete Seeger und so weiter.

Bei der großen Flüchtlingsdemonstration am 20. Juni, dem Weltflüchtlingstag, gibt es üblicherweise den Umbrella March mit den orangen Schirmen zum Schutz für die Flüchtlinge. In diesem Jahr machten die »Omas gegen rechts« eine Art Flashmob mit Zahlen, wie viele Flüchtlinge nach Afghanistan abgeschoben wurden. Am Schluss sprach Susanne, dann wurde *We shall overcome* gesungen. Wenn Susanne darüber spricht, ist sie sichtlich bewegt.

Susanne wird sehr energisch, wenn sie betont, dass Monika Salzer und sie nicht die Absicht hätten, in die Politik zu gehen. Wir sind ältere Frauen mit einer ziemlich großen Lebenserfahrung, die wir auch gesammelt haben, weil wir zur 68er-Generation gehören.

Und wir sagen, es läuft etwas schief in diesem Land, und darauf wollen wir aufmerksam machen. Punkt.

Wir
können sagen,
was wir wollen,
wir müssen uns
nicht
mehr fürchten.

SUSANNE SCHOLL

Lotti Meier

GESPRÄCH IM JULI 2021

OBERMEILEN,
1954 GEBOREN

EINMAL PARADIES ZUR HÖLLE UND WIEDER ZURÜCK

Lotti Meier ist gerade in Schweden, als sie 2019 meine Anfrage erhält. Ihre Antwort erwärmt mein Herz. Dabei! Und sie lädt uns sogar zu ihrer Lodge nach Lappland ein.

Wow!

Ich google. Man muss nach Kiruna fliegen, dann geht es weiter. 100 Huskys stehen den Gästen zur Verfügung. Auf Huskyschlitten ist man eine Woche lang unterwegs.

Wow!

Zu diesem Zeitpunkt war ihr Buch *Pfoten im Schnee – Mein tierisch gutes Leben in Lappland* noch nicht erschienen. Was hatte ich bisher über sie erfahren? Eine Frau, die früher erfolgreich in der Modebranche gearbeitet hat, Paris, Lausanne. Unterwäschelabel. Und dann ein Bruch ab vierzig und die Arbeit mit Huskys in Nordschweden. Der Liebe wegen dorthin gezogen, die Liebe zu dem Mann verloren, die Liebe zu den Huskys behalten. Wenn das nicht spannend ist!

Ich war begierig darauf, dorthin zu reisen. Aber Lena war hochschwanger, und dann kam Corona.

In der Zwischenzeit erschien Lottis Buch. Ich verschlang es, und das, was sich vorher so romantisch angehört hatte, erfuhr eine schaurige Wendung.

In Lottis Buch erfährt der Leser detailliert von ihrer toxischen Beziehung zu einem Mann, der sie mit Charisma, Lügen,

»Wahrhaftigkeit ist ihr ein hohes Gut. Vor allem geht es ihr um die eigene Wahrheit!«

Betrügen in ein Leben gelockt hat, das sie sich als Paradies vorstellte und das sich als Hölle erwies. Sie verlor ihr gesamtes Erspartes, ihr Selbstwertgefühl, ihre Freiheit. Der Mann entpuppte sich als narzisstischer Soziopath, der sie abenteuerlich belog und zu guter Letzt einsperrte.

Im Verlauf der Lektüre empfand ich Hochachtung für Lottis Überlebenskraft. Für ihre Fähigkeit, sich aus allertiefstem Sumpf zu befreien und sogar noch etwas Gutes daraus zu machen. Später lese ich in einem Interview mit ihr: »Wer in der Hölle war, hat vor nichts mehr Angst.«

Es gruselte mich, was Frauen sich aus Liebe antun und antun lassen können. Wieder einmal begriff ich, wie unglaublich wichtig die Liebe zu Tieren, zur Natur sein kann, um sich zu retten und letztlich Heilung zu erfahren.

Während all der Arbeit an meinem Projekt verlor ich Lotti Meier nie aus dem Kopf. Also schrieb ich ihr abermals Anfang 2021. Diesmal kam keine Antwort, und ich fürchtete, dass mein langes Schweigen die Frau verärgert hatte. Zaghaft schrieb ich abermals, und nun erhielt ich eine Antwort. Sie halte sich den Sommer über in der Schweiz auf, dort könnten wir uns treffen.

Lotti wohnt in der Nähe des Zürcher Sees. Ein Holzhaus auf einem Hügel, ein traumhafter Blick auf die entfernten Berge, auf den See. Sie wohnt über einem Restaurant, unter ihr wohnt ihre Schwester. Es ist Mittag, noch scheint die Sonne, und wir gehen als Erstes im Freien essen. Rundum grüne Wiesen. Die Offenheit, die sie brieflich gezeigt hatte, erkenne ich anfangs nicht. Sie hat skeptische graue Augen und achtet sehr darauf, richtig verstanden zu werden. Ich spüre ein Misstrauen. Später wird sie sagen, dass sie es nicht mehr akzeptiert, angelogen zu werden, auch nicht von sich selbst. Wahrhaftigkeit ist ihr ein hohes Gut. Vor allem geht es ihr um die eigene Wahrheit! Sie wird zudem sagen: Früher hatte ich sinnbildlich immer meine Kalaschnikow im Anschlag.

Bevor auf mich geschossen würde, schoss ich!

Während des Essens erzählt sie von ihrer Familie. Eine Mutter, die einen Mann zwei Wochen kannte und schwanger wurde. Sie wollte das Kind, er nicht. Seine Mutter zwang ihren Sohn zu heiraten. Die Scheidung fand wenig später statt. Eine geschiedene Frau mit Kind hatte es damals schwer. Also ließ sie sich bald von einem Mann erwählen. Diesmal liebte er sie. Mit dem bekam sie fünf weitere Kinder. Allein Lotti war ihr Kind der Liebe, das sie besonders behütete.

Lotti betont, dass sie ungern über die Vergangenheit spricht. Ich hatte eine schwierige Kindheit mit permanenter Geldknappheit. In der Schule wurde ich hinausgeworfen, weil es eine protestantische Reiche-Leute-Schule war und der Lehrer mich nicht mochte. Anschließend kam sie auf eine katholische Schule und wurde schnell eine gute Schülerin. Sie besuchte zwar den Konfirmationsunterricht, sagte jedoch kurz vor der Weihe zu ihrer Mutter: Ich lass mich nicht konfirmieren. Sie wollte sich nicht auf einen Gott einschwören lassen. Die Liebe zur Wahrhaftigkeit besaß sie also schon mit dreizehn.

Mit sechzehn verließ sie ihr Zuhause und fand ein neues in Lausanne bei der Familie einer warmherzigen Schneidermeisterin. Eigentlich wollte ich Kostümbildnerin werden, aber dafür reichte das Geld nicht. Mit knapp zwanzig Jahren ging sie nach Paris und absolvierte eine einjährige Ausbildung zur Modezeichnerin an der Chambre Syndical de la Couture Parisienne, einer renommierten Schule, die auch Yves Saint Laurent, Karl Lagerfeld und Valentino besucht hatten.

Danach gab es etliche Aufs und Abs, beruflich wie mit Männern. Sie erinnert sich selbst als junge Frau voller Selbstzweifel und Ängste. Doch vor wenigen Jahren traf sie Menschen aus der damaligen Zeit wieder. Zum Beispiel eine Frau, mit der sie in Pontresina in einem Hotel gearbeitet hatte.

Ich war, wenn ich zurückblicke, ein bisschen scheu, ein bisschen zurückgezogen, ich hatte nicht viel Selbstwertgefühl.

Doch dann hat sie mir erzählt, wie ich eingezogen bin: »Du bist gekommen wie eine Rakete mit rotem Lippenstift, und du hast alles sofort beherrscht.« Auch ein Schulkamerad, den sie 53 Jahre nicht gesehen hatte, sagte, seine Erinnerung sei: »Die macht, was sie will.«

Wahrscheinlich stimmt beides: Innerlich ein wackeliges Selbstwertgefühl und außen die Kriegerin mit der Kalaschnikow.

Schließlich landete sie in Lausanne bei Hanro und gestaltete dort das weltweit erfolgreiche Unterwäschelabel mit. So verdiente sie, deren Kindheit durch Geldknappheit geprägt war, allmählich immer mehr Geld.

Dann hast du plötzlich Erfolg und verdienst gut, und das gibst du dann ja endlich mal aus. Ich habe es genossen. Ich hatte drei Wohnungen. Hier in Meilen, da bin ich im Sommer Wasserski fahren gegangen, dann hatte ich eine Wohnung in den Bergen, wo ich im Winter Skilaufen gegangen bin, und dann noch in Basel. Ich habe alles ausgegeben.

Nach dem Mittagessen begeben wir uns nach oben. Wie so viele der Frauen, die wir treffen, hat auch Lotti ihre Wohnung ausgesprochen schön gestaltet. Ich glaube, es liegt daran, dass diese Frauen nichts Vorgekautes leben wollen und also auch in ihrer Kleidung und ihrem Wohnen einen individuellen Selbstausdruck wählen.

Lottis Wohnung ist bestückt mit besonderen Einzelteilen. Vor der Fensterfront mit Blick auf den Zürcher See steht ein langer schmaler Tisch mit goldenen geschwungenen Füßen. Den Tisch habe ich im Trödelmarkt erstanden, aber er war zu niedrig, die Füße haben mehr gekostet als der Tisch. Ebenso vom Trödel eine Chaiselongue mit romantischen eingewebten Rosen in roten Samt. Ein antiquarischer Schrank. Ein Sessel mit Fußhocker in Schwarz-Weiß-Karo. Alles ist handverlesen.

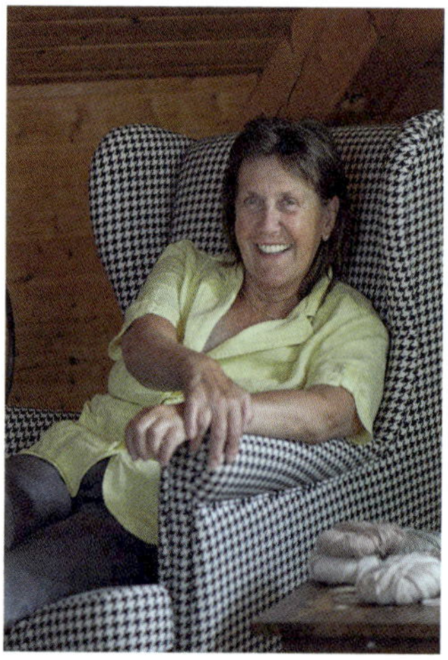

Sie erklärt, dass sie die Einrichtung auf Flohmärkten und in Trödelläden zusammengesammelt hat. Was sie verbindet, ist ihr Geschmack, und der ist exquisit.

Ich schalte mein Aufnahmegerät ein. Wir lachen. Jetzt wird es ernst. Gut, dass ich es erst jetzt tue. So konnten wir uns in aller Ruhe beschnuppern, und Lotti konnte die Kalaschnikow beiseite legen.

Lotti spricht über ihre Huskys: Ein Tier hat etwas, das der Mensch nicht hat. Vielleicht Mutter-Kind haben das auch, diese bedingungslose Liebe. Ein Partner will immer etwas zurück. Liebe hat ja viele Aspekte, Liebe ist überall, zu Pflanzen, zu Tieren. Wenn ich das überall einsammle, dann muss ich nicht zu dem Programm gehen: Du musst mich lieben. Dann wisch ich alles zusammen, was ich kriege, und dann reicht das auch.

Lotti ist Single, und sie geht davon aus, dass das so bleiben wird. Sie ist nicht mehr zu Kompromissen bereit. Auch in der Zeit vor dieser toxischen Ehe in Schweden hatte sie Liebesbeziehungen.

Aber ich habe die Liebe nicht so zugelassen. Habe wohl sogar Angst davor gehabt, dass man mich lieben könnte. Und deshalb habe ich mir immer Männer ausgesucht, die mir das Programm, das ich von ihnen erwartet habe, auch geliefert haben: Dass man mich abstößt und nicht liebt und dass ich darum kämpfen muss. Das ist sehr anstrengend. Und all die tollen netten Männer, die es auch in meinem Leben gab, die haben mich nicht interessiert.

Sie betont indes, dass das in ihrer Verantwortung lag. Wie es ihr überhaupt wichtig ist, die Verantwortung für ihr Leben in jeder Hinsicht zu übernehmen. Ich habe es ja gewählt und ich habe es ja entschieden, sagt sie ein ums andere Mal.

Ich habe alles Mögliche gehabt, doch richtig fest gebunden habe ich mich nie, bis dieser Mann kam. Ich hab ihn geheiratet. Und genau gewusst, dass ich großen Mist baue. Aber ich habe mir gesagt: Ach, das geht dann schon. – Nein, es geht grad nicht!

»Heimlich, still und leise verschwand sie … aus der Hölle.«

Bereits bei der Eheschließung wusste sie alles: seine Asozialität, dass er nicht mit Geld umgehen konnte, dass er log. Irgendwann begriff sie, dass er seinen eigenen Geschichten glaubte.

Ich bin nicht geschlagen worden, aber ich habe einen Riesenpsychoterror hinter mir.

Ich wusste, ich muss gehen, aber ich wusste nicht wie. Weil ich da ja im Wald oben war und er hatte mich total unter Kontrolle. Ich hatte kein Geld, nichts. Ich habe dann angefangen, 2 Euro auf 2 Euro im Wald zu verstecken. Unter einem Stein, damit ich wenigstens ein Busbillet kaufen könnte. Einfach weglaufen wäre nicht gegangen, da wäre er hinterhergekommen. Und ich hatte eine Katze, mit der war ich extrem stark verbunden, ohne die wäre ich nie gegangen. Das wusste er natürlich.

Lotti hat eine große Familie, immerhin fünf Geschwister, sie wusste, dass die ihr helfen würden, aber die hatten den Mann von Anfang an nicht gemocht, und nun verbot Lottis Stolz ihr, um Hilfe zu bitten. Ich bin kein Mensch, der gerne aufgibt. Ich versuche meine Probleme selber zu lösen. Und dann kam er und sagte: (immer wenn sie ihn sprechen lässt, schreit sie und spricht hart und scharf) »Lotti, du bist selbstmordgefährdet!« Das habe ich als Ausweg genommen. Habe sofort in der Psychiatrie angerufen, habe gesagt: »Hier ist Lotti Meier, mein Mann sagt, ich bin selbstmordgefährdet.« Er stand in der Tür, ich sehe das heute noch. Als ich sagte »mein Mann« wurde er so wütend. Die Frau fragte: »Stimmt das?« Ich habe gesagt: »Ich weiß nicht, es ist mein Mann, der das behauptet.« Dann hat er den Telefonhörer aus meiner Hand gerissen und hat die Frau zusammengeschissen. Und dann hatte ich wieder den Hörer in der Hand, und sie hat gesagt: »Wollen Sie nicht doch lieber vorbeikommen?« Ich habe gesagt: »Doch, jetzt will ich es wissen.« Er hat mich fahren lassen. Ich habe dann die ganze Geschichte einem Psychiater erzählt, und der hat gesagt:

»Sie sind eine starke Frau, passen Sie auf, lange werden auch Sie das nicht durchhalten.«

> »In Schweden fährt sie auf einem Schlitten mit acht Hunden. Neuerdings schnallt sie sich an.«

Und er sagte: »Suchen Sie sich so schnell wie möglich einen Ausgang.«

Sie bereitete strategisch ihre Flucht vor. Eine Situation, in der er mit einem Freund fischen war und sie ihre Katze mitnehmen konnte. Heimlich, still und leise verschwand sie ... aus der Hölle.

Ich habe es überlebt, das ist gut so. Heute betrachtet Lotti die Erfahrung als wertvoll. Es hat mir auch was gebracht. Mich. Ich weiß heute, wer ich bin und was ich will und was ich nicht will. Vorher habe ich mir keine Gedanken gemacht, wer ich bin. Ich habe ein extremes Urvertrauen in mein Leben gekriegt. Ich weiß, es gibt immer wieder einen Weg raus.

Dieser Prozess der Selbstreflexion hatte allerdings schon früher begonnen. Und zwar durch ihre Liebe zur Natur. In ihrer Wohnung in den Bergen interessierte niemand ihr schickes Äußeres, dort ging es darum: Wer ist die Lotti?

»Und wer ist die Lotti?«, frage ich.

Heute? Ich finde, ich bin eine dankbare Frau, die das Leben genießt.

Ich bin nicht die, die wartet, was passiert.

Dieses Wochenende habe ich in fast drei Stunden 700 Höhenmeter gemacht. Solche Sachen mag ich. Oder mit den Hunden zu gehen. Ich mache, was mir Spaß macht. Ich habe mir ein Stand-up-Paddle gekauft, letztes Jahr schon. Ich werde natürlich nicht auf die Eiger-Nordwand klettern, meine Grenzen kenne ich schon. Aber ich habe noch viel, was offen ist und was man machen kann, auch wenn man älter ist.

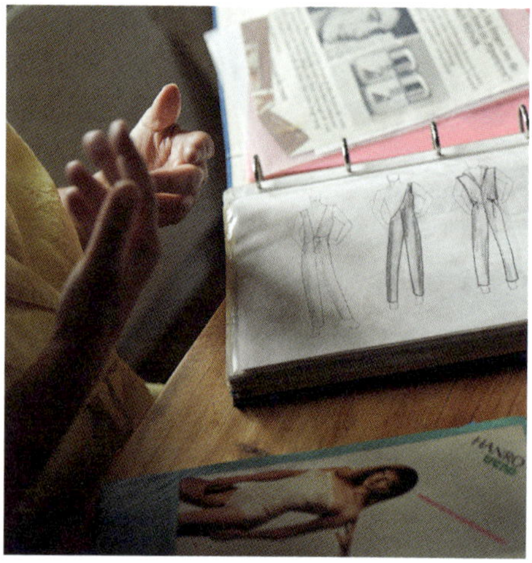

In Schweden fährt sie auf einem Schlitten mit acht Hunden. Neuerdings schnallt sie sich an. Sollte sie fallen, hätte sie nicht die Kraft, die Hunde zu halten.

Ich frage: »Die Hunde wären weg, wenn du stürzen würdest, die würden nicht zu dir kommen?« Nein, die sind darauf getrimmt zu rennen.

Je nach Wetter werden auf den Touren täglich 20 bis 60 Kilometer zurückgelegt. Am liebsten ist Lotti allein unterwegs.

Lotti hat ihr Team an Schlittenhunden, auf das sie sich verlassen kann. Sie hat auch ihren Leithund. Um die Wahl eines Leithundes zu erklären, erzählt sie von einer Ausbildung, die sie selbst absolviert hat: Wie führe ich richtig? Man hat mich in die Kategorie »gamma« getan. »Alpha« führt, »beta« folgt.

Ein Gamma-Mensch ist vielleicht ein unbequemer Mensch, aber dank denen gibt es eine Entwicklung.

Wenn alles immer harmonisch und schön ist, gibt es keine Entwicklung. So ist es auch bei den Hunderudeln: Die Führer sind nicht die aggressiven, es sind die Papas und Mamas, die harmonieinteressierten mit dem Überblick. Sie erzählt von besonders engen Beziehungen zu einigen Hunden, aber sie weigert sich, von einem Lieblingshund zu sprechen. Die Hunde seien alle unterschiedlich, Machos und Tussis und Angeber und Scheue, das ganze Spektrum, aber jeder Hund gebe vor dem Schlitten sein Bestes. Allerdings dürfe man nicht glauben, dass das Kuscheltiere seien. Sie bleiben Jäger.

Die Lotti, die sich für Mode interessiert, ist in Lappland nicht verloren gegangen. In ihrer Wohnung gibt es ein Schneideratelier mit Schneiderpuppe und Nähmaschine. Da Lotti wenig Geld hat, hat sie ein Inserat gestartet und macht nun Änderungsarbeiten. Sie zeigt uns ein Buch, wo ihre Muster und Modelle von Hanro aufgeführt sind. Ein opulentes Buch mit schönen Fotos. Wir haben mit den absolut edelsten Stoffen gearbeitet, Seide, Kaschmir, das hat Spaß gemacht. Wir hatten die besten Fotografen, bekannte Models. Ich war nie besonders gut im Zeichnen, aber im Realisieren. Weil ich alles von der Pieke auf konnte. Bis zu den Spitzen. Ja, das war mal mein Leben.

Heute besucht sie gern das Modemuseum. Dort interessiert sie das Können und das Wissen und das Handwerk. Sie zeigt uns ihre Sammlung alter Spitze, alles von Hand gefertigt, unglaublich filigran. Sie überlegt, das besonders Exquisite ins Museum schicken. Ich kann die jeden Tag anschauen. Klitzekleine Blätter und Kragen. Diese Feinheiten! Das waren Tage, die die gebraucht haben, um das zu fertigen. Das musst du mit der Lupe sticken. Die heutige Mode langweilt sie, viele Materialien stoßen sie ab.

Immer wieder betont Lotti, dass sie nichts mehr kaufen müsse. Sie hat genug, und manchmal bekommt sie wertvolle Kleidung geschenkt. Auf dem Tisch liegt eine angefangene Strickarbeit. Wundervolle warme Farben. Japanische Grasfaser mit Wolle, erklärt sie. Auch die hat sie geschenkt bekommen. Sie beginnt dann, ohne zu wissen, was es am Schluss werden soll …

Diese Seite will auch leben. Einfach dasitzen und lesen, das mache ich selten. Ich war immer kreativ, und ich glaub, meine Kreativität hat mich auch überleben lassen.

Weil ich immer wieder Wege suchen konnte. Ich bin extrem gut im Improvisieren.

Perfektion strebt sie heute nicht mehr an. Und sie versucht auch, den jungen Leuten, die bei ihr in Schweden arbeiten, nahezulegen: Tretet in so viele Fettnäpfchen, macht so viele Fehler, wie ihr könnt, ihr müsst nur lernen, wieder rauszukommen, nicht anderen die Schuld zu geben. Lotti betont zwei Dinge, die von Bedeutung sind, um Fehler richtig machen zu können: erstens Humor, zweitens die Übernahme der Verantwortung für die Konsequenzen. Sie selbst hat viele Fehler gemacht, meint sie, aber als ich sie bitte, die einmal aufzuzählen, wird schnell deutlich, dass alles auch seinen Sinn hatte. Zum Beispiel hält sie es für einen Fehler, dass sie ihr ganzes Geld ausgegeben hat. Aber dann fällt ihr ein, dass ihr Ex-Mann es verprasst hätte, wäre mehr dagewesen. Wir lachen. Also doch kein Fehler!

Und wieder wendet Lotti den Blick von der Vergangenheit und den Fehlentscheidungen zum Heute und zum Morgen. Ich habe noch so viel vor mir.

Ich weiß, dass ich über den Zenit bin, aber ich möchte noch so viel erleben.

Auf meine Frage, was sie noch erleben möchte, sagt sie: Ich möchte noch viel reisen. Eigentlich überallhin, vor allem Südamerika. Und ich würde auch so gerne tanzen. Mein Lieblingstanz war früher Tango. Und Rock 'n' Roll.

Vor drei Jahren war sie in Kolumbien und Ecuador mit einer Frau, die auch schon über sechzig ist. Die hat ihr Auto verschiffen lassen, und dann sind wir zwei Frauen mit einem Zelt auf dem Autodach gereist. Alle sagten, oh, wie gefährlich, mach dein Testament. Ich kann sagen, wir haben nur Menschen getroffen, denen hätte ich meine Handtasche geben können und sagen: In einer Stunde hole ich sie wieder. Einmal sind wir in einem Dorf gelandet, wir konnten beide kaum Spanisch, da haben sie uns einen Platz zum Campieren gezeigt, und dann kam das ganze Dorf, und dann kam ein Italiener, der Englisch sprach, so ein Hippie, und dann haben sie uns am Abend eingeladen und haben uns ein Konzert gegeben. Wir haben so tolle Erfahrungen gemacht.

Bis wieder Geld und Gelegenheit für Reisen da ist, pendelt sie zwischen Lappland und der Schweiz. Ich liebe die Berge, da fühle ich mich zu Hause, auch in

»Ich frage eher beiläufig, ob Lotti jemals krank gewesen ist. Die Geschichte, die sie dann erzählt, zieht mir die Schuhe aus.«

Schweden, wenn ich mit den Hunden in den Bergen bin, das ist meine Heimat. Da geht mein Herz auf.

Bald fliegt sie wieder nach Schweden, um die Hunde zu »hüten«. Ich freue mich drauf. Ich freue mich überhaupt, so ein Leben zu führen, zu pendeln. Aber ich kann es auch aufgeben. Wenn ich irgendwann merke, dass alles gut läuft, kann ich auch Tango tanzen. Im Moment pendle ich noch. Wenn mein letzter Tag mal gekommen ist, kann ich lächelnd sagen, ich habe alles genossen, die Hochs und die Tiefs. Alles.

Ich frage eher beiläufig, ob Lotti jemals krank gewesen ist. Die Geschichte, die sie dann erzählt, zieht mir die Schuhe aus.

Lotti wurde mit einer Hüftgelenkdysplasie geboren. Als Säugling wurden ihr Schienen angelegt, damit das ausgeglichen wurde. Als sie später in die Lehre kam, hatte sie extreme Rückenschmerzen. Eine Schneiderin sitzt ja viel. Nach eingehenden Untersuchungen wurde prognostiziert, sie würde mit vierzig im Rollstuhl sitzen. Und ihr wurde ein Stahlkorsett angepasst. Da war sie 18 Jahre alt. Auch ein zweiter Arzt, den sie konsultierte, bestätigte die Diagnose.

Dann hatte ich mit 18 Jahren ein Stahlkorsett an von der Brust bis unten und mit so einem breiten Gürtel rum. Besonders im Sommer ist das dramatisch für eine junge Frau. Du kannst keine Kleider anziehen, die du willst. Und dann bin ich zu einem älteren Chiropraktiker gegangen, der war meine Rettung. Der sollte mir das zweite Korsett anpassen. Der sagte: »Ich mache Ihnen das Korsett so ungerne. Sie müssen mir versprechen, dass Sie immer turnen, denn diese Korsetts machen die Muskeln kaputt.« Die anderen Ärzte haben gesagt: »Nicht mehr als fünf Kilo heben, keinen Sport mehr machen.«

Und dann habe ich gedacht, wisst ihr was, das ist mein Leben.

Lieber noch diese 22 Jahre, wo ich alles mache, was ich nachher nicht mehr kann, wenn ich im Rollstuhl bin. Dann habe ich alles angefangen. Ski gefahren bin ich vorher schon, dann Wasserski. Und ich habe gesagt, ich gehe nie wieder zu einem Arzt mit meinem Rücken. Jetzt bin ich 67, und es geht mir gut. Ich habe keine Schmerzen mehr.

Sie erzählt von einer zweiten Krankheit, und wieder bleibt mir die Spucke weg. Bevor sie vierzig wurde und nach Lappland ging, musste sie mit extremen Schmerzen in der Brust notfallmäßig zum Arzt, dann zu einem Lungenspezialisten. Der stellte einen Morbus Boek fest. Bei dieser Krankheit können die Lungenbläschen verkleben, und folglich hat die Lunge nicht mehr die volle Kapazität. Der Arzt empfahl Cortison, die Höchstdosis, weil die Gefahr bestand, dass Lotti ersticken könnte. Als sie von den Nebenwirkungen des Medikaments hörte, wurde sie skeptisch, fragte einen befreundeten Arzt, ob er das nehmen würde, und er empfahl es unbedingt.

Aber mein Bauch hat einfach gesagt, nein, das nimmst du nicht.

Und dann bin ich wieder zu diesem Arzt und habe gesagt: »Ich weiß nicht, ob ich das nehmen will. Können Sie mir garantieren, ob das weggeht?« Er sagte: »Wir wissen es nicht.« Und dann habe ich mir gesagt: »Ich nehme es nicht.« Das geht nicht weg, deshalb bin ich auch schnell außer Atem, aber ich lebe nach wie vor gut. Das gehört eben auch für mich zur Eigenverantwortung: Es ist mein Körper, und ich entscheide, ob ich das will, was die mir sagen. Ich habe mich deshalb auch beim Exit angemeldet. Das haben wir in der Schweiz. Bei Exit trinkst du so einen Saft, und dann gehst du. Wann und ob ich es so mache, das weiß ich jetzt noch nicht, aber ich habe die Möglichkeit, es zu entscheiden.

Lottis Mutter ist im Pflegeheim. Sie ist dement. Zweimal wöchentlich besucht Lotti die Mutter. Ich kann mir nicht vorstellen, so zu enden.

»Hast du eine Vorstellung davon, was passiert, wenn du tot bist?«

Niemand weiß es, auch der Papst nicht. Ich werde es dann schon merken. Da habe ich Vertrauen. Und wenn man total tot ist und es nichts gibt, dann spielt es auch keine Rolle. Und wenn es etwas gibt, werde ich es merken. Darüber denke ich nicht nach.

Aber ich denke darüber nach, dass wir einmal gehen müssen und dass das okay ist.

Die Zeit, die ich noch habe, will ich so gut wie möglich nützen.

Sodass ich irgendwann mich hinlegen kann und sagen: Okay! Jetzt gehe ich.

Wenn mein letzter Tag
mal gekommen ist,
kann ich lächelnd sagen,
ich habe alles genossen,
die Hochs und die Tiefs.
Alles.

LOTTI MEIER

Margot Käßmann

GESPRÄCH IM OKTOBER 2021

HANNOVER,
1958 GEBOREN

»DU DARFST NICHT DRAUF WARTEN, DASS SIE DICH RETTEN. DU MUSST SCHWIMMEN.«

Wir sind noch draußen auf der Straße, und ich fühle mich schon wohl. Margot Käßmann wohnt in einem Viertel mit alten Patrizierhäusern, in der Nähe befindet sich ein weitläufiger Park. Nächste Station des Wohlfühlens: Margots Wohnung, ein heller großer Raum, freie Küche, wir setzen uns an einen großen Tisch.

»Erzähl mir deine Geschichte,« sage ich.

Und dann ist es so angenehm, ihr zuzuhören. Diese Frau ist es gewohnt zu sprechen, gehört zu werden und in Kontakt zu sein.

Sie trägt eine senffarbene Jeans, fürs Fotografieren zieht sie sich eine Bluse von dem Rot über, das ich auf vielen Fotos von ihr gesehen habe. Sie lacht, als ich das bemerke: Mein Enkel hat mich vor kurzem gefragt, was meine Lieblingsfarbe ist. Ich habe gefragt: »Welche Farbe hat mein Auto? »Welche Farbe hat mein Fahrrad? Also rot.« Seitdem will er auch rot tragen.

Am Nachmittag wird Margot Käßmann ihren Enkel von der Kita abholen. Wenn ich in Hannover bin, will ich gern meinen Töchtern helfen.

Sie macht klar, dass das nicht ihr Lebensinhalt ist, aber enorm wichtig. Als ich am Abend die Begegnung mit ihr Revue passieren lasse, denke ich: Im Leben dieser Frau ist nichts klein geblieben. Bischöfin einer Landeskirche zu werden, das muss eine sich vorstellen können, bevor sie es

»Sie kommt mir indes nicht vor, als hätte sie sich zu einem bestimmten Zeitpunkt ihres Lebens für ein ›großes‹ Leben entschieden.«

sich traut. Doch nicht nur das. Sie hat vier Kinder. Sie kommt mir indes nicht vor, als hätte sie sich zu einem bestimmten Zeitpunkt ihres Lebens für ein »großes« Leben entschieden, als hätte sie hoch hinaus gewollt, sondern mehr, als hätte sie sich eingemischt, wäre Überzeugung und Leidenschaft gefolgt und hätte Ja! gesagt.

Geboren wurde sie 1958. Der Vater ist Jahrgang 1920, die Mutter zwei Jahre jünger. Die Kriegstraumata, die sie gehabt haben mussten, sind mir erst beim Älterwerden bewusst geworden. Bis Sommer '46 wusste die Mutter nicht, ob der Rest ihrer Familie noch lebt.

Margots Vater, der für die Amerikaner als Kfz-Mechaniker arbeitete, kannte einen Cousin der Mutter, und so lernten sich die Eltern in Burgholz kennen. Im nah gelegenen Allendorf wurden bald Flüchtlinge angesiedelt. Man musste dringend Wohnraum schaffen. Eines der Häuser mit vielen kleinen Wohnungen, die dort ab 1949 gebaut wurden, ist bis heute als Denkmal erhalten geblieben. Allendorf ist eigentlich ein traumatisierter Ort, die größte Munitionsfabrik der Nazis, Zwangsarbeiter zu Tausenden, und nun wurden dahin diese Flüchtlinge aus dem Sudetenland, aus Pommern und Ostpreußen angesiedelt. Und bald schon, Ende der Fünfziger, kamen Italiener, Griechen, Jugoslawen und Türken. Also wir sind aufgewachsen unter Geflüchteten, Traumatisierten, ein paar Zwangsarbeiter waren auch noch da geblieben. Das werden wir Kinder alle unbewusst mitbekommen haben.

Margots älteste Schwester ist 1951 geboren, die zweite 1953, 1957 starb ein Bruder kurz nach der Geburt. 1958 kam dann Margot.

Ich frage sie, wie es auf sie eingewirkt hat, so bald nach einem toten Bruder, also praktisch noch in die Trauerphase der Eltern geboren worden zu sein. Sie denkt nach, kann es nicht beantworten. Über den Bruder war nicht gesprochen worden. Ja... ich hieß immer der kleine Robert, das habe ich nie kapiert. Ich habe nichts von der Trauer

der Eltern mitbekommen. Der liebe Gott hat mir ein fröhliches Herz gegeben.

Ihre Eltern begannen 1949, eine kleine Tankstelle zu bauen, dann wurde die Tankstelle größer, der Vater baute noch eine Autowerkstatt an und zehn Jahre später dann ein Einfamilienhaus. Die Eltern haben gearbeitet rund um die Uhr. Ich habe das mal so beschrieben: Da war die Tankstelle und da war die Werkstatt, das war ein Kilometer, wo du dich sehr sicher fühltest. Die Geschwister waren schon in der Schule, als ich geboren wurde, und waren schon auf dem Gymnasium in Marburg, als ich in die Grundschule kam. Insofern war ich sehr frei. Ich habe die Kindheit ziemlich unbekümmert erlebt.

1968, mit dem Übergang aufs Gymnasium, veränderte sich das. Jeden Morgen musste Margot nach Marburg fahren und am Nachmittag zurück. Nach den Hausaufgaben war der Tag zu Ende. Ein Zehnstundentag für ein zehnjähriges Mädchen. Die Mutter arbeitete selbst hart, für Jammern ihrer Töchter hatte sie wenig Verständnis. Für sie war es absolut wichtig, dass ihre Töchter Abitur machten. Damals war Margot genervt von ihrer Mutter. Heute jedoch sieht sie das anders.

Kurz vor Ende der Mittleren Reife 1974 gewann sie ein Stipendium in die USA. Diese Erfahrung beschreibt sie als tief prägend. Sie war in einem Internat an der Ostküste untergebracht, ansonsten waren dort lauter Kinder reicher Eltern oder schwarze Stipendiaten. So lernte sie hautnah Rassismus kennen.

Der Vietnamkrieg ging zu Ende. Ich habe dann angefangen, Martin Luther King zu lesen, und dann dachte ich, man kann fromm und politisch sein. Auch waren da Juden, die nach dem Holocaust gefragt haben, ich hatte vorher noch nie darüber nachgedacht.

Bei ihrer Rückkehr fand sie ein völlig verändertes Zuhause vor. Der Vater war gestorben, die Mutter hatte die Tankstelle, die Werkstatt, das große Haus verkauft und ein kleines Häuschen gekauft. Alles war durcheinandergewirbelt. Die folgenden zwei Jahre lebte Margot dort gemeinsam mit ihrer Mutter. Nach dem Abitur ging sie fürs Theologiestudium nach Tübingen.

Kirche hat eine positive Rolle in meiner Entwicklung gespielt.

Wir waren alle in der Kirchengemeinde engagiert. Meine Schwestern haben sogar Orgel gespielt. Ich habe im Posaunenchor mitgewirkt, da habe ich auch meinen jetzigen Partner kennengelernt. Wir waren damals mit vierzehn schon einmal ein Pärchen, dann haben wir uns vierzig Jahre nicht gesehen ...

1977 begann Margot, Theologie zu studieren.

Die Evangelische Fakultät in Tübingen war hochpolitisch. Die Friedensbewegung war aktiv, im Herbst 77 wurde Schleyer ermordet, dann gab es den Suizid von Baader, Meinhof, Ensslin und Raspe in Stuttgart-Stammheim. Was da los war! Das war alles für mich … shocking! Also, ich wusste gar nicht, wie ich damit umgehen sollte. Ich war sehr allein. Dann empfahl mir mein Hebräischlehrer: »Bewerben Sie sich doch um ein Stipendium bei Villigst (Evangelisches Studienwerk).«

Da habe ich mich dann beworben und habe ab dem dritten Semester ein Stipendium bekommen, 800 Mark, das war viel Geld.

Das war eine große Entlastung. Und die haben uns auch sehr gefördert, Gesprächskreise zum Beispiel veranstaltet, und so habe ich mich ein bisschen freier geschwommen.

Nach vier Semestern Tübingen ging Margot für ein Semester nach Edinburgh, dem folgten zwei Semester Göttingen und danach ein Industriepraktikum, wo sie ihren späteren Mann kennenlernte, auch ein Theologiestudent. Mit ihm gemeinsam ging sie nach Marburg. Die beiden zogen zusammen, und sowohl Eltern als auch Kirche standen dieser »freien Liebe« sehr kritisch gegenüber. Also wurde geheiratet, an Margots 23. Geburtstag. Wir waren Studenten, wir hatten kein Geld. Ich hatte ein Kleid für 70 Mark vom Inder und flache Sandalen, und dann haben meine Mutter und meine Schwiegermutter Rouladen gekocht, dazu Kartoffeln. Nachmittags gab es Kuchen, den haben unsere Schwestern gebacken. Das war's. War nett.

Kurz vor Margots 24. Geburtstag, im vorletzten Semester, wurde Sarah, die erste Tochter, geboren.

Ich frage nach Vorbildern, die Margot auf ihrem ungewöhnlichen Weg geleitet haben.

Das gab es für mich nicht. Ich kannte gar keine Pfarrerin. An der Uni in Theologie gab es auch nicht so viele. Meine Mutter? Heute würde ich sagen, die war doch für uns ein role model. Sie hat immer gesagt, eine Frau muss für sich selbst sorgen können. Wir drei Schwestern haben alle Kinder und waren berufstätig, das hing sicher mit ihr zusammen.

Margots Thema war, vielleicht ihr Leben lang, ihre Rolle erstmalig zu besetzen und zu entwickeln.

1983, in dem Jahr, in dem sie das Studium abgeschlossen hatte, fand die Vollversammlung des Ökumenischen Rates der Kirchen in Vancouver statt. Die Evangelische Kirche in Deutschland schickte eine Delegation dahin, und Margot wurde von der kleinen Landeskirche Kurhessen-Waldeck nominiert, weil sie Sprecherin der Theologiestudierenden war. Das Treffen war für mich mindblowing. Da waren Orthodoxe, da war eine Frau aus dem Pazifik mit der Theologie der Kokosnuss, Anti-Apartheidbewegung, Lateinamerikas Befreiungstheologie. Ich war wirklich geflasht, was es alles gibt. Kirche kann ganz anders sein. Das hat mich für die nächsten zwanzig Jahre geprägt.

Und dann wurde Margot auch noch gewählt aufgrund der Quote, dass 15 Prozent unter Dreißigjährige in den Zentralausschuss sollten. Der Hannoversche Landesbischof erklärte zwar, dass das nicht möglich sei, denn sie hätten bereits entschieden, wer in den Zentralausschuss käme, doch dann stellten die Jugendlichen Margot als Gegenkandidatin auf, und sie wurde gewählt. Also, ich habe geheult vor Angst. Ein Grund für meine Wahl war folgender: Mein Mann war dabei, mit der ältesten Tochter, deshalb waren wir da untergebracht, wo die Indonesier waren. Und ein Indonesier drehte sich dann um bei der Wahl, das weiß ich noch, und sagte: »Oh, it's Margot with the baby!« Mit diesen Stimmen wurde ich gewählt.

Sie lacht herzhaft.

»Dazu kann man Ihnen nicht gratulieren,« hat der Ökumenereferent der EKD gesagt. Aber es gab auch andere. Werner Simpfendörfer, Vertreter der Evangelischen Akademien, sagte zu mir: »Frau Käßmann, ich nehme Sie mit, ich stelle Sie vor.«

Das war nicht die einzige Etappe in Margots Leben, in der sie etwas tat, das vor ihr noch nie eine Frau getan hatte. Nach dem Studium absolvierte sie als erste Frau mit Kind das Vikariat.

Trotz Kind schloss Margot das Vikariat mit guten Noten ab. Am Schluss war sie schwanger mit Zwillingen. Als sie vom Bischof eingesegnet wurde und die Ordinationsrechte erhielt, also das Recht, ihr Leben lang auf allen evangelischen Kanzeln der Welt predigen, taufen, trauen, beerdigen, alle Sakramente geben zu dürfen, gab es tatsächlich Diskussionen, ob eine Schwangere ordiniert werden könne.

Das sitzt ganz tief. Das sind nicht-theologische Faktoren. Das kann man sich heute gar nicht mehr vorstellen, aber zum Beispiel durften in katholischen Kirchen bis vor gar nicht so langer Zeit Frauen erst nach dem Klimakterium den Altarraum putzen. Das hat mit diesen alten Vorstellungen von unrein und Menstruation zu tun.

Als erste Pfarrstelle wurde Margot und ihrem Mann eine auf dem Land in Spieskappel angeboten. »Osthessisch-Sibirien.« Margot vermutet, dass ihr auf diese Weise deutlich gemacht werden sollte, dass sie sich nicht zu wichtig nehmen sollte. Und dann machte die Pröpstin der jungen Pfarrerin sehr klar, dass sie als dreifache Mutter einer Gemeinde nicht zumutbar sei. Ich soll meinem Mann die volle Stelle überlassen, da sind ja sechs Dörfer zu versorgen, zu tun hätte ich genug.

Es hat mich Jahre geärgert, dass ich mich da hab in die Knie zwingen lassen.

Doch Margot nutzte auch diese Situation letztlich auf eine förderliche Weise. Sie folgte der Empfehlung des Herrn Simpfendörfer, die Zeit für eine Promotion zu nutzen. Im Nachhinein ist sie sehr glücklich darüber. Sie erhielt ein Stipendium in Höhe von 600 Mark monatlich. Dieses Geld gab sie an eine Nachbarin weiter, die, glücklich, etwas zu verdienen, von 8-12 Uhr zur Kinderbetreuung kam.

Ich habe mir einen Computer angeschafft, und dann habe ich drei Jahre Haushalt und Kinder gemacht, war mehr oder weniger zu Hause, bis auf Tagungen. Habe promoviert in drei Jahren und dann noch mit dem vierten Kind. Das hat mir später oft genutzt, wenn sie gesagt haben, ist das denn eine gute Theologin?

Das kommt bei Frauen immer: Ist sie denn eine gute Theologin? Bei Männern genügt die stattliche Figur.

Zudem engagierte sie sich im Ökumenischen Rat der Kirchen. Die Deutschen kamen mit der Friedensfrage, und dann haben die Lateinamerikaner gesagt, ihr benutzt die Friedensfrage, um abzulenken von der Gerechtigkeitsfrage, und dann kamen die aus dem Pazifik und haben gesagt: Die Friedensfrage hängt mit der Schöpfungsfrage zusammen. Das hört sich jetzt kompliziert an, aber das wurde der konziliare Prozess für Gerechtigkeit, Frieden, Bewahrung der Schöpfung. Der Ruf: Keine Gewalt! der kam in der Wendezeit in Ostdeutschland aus den Kirchen.

In diesem Prozess war ich in meiner Kirche leidenschaftlich engagiert. Das war meine Zeit!

In diesem Prozess engagierte sie sich zwanzig Jahre lang. Nach sieben Jahren Pastorentätigkeit sagte ihr Mann, beim vierten Kind würde er gern Elternzeit nehmen. Also bewarb Margot sich an der Akademie Hofgeismar, zu ihrem eigenen Erstaunen wurde sie dort zur Studienleiterin gewählt, und ihr Mann nahm zwei Jahre Erziehungsurlaub. Das war ein riesiger Umbruch. Da hatte ich mit 34 meine erste volle Stelle. Es sagen Leute, ich hätte ständig Karriere gemacht, nee nee, ich hatte Honoraraufträge und zwischenzeitlich eine halbe Stelle. Und mit 34 eine eigene volle Stelle. Und dann wurde ich verbeamtet. 34 ist superjung, aber mir kam es alt vor. Es war fast zehn Jahre nach der Ordination.

Danach entwickelte sich alles rasant. 1992 hatte Margot vier Kinder und ihre erste volle Stelle. 1993 war Kirchentag in München. An Fronleichnam moderierte

»Ich frage nach einem inneren Konflikt, und sie verneint. Auch Margot ist mit einer berufstätigen Mutter aufgewachsen, für sie war das normal. «

Margot eine Zusammenkunft der Evangelischen und der Katholiken auf dem Marienplatz, da sie inzwischen über viele ökumenische Verbindungen verfügte. Und dann bin ich nach der Veranstaltung mit meiner Tochter im Hotel zurück, im Fahrstuhl, und da war der Generalsekretär, Dr. Christian Krause, und sagte: »Guten Tag, Frau Käßmann.« Da dachte ich, oh, der kennt meinen Namen.

Ein Jahr später war ich Generalsekretärin. Das hätte ich nie gedacht.

Ernst Benda war Kirchentagspräsident, gegen den hatten sie noch demonstriert, als er Innenminister war: »Benda, wir kommen, die Linken und die Frommen!« Dem musste Margot Käßmann irgendwie imponiert haben, und also fragte er sie, ob sie Lust hätte, die Nachfolgerin des Generalsekretärs zu werden. Dann habe ich das mit meinem Mann hin und her diskutiert. Vier Kinder und Generalsekretärin und schon wieder umziehen, dann haben wir aber beide gesagt, also, wann wird man das schon gefragt im Leben. Also habe ich zugesagt. Der Präsident durfte zwar auswählen, aber muss seine Entscheidung durchs Präsidium bestätigen lassen. Das war eine schreckliche Erfahrung in Fulda. Das Präsidium war nicht begeistert. Herr Gauck zum Beispiel fragte, wie ich mir das vorstelle, eine solche Verantwortung mit vier kleinen Kindern zu übernehmen. Hartmut von Hentig als Pädagoge: meine armen Kinder. Ich habe mich richtig gedemütigt gefühlt. Als sei ich eine karrieregeile Zicke, die als Mutter versagt.

Ich frage nach einem inneren Konflikt, und sie verneint. Auch Margot ist mit einer berufstätigen Mutter aufgewachsen, für sie war das normal. Im übrigen hatten die Kinder einen engagierten Vater und waren hervorragend versorgt. Ich war sicher keine überbehütende Mutter, aber ich habe mich immer intensiv um meine Kinder gekümmert. Auf meine Art.

Bei der Abstimmung über die künftige Generalsekretärin entschieden sich 22 für sie und 7 dagegen. Der amtierende Generalsekretär riet ihr, unter diesen Umständen nicht anzunehmen. Dann bin ich im ICE nach Hause gefahren und habe geheult, eigentlich vor Wut, da war ich richtig zornig. Mein Mann hat mich abgeholt mit Blumen, aber ich habe gesagt, ich habe gar keine Lust auf die Stelle. Dann haben wir diskutiert, das war Samstag, und dann habe ich gesagt, ich schlafe noch bis Sonntag drüber, dann sage ich ab.

Am nächsten Morgen teilte Ralf Ludwig im NDR-Radio mit: »Wie man hört, wurde gestern eine junge Frau zur Generalsekretärin des Deutschen Evangelischen Kirchentags gewählt. Margot Käßmann mit ihrer ökumenischen Erfahrung wird den Kirchentag ummodeln, man kann dem Kirchentag nur gratulieren zu dieser Wahl.«

Diese positive Reaktion berührte Margot sehr. Und jetzt war die Entscheidung öffentlich. Also nahm sie die Wahl an.

Mein Vorgänger war beleidigt, er hat gesagt, damit wird sein Amt nachträglich abgewertet. Ich habe mir dann privat eine Supervision geholt. Ein älterer Katholik, der war gut. Er hat gesagt:

»Stellen Sie sich vor, Sie sind mitten in einem See und drohen zu ertrinken, und Ihr Stab steht am Ufer und guckt zu. Was machen die?« Da habe ich gesagt, die gucken, ob ich schwimmen kann.

Das habe ich nie vergessen. Du darfst nicht drauf warten, dass andere dich retten, du musst schwimmen. Und dann bin ich geschwommen.

Von 1994-99 war sie Generalsekretärin, und sie war es gern. Sie hat sich die zu ihr passenden Mitstreiter gesucht, hat drei Kirchentage geleitet, wurde öffentlich bekannt.

Auch ihre Familie war in Fulda in einem schönen Haus mit schönem Garten fünf Jahre lang glücklich. Ihr Mann wurde Studentenpfarrer in Fulda, ein Glücksfall. Studentenpfarrer arbeiten in der Regel vormittags oder abends, und abends war Margot bei den Kindern.

1992 wurde Maria Jepsen als erste Bischöfin weltweit in Hamburg gewählt. 1999 stand in Hannover die Bischofswahl an. Hannover ist die größte evangelische Landeskirche. Die Synode wünschte sich eine Frau und einen Mann als Kandidaten, und Margot Käßmann wurde gefragt, ob sie kandidieren würde. Sie sah sich selbst nicht als Bischöfin, und es zog sie auch nicht nach Hannover. Da haben die gesagt: »Sie werden sowieso nicht gewählt werden. Sie sind nicht richtig lutherisch, Sie sind viel zu jung, und von außen ist in Hannover noch nie jemand Bischof geworden.«

Margot ließ sich allein deshalb zur Wahl stellen, weil sie demonstrieren wollte, dass auch eine Frau Bischöfin werden könnte.

Der Altbischof beging den Fehler, bis nachts noch Synodale telefonisch zu beschwören, auf keinen Fall Margot Käßmann zu wählen. Das dürften sie der Kirche nicht antun. Damit weckte er Widerstand. Im dritten Wahlgang wurde Margot mit sieben Stimmen Vorsprung knapp gewählt. Die Konservativen ver-

> »Auch ihre Familie war in Fulda in einem schönen Haus mit schönem Garten fünf Jahre lang glücklich.«

kündeten daraufhin, der Bischofsstuhl in Hannover sei vakant, eine Frau könne ihn nicht besetzen, und beriefen eine Notsynode für den Tag der Amtseinführung Margot Käßmanns ein. Bei meiner Einführung kamen dann ca. 5.000 Menschen, 2.000 in der Kirche, 3.000 draußen. Ein Riesenfest. Es gab Bratwürstchen und Wasser und Bier für alle. Bei der Notsynode waren vielleicht hundert. Das war's dann.

Es ist leicht zu verstehen, wenn sie sagt: Dann kamen die anstrengendsten elf Jahre meines Lebens. Margot lebte in ständiger Öffentlichkeit und Kritik. Gleichzeitig liebten die Menschen sie. Wohin sie auch kam, wurde sie liebevoll empfangen. Gleichwohl hatte sie anstrengende Bürokratie zu bewältigen.

Das Schöne sind die tollen Gottesdienste, die Kirchen sind voll, die Leute freuen sich, Kirchenmusik, die Gemeinden haben das manchmal zwei Jahre vorbereitet. Die Sonntagsgottesdienste waren herzerwärmend. Das sind die schönen Seiten. Das andere sind auch Machtkämpfe, anstrengende Auseinandersetzungen.

Vier Kinder, zwei Berufe, ich frage mich, wie das Paar noch Zeit für Zweisamkeit aufbrachte. Ihr Mann ging nicht gern mit auf Empfänge, von denen es viele gab. Margots Mann hatte sich dafür ausgesprochen, dass sie Bischöfin würde. Trotzdem entwickelten sich die beiden in dieser anstrengenden Zeit auseinander. Es wurde natürlich bei der Scheidung immer wieder gesagt: »Es lag daran, dass sie Bischöfin war.« Aber mein Ex-Mann hat immer wieder betont: »Es lag nicht an deinem Beruf. Es war unsere Paarbeziehung.«

Wenn zwei nicht aneinander wachsen, dann kann es nicht das sein, was der liebe Gott mit der Ehe gewollt hat, hat mal einer gesagt.

»Sie wollte für ihr Glück eintreten, selbst wenn es das Amt gekostet hätte.«

Wir haben ein paar Jahre miteinander gerungen, aber dann haben wir uns für Trennung entschieden.

2006 hatte sie das erste Mal Brustkrebs. So wurde das allgemeine Wissen über die Sterblichkeit zu einer persönlichen Nachricht für Margot.

Da überlegst du, wie willst du denn leben für den Rest deines Lebens.

Dann habe ich gedacht, selbst wenn ich das Amt verliere, wäre es auch okay, aber ich möchte die letzten Jahre, die ich noch habe, glücklich sein. Und das gilt ja auch für ihn. Er hat wieder geheiratet, ich denke, er ist glücklich. Wir taufen auch alle Enkel zusammen, die Kinder haben den Vater behalten. Das haben wir ganz gut hinbekommen, denke ich.

Bevor Margot sich scheiden ließ, spielte sie alle Konsequenzen durch. Sie wollte für ihr Glück eintreten, selbst wenn es das Amt gekostet hätte.

Aber sie blieb Bischöfin. 2007 fand die Scheidung statt.

2009 wurde Margot, 51-jährig, zur Vorsitzenden des Rates der EKD gewählt. Dass eine geschiedene Frau zur Ratsvorsitzenden gewählt wurde, war eine Sensation. Davor bekundet Margot heute noch ihren Respekt. Die katholische Kirche war nicht begeistert, die russisch-orthodoxe kappte deswegen die Verbindung zur EKD. Der Medienrummel tobte. Margot Käßmann stand inmitten all dessen.

2010 zur Neujahrspredigt sagte sie: »Nichts ist gut in Afghanistan. Das ist keine Friedensstrategie.« Später gewann die Rede den Rhetorikpreis der Universität Tübingen.

Das war damals furchtbar. Ich habe mich wie eine Gejagte gefühlt. Ich musste zum CDU-Präsidium, zum Verteidigungsministerium ... Ich war permanent unter Druck, mich zu rechtfertigen. Ich glaube, nur so ist es erklärlich, dass ich alkoholisiert Auto gefahren bin. Ich bin eigentlich ein kontrollierter Mensch.

Ich hatte mir vorgenommen, über diese alkoholisierte Fahrt, die aus Margot Käßmann einen Medienstar gemacht hat, weit über die bisherige Öffentlichkeit hinaus, kaum zu sprechen. Doch sie erklärt sich, und ich will das wiedergeben: Eine blöde Situation. Es war alles vereist. Es war ein Fehler. Ich wollte Fahrrad fahren und dachte, da legst du dich hin. Dann wollte ich mein Auto nehmen, das hatte meine Tochter, da dachte ich, dann fährst du die zwei Kilometer mit einem Dienstwagen.

Und hinterher dachte ich, ich muss zurückfahren, weil ich am nächsten Morgen das Dienstauto brauchte. Ich hätte laufen können! Die Leute sagen: Hätten Sie ein Taxi genommen ..., ja, auf die Idee bin ich auch schon gekommen. Dann kam dieser riesige Medienrummel.

Meiner Meinung nach sind in diese starke öffentliche Verurteilung all die anderen Vorurteile hineingeflossen, die Margot Käßmann bis dahin begleitet hatten. Endlich hat die freche Frau sich etwas zuschulden kommen lassen, endlich durfte man sie in aller Political Correctness schlachten.

Es ist Samstag passiert, dann ging der Terror los. Das war irre! Und so habe ich Mittwochmorgen um halb sechs in der Küche zu meiner Tochter gesagt: »Ich trete einfach zurück.«

Die Alkoholnacht der Bischöfin, titelte die »Bild«. Die FAZ schrieb: Nach einer nächtlichen Tour durch das Kneipen- und Rotlichtmilieu ...

Die Realität: Margot war in einem spanischen Restaurant gewesen. 1,5 Promille. Ihren Führerschein bekam sie nach ein paar Monaten wieder.

Bei ihrer Entscheidung, ihr Amt niederzulegen, hatte ihr auch der gedankliche Prozess vor ihrer Scheidung geholfen. Wichtiger als das Amt war ihr ihre seelische und körperliche Gesundheit.

Es dauerte nur drei Tage, da öffnete sich eine neue Tür. Margots langjährige Freundin Janice Love, Dekanin der Fakultät in Emory/Atlanta, USA, einer großen methodistischen Universität, rief an und sagte: »Margo, now is the time.« Sie hatte Margot schon lange eine Gastprofessur angeboten, nun hatte Margot Zeit. Ich habe das Haus ausgeräumt, Bischofskanzlei, ein Riesenkeller, Familie, vier Kinder, ein Hasenstall, man kann sich das gar nicht vorstellen. Ich habe, glaube ich, zwei Monate geräumt und habe alles in eine Wohnung in Berlin geschafft, was nur noch meins war. Und bin dann Anfang August bis Jahresende nach Atlanta.

Weihnachten feierte sie mit ihren Töchtern in ihrer Wohnung in Berlin. Es war eng, die Töchter mussten auf dem Fußboden schlafen. Also suchte Margot ein Haus für die Familie und fand es in Usedom, 180 Kilometer entfernt von dem Ort, wo ihre Mutter aufgewachsen ist. Seitdem ist es ihr Familienhaus, das alle nutzen, sie hat es inzwischen ihren Töchtern vermacht.

Das macht alle glücklich, alle fahren ständig hin.

2019, dreizehn Jahre nach dem ersten Brustkrebs, hatte sie ein Rezidiv, das sie zwar auch wieder ohne Chemotherapie bewältigte, aber es war dennoch massiv.

Ich frage sie nach Ängsten.

Ich bin ja ein sachlicher Mensch. Jede fünfte Frau in Deutschland bekommt Brustkrebs, und die Überlebenschance liegt bei 90 Prozent. Da sollen die Frauen doch bitte alle zur Früherkennung gehen. Das lässt sich gut behandeln.

Du kannst als Pfarrerin nicht so tun, als lebtest du unendlich.

Im gleichen Jahr hat Margot Käßmann sich pensionieren lassen. Die Alternative wäre eine Pfarrstelle gewesen. Sie hat sich für die finanzielle Einbuße entschieden. Dann verdiene ich den Rest eben mit Büchern.

Über ihren 60. Geburtstag und die Zeit danach schrieb sie ein berührendes Buch: *Schöne Aussichten auf die besten Jahre.*

Und sie hat noch ein weiteres Buch geschrieben, gemeinsam mit ihrem heutigen Partner. Wir wollten es selber veröffentlichen, bevor es andere tun. Jeder der beiden schreibt eigene Passagen übers Kennenlernen, über ihre frische junge alte Beziehung: *Mit mutigem Schritt zurück zum Glück.*

Wenn Margot strahlend sagt: Ich bin glücklich, dann glaube ich ihr.

Ich war sicher keine
überbehütende Mutter,
aber ich habe mich
immer intensiv
um meine Kinder gekümmert.
Auf meine Art.

MARGOT KÄSSMANN

Mireille Demoulin

GESPRÄCH IM DEZEMBER 2018

NÎMES,
1961 GEBOREN

»

ICH BIN WIE EIN SAITENINSTRUMENT

«

Mireille ist die jüngste der von mir interviewten Frauen, aber sie ist ein wunderbares Beispiel dafür, dass manch eine Frau erst im »Alter« den Mut findet, dem eigenen Ich im Leben Raum zu geben. Mit 56 Jahren hat sie ihr Restaurant in Nîmes eröffnet. Dort macht sie alles allein, hat weder Koch noch Kellner.

Als eine gemeinsame Freundin mir von ihr erzählte, wollte ich sie unbedingt kennenlernen, sie hingegen war eher ablehnend, fand sich nicht interessant genug.

Wir melden uns dennoch bei ihr an, reservieren einen Tisch für drei, die Freundin, Lena und mich, und beschließen, uns überraschen zu lassen, ob sie uns vielleicht doch etwas über sich und ihr Leben erzählt. Ich lasse mein Aufnahmegerät zu Hause.

Das Restaurant »La Belle Saison« liegt in einer kleinen Nebenstraße. Eines dieser französischen Restaurants, die außen nicht viel von sich her machen. Wir betreten einen Raum wie in einem alten Gemäuer. Die Wände sind in Sonnengelb gestrichen, Spiegel erwecken einen Eindruck von Weite. Eine Frau erscheint: groß, kräftig, ungeschminkt, kurze dunkelblonde Haare, eine weiße Schürze über einer weinroten Hose. Ist das Mireille?

Ich bin überrascht, hatte sie mir zarter vorgestellt, französisch koketter. Sie begrüßt uns, und ich empfinde genau das, was sie später als ihre Absicht in Worte fassen wird: Sie ist die Gastgeberin. Ich bin zu Besuch bei einer Frau, die gut für mein leibliches Wohl sorgen wird. Später wird sie sagen: Hier bin ich zu Hause. Hier bin ich Ich.

Wer dieses Ich ist, dem werden wir in den kommenden drei Stunden ein wenig auf die Spur kommen. Ein wenig. Gleich zu Beginn unserer Konversation erklärt sie: Ich bin eine femme secrète.

Wie übersetzt man das? Lauert hinter einem unauffälligen Leben eine komplett entgegengesetzte Vergangenheit? Ein geheimes Leben hinter dem offensichtlichen? Oder gebraucht sie »secrète« im Sinne von »verschwiegen?« Eine Frau, die ihre Gedanken und Gefühle für sich behält?

Als wir über unseren Hinweg sprechen, die Streikposten der Gilets jaunes, denen wir begegnet waren, sagt sie kurz und energisch: Manchmal muss man den Mund aufmachen und einen Punkt setzen und sagen: Schluss jetzt!

Eine verschwiegene Frau, die zur rechten Zeit den Mund aufmacht? Ich bin neugierig auf sie.

»Eine verschwiegene Frau, die zur rechten Zeit den Mund aufmacht? «

Sie präsentiert uns die Speisekarte auf einer Schiefertafel, liest vor, erklärt, sie biete regionale Produkte an, bio, auch vegetarisch, ihre Speisen seien gehaltvoll, hätten ein kräftiges Aroma, aber seien nicht schwer. Nach unserer Bestellung verschwindet sie in der winzigen Küche und kocht.

In diesem Restaurant finden gut 16 Personen Platz. Es wirkt für mich geheimnisvoll, wie sie es bewältigt, wenn alle Tische belegt sind. Wie ein Zaubertrick.

Sie serviert einen Salat mit gebackenem Ziegenkäse in einem zarten Blätterteignest, das aussieht wie plissiert, gebackenen Apfelsalat mit Maronen, dazu gemischte grüne Salate mit gebratenem Speck. Wir essen und seufzen vor Entzücken, sie verschwindet wieder in ihrer Küche. Der nächste Gang: Kabeljau auf einem Spinatbett, gratiniert. Wieder serviert sie, setzt sich ein wenig zu uns, plaudert, erklärt uns ihr Universum. Der Mensch ist wie ein Saiteninstrument. Jede Saite schwingt auf ihre eigene Weise. Und harmoniert mit anderen Saiten, aber es ist nicht jeder Zusammenklang harmonisch. Nicht jede Note klingt rein, und wir vergreifen uns und machen immer wieder Fehler. Aber wir schwingen.

Hier in diesem Restaurant, wo sie alles allein macht vom Einkauf bis zum Abwasch, selbst die Wände und die rote schwere Holztür hat sie selbst gestrichen, hier erklingt sie. Hier schwingt eine Seite meiner Persönlichkeit, dies hier ist mein, ich bin die Gastgeberin und empfange die Gäste und sorge für sie. Ich nehme zwar Geld, aber es geht darum, dass ich mich ausdrücke. Der Mensch will sich ausdrücken, ich drücke mich hier aus.

Sie hat noch eine andere Seite, in der

»Mireille erprobte sich einmal mehr darin, secrète zu sein.«

sie sich ausdrückt: Sie ist Sängerin, Sopran. Am Samstag werden wir sie auf einem weihnachtlichen Konzert in einer Kirche in einem nahe gelegenen Dorf erleben.

Wer ist diese Frau, die von sich selbst mehrfach als Instrument spricht? Ich frage die gemeinsame Freundin, frage Mireille, und folgende Geschichte kristallisiert sich heraus:

Sie wurde am 25. Januar 1961 in Nîmes geboren, als erste von zwei Schwestern. Ihre Eltern hatten eine angesehene Metzgerei, viele gute Restaurants bestellten dort; Mireille arbeitete schon als junges Mädchen im Betrieb mit, auch in aller Herrgottsfrühe auf dem Großmarkt, sie kannte alle Facetten dieser Arbeit. Hinzu kam, dass ihre Mutter für viele Gelegenheiten kochte, und Mireille war immer in alles einbezogen.

Ihr Vater war Widerstandskämpfer gegen die deutschen Okkupanten gewesen, in Nîmes wurde sogar eine Straße nach ihm benannt. Er erkrankte schwer, und regelmäßig kam ein Arzt ins Haus, er wurde ein Freund der Familie. Das junge Mädchen Mireille verehrte diesen Herrn Doktor über alle Maßen. Er war freilich fünfzehn Jahre älter als sie, verheiratet, hatte sein Leben neben der Medizin der Musik gewidmet, hatte Kinder. Sie lernte damals, »secrète« zu sein, er erfuhr nichts von ihren heimlichen Gefühlen.

Mireille heiratete einen anderen, gebar zwei Kinder, einen Jungen, ein Mädchen, und lebte auf einem großen Anwesen, der Gärtnerei ihrer Schwiegereltern. Außerdem bewältigte sie den Haushalt und arbeitete in der Gärtnerei mit.

Bald wurde ihr Mann Mitglied einer religiösen Sekte, in der der Mann über Frau und Kinder bestimmt. Vergnügungen wie Tanzen oder Kino oder »sinnloses« lautes Singen (außer zur Lobpreisung Gottes) waren verboten. Diese Zeit muss schlimm gewesen sein für Mireille. Der Mann dominant, die Regeln religiös bestimmt, sie durfte sich nicht frei in der Welt bewegen. Ein Gefängnis.

Mireille erprobte sich einmal mehr darin, secrète zu sein. Ihre Gedanken und Sehnsüchte konnte ihr Mann schließlich nicht kontrollieren. Und vielleicht halfen die insgeheim nie getöteten Gefühle für den singenden Arzt ihr auch, ihrem Gefängnis in emotionalen Träumen zu entfliehen?

Ihr Ehemann wurde krank und starb, da war Mireille dreißig Jahre alt. Man mag sich nicht vorstellen, was aus ihr geworden wäre, wenn dieser Albtraum noch länger angedauert hätte.

Mireille konzentrierte sich darauf, ihre Kinder großzuziehen. Sie nahm eine Tätigkeit als Nachtschwester im Krankenhaus an. Und sie sorgte ganz allmählich dafür, dass wieder Fröhlichkeit einziehen konnte. Eine schwere Aufgabe, denn über diesem Haus lastete die bedrückende Schwere vieler Jahre.

Mireilles Mutter Marise zog bei ihr ein, nachdem ihr Mann, also Mireilles Vater, gestorben war. Der Kontakt der Mutter zu dem Hausarzt riss nach dem Tod des Vaters nicht ab, und also ging er bald bei Mireille aus und ein.

Das große Hobby dieses Arztes war seit jeher die Musik. Seit sie ihn kannte, leitete er einen in der Gegend angesehenen Chor, der zu Weihnachten und Ostern und anderen besonderen Tagen in den hiesigen Kirchen Konzerte gab.

Irgendwann sagte er zu Mireille: »Du hast eine schöne Stimme, in dir steckt eine Sängerin.« Bis dahin hatte ich nur für mich selbst mal gesungen und für die Kinder, leise, gedämpft, und nun sagte er: »Mach den Mund auf! Lass die Töne raus!« Ich dachte, er wollte Witze über mich machen.

Aber dann wies er sie an: »Öffne die Ohren und lausch der Musik, die ich dir vorsetze!« Er sang ihr etwas vor, dann sagte er: »Mach den Mund auf und lass *einfach* deine Stimme strömen.« Und ich sang, vollkommen überrascht von dem, was ich im Raum hörte. Es war meine eigene Stimme. Wie eigenartig, dachte ich.

Er wurde ganz aufgeregt, kam bald mit einem Packen Noten zurück und ließ sie einige komplizierte Lieder singen. Sie kannte keine Noten, aber sie sang gemeinsam mit ihm, was auf den Blättern notiert war. Da waren sie noch nicht Mann und Frau. Mireille fand seine Begeisterung über ihre Stimme seltsam, aber da sie in ihn verliebt war, öffnete sie, wenn er es wünschte, den Mund und sang für ihn.

Bald bat er sie, ihn zu Hause zu besuchen, damit er sie am Klavier begleiten konnte. Sie war sehr aufgeregt, als sie dorthin ging. Es machte sie glücklich, ihm mit ihrem Singen so viel Freude zu bereiten. Sie kann zwar bis heute keine Noten lesen, aber sie singt trotzdem vom Blatt.

Ich nehme mich nicht wichtig. Ich achte schon auf meinen Körper, auf mein Leben, aber ich betrachte mich als Gefährt, das dafür da ist, dass ich mich ausdrücken kann, als Sängerin oder in meinem Restaurant.

Dieser Mann entdeckte die anmutige, strahlende Frau in ihr. Er war der Über-

»Mireille konnte es nicht glauben, aber sie erlaubte sich, ebenso wie ihre Stimme auch diese Liebe zu leben.«

zeugung, dass ihre Stimme vollkommen sei und keinesfalls den Überbau von Ideologien verschiedenster Stimmbildner über sich ergehen lassen dürfe. Sie sollte ihrer Natur gemäß ihre Stimme zulassen – ohne Ängste, ohne Verklemmungen. Eine Arie hören – singen, ein Schubert-Lied hören – singen, ein Kirchenlied hören – singen. Und sie sang. Mireille sang.

Hatte es in ihrem Leben bisher eine Ahnung gegeben, dass in ihr eine Sängerin steckte? Wenn, dann hatte sie diese in »secrète« gehalten. Tatsächlich kam es ihr jetzt wie ein Wunder vor, was sie von sich selbst hören konnte.

Der Arzt leitete einen großen Chor. Mireille folgte ihm, sang dort als Sopranistin, und sie sang »ganz einfach« als Solistin – zum großen Erstaunen aller. Mireille sang. Sie sang sich in die Herzen der Zuhörer.

Wie lange sie schon in seinem Herzen war, gestand er ihr dann auch bald. Mireille konnte es nicht glauben, aber sie erlaubte sich, ebenso wie ihre Stimme auch diese Liebe zu leben. Obwohl ihre Stimme so rein ist, dass man unwillkürlich an einen Engel denkt, ist sie wahrscheinlich nicht unbedingt ein Engel.

Ihr Liebster hatte seine Arztpraxis in Nîmes. Er war verheiratet und hatte einen Sohn. Er blieb verheiratet, aber er zog zu Mireille. Morgens fuhr er in seine Praxis nach Nîmes, wo er Menschen, die keinerlei Versicherung besaßen, umsonst behandelte. Ein sozialer, liebenswürdiger (Land-) Arzt in der Stadt. Der aber auch cholerisch sein konnte, alle Choristen wussten »ein Lied« davon zu singen.

Der große Flügel beanspruchte viel Platz im Wohnzimmer, und an den Abenden – oder besser gesagt an Mireilles freien Abenden – wurde mit Klavierbegleitung gesungen. Und die beiden bekamen einen gemeinsamen Sohn.

(Ein attraktiver schwarzhaariger Mann, heute 26 Jahre alt, der während unserer Anwesenheit kurz mit seiner Freundin vorbeischaut, einen Kaffee trinkt und wieder verschwindet.)

Mireille arbeitete viele Jahre als Nachtschwester. All ihre familiären Aufgaben hätte sie anders nicht bewältigen können. Anfangs ging es ganz gut, denn Marise half im Haushalt, doch sie wurde zunehmend schwerfällig und schließlich pflegebedürftig, eine weitere Aufgabe für Mireille.

Ihre Kinder wuchsen heran. Der erste Sohn hatte seine berufliche Ausbildung fast beendet, als seine jüngere Schwester schwanger wurde. Sie brach ihre Ausbildung ab, bekam ihr Kind und zog wieder bei ihrer Mutter ein. Mireille kümmerte sich um alle – versorgte das Baby ihrer Tochter, ihr eigenes Kleinkind, ihre Mutter, den Haushalt, und nachts fuhr sie ins Krankenhaus, ihre dortigen Aufgaben zu bewältigen. Irgendwann arbeitete sie in der Abteilung, in der Sterbende begleitet wurden. »Eine harte Arbeit?«

Dort habe ich alles über das Leben gelernt – dort, auf der Station, in der der Tod zu Hause war.

Zugleich lernte sie, die schwierigsten Arien in allen möglichen Sprachen zu singen. Die gemeinsame Freundin erzählt von einem Sommerabend: »Mireille stand barfuß auf dem Steinboden, sie trug ein sommerliches Kleid voller Blumen, das Dekolleté braun gebrannt wie auch die Arme und Beine. So stand sie da fest auf dem Boden, eine Frau, die der Natur nahe ist, und sie sang wie eine Göttin.«

Mireilles Tochter bekam ein zweites Baby, Mireille hütete nun die beiden Enkel und sorgte für die im Bett liegende Marise.

Einmal pro Woche sang sie im Chor – eine Oase für sie, wenn auch der Chorleiter nichts durchgehen ließ und manchmal lauthals seine Kritik hinausdonnerte. Mireille versenkte wieder einen Teil ihrer Gedanken und Gefühle tief in ihr Inneres, »la femme secrète.« Sie versuchte, wo immer es nötig war, auszugleichen, doch oft brauste sein Unwetter über sie hinweg.

Nicht leicht für sie, aber im Laufe der Zeit wurde sie selbstbewusster, auch ihm gegenüber, sie ließ sich nicht mehr ganz so einfach dirigieren.

Beim Kochen sang sie die komplizierten Stellen einer Arie nach, immer wieder. Kartoffeln schälen – und singen.

Allmählich wurde es leichter in Mireilles Leben. Ihre Tochter fand eine neue Liebe, brachte ein nächstes Baby zur Welt und zog in ein Häuschen unweit ihrer Mutter. Der älteste Sohn hatte geheiratet und eine Tochter bekommen, die wohnten direkt im Haus daneben.

Mireille arbeitete immer noch im Krankenhaus, aber diese Nachtdienste fielen ihr zunehmend schwer. Nach einiger Zeit reifte in ihr der Entschluss, eine Kehrtwende in ihrem Leben zu machen.

So viel, wie ich gearbeitet habe in meinem Leben, wird es nie mehr sein dürfen.

»Sie war fest entschlossen, ›alles‹ zu ändern und neu zu beginnen.«

Ich werde ab jetzt alles tun, was gut ist für mich – ich werde mein Leben auf den Kopf stellen, egal, wer was wie dazu meint oder sagt.

Sie war fest entschlossen, »alles« zu ändern und neu zu beginnen.

Im September 2018 heirateten die beiden. Er meinte, sie sei dann wenigstens versorgt, wenn er stürbe, schließlich ist er 15 Jahre älter als sie. Aber was heißt das schon: versorgt?

Sie leben zusammen, sind gerne zusammen, ergänzen sich in vielem, haben ihre Musik, ihren Sohn Romain und mittlerweile ein kleines Häuschen, das nur für sie beide da ist. Ein alter Wunsch von Mireille.

Als sie dort hinzog, war Mireille fast fünfzig. Da begann für sie eines von vielen neuen Leben.

Ob es ihr schwergefallen sei, ihr altes großes Haus zu verlassen? Mireille verneint. Es war zwar ein schönes großes Haus, aber ich habe mich nie richtig zu Hause gefühlt. Denn wie war es früher? Alles war immer voll. Und nun? Ein Haus nur für uns alleine, die beiden Hunde nicht zu vergessen, Findelkinder sozusagen. Jetzt bin ich chez moi. Überall. In meinem Restaurant, in meinem neuen Haus.

Sie lacht und sagt: Ich lebe mein Leben. In knapp zwei Jahren Vorarbeit hat sie sich diesen Traum des eigenen Restaurants erfüllt, der nun mit ihrer Hände Arbeit umgewandelt wird in etwas, das sie ihr »neues Leben« nennt. Allerdings darf nicht vergessen werden, dass sie nach wie vor Anlaufstelle ist für viele, die sie irgendwie brauchen.

Sie hat die passenden Räumlichkeiten gefunden, sie hergerichtet, ihre Söhne haben geholfen, sie hat die nötige Küche eingebaut für 16 bis 18 Plätze. Mireille ist die Gastgeberin, die Ideengeberin, die Köchin, die beratende, Menü vorschlagende Göttin, die über ihr Himmelreich wacht und es gestaltet.

Kurz und gut: Mireille hat *ih*r Restaurant eröffnet.

Mittlerweile wissen viele, dass dieses »À la belle saison« etwas Außergewöhnliches ist. Alle fragen sich, wie macht die Frau das? Wie kann man so etwas schaffen?, bemerkt Mireille lachend. Aber es ist gar nicht schwer. Es ist ja meins, ich will es so und gestalte es auf meine Weise.

Sie hat mittags und abends geöffnet. Sie kauft alles selbst ein, plant, kocht, bedient, räumt auf, nimmt sich Zeit für die Menschen und macht all den Papierkram. Sie

»Als wir den café zu uns nehmen, empfinde ich eine ganz besondere Dankbarkeit. Dieses Essen hat mich glücklich gestimmt, meine Saiten durften schwingen.«

kennt sich bei Weinen aus, und sie weiß um die gesunde, mediterrane Küche.

Das alles macht mich glücklich. Mein Leben früher war viel anstrengender. Ich hatte den Tod um mich, nun wandle ich den Alltag um für die Menschen.

Es geht um Leben und Lebensfreude. Das war mein Traum.

Ihr Mann hat seine Praxis aufgegeben. Er wird in diesem Jahr 73 Jahre alt. Er ist daheim, wenn er nicht mit dem Chor probt. Mireille ist aufgebrochen in ihr eigenes Leben. Sie verfolgt täglich ihren Traum. Sie arbeitet und dient (!) für gutes Geld. Das, was sie früher »umsonst« getan hat, bekommt jetzt eine Ziffer auf dem Papier: Sie stellt die Rechnung aus. Die Gäste bezahlen gerne für die wundervollen Momente, die sie erlebt haben.

Ihr Mann? Er ist jederzeit willkommen an einem meiner Tische, bien sûr, als ein Gast wie jeder andere auch.

»Du hast schon viele Leben gelebt«, sagt unsere gemeinsame Freundin, und Mireille nickt zustimmend.

Zehn Jahre lang hat sie als Nachtschwester auf der Palliativstation gearbeitet. Die Freundin sagt: »Vor Jahren bist du zu uns zu einer Silvesterfeier gekommen und hast so von innen heraus geleuchtet. Du sagtest, du hättest gerade einen alten Mann in den Tod begleitet.«

In Mireilles Augen treten Tränen, kullern über die Wange, sie wischt sie nicht fort, lässt sie laufen. Sie erzählt, wie stark die Sterbenden sie beschenkt haben. Erzählt von einem 19-jährigen Mädchen, krebskrank, das unbedingt Abitur machen wollte. Die Behörden wollten es ihr nicht erlauben, da sie sowieso bald sterben würde. Sie hat darum gekämpft. Als sie das Abitur bestanden hatte, ist sie gestorben.

Die Sterbenden haben mich so viel gelehrt.

Ich frage: »Was?«

Sie lächelt: Dass das Leben kostbar ist. Dass wir es leben sollen. Nicht auf irgendetwas warten, jetzt tun, was jetzt ansteht.

Als wir den café zu uns nehmen, empfinde ich eine ganz besondere Dankbarkeit. Dieses Essen hat mich glücklich gestimmt, meine Saiten durften schwingen. Und Mireille hat nicht nur durch ihr Essen Saiten in mir angeschlagen. Zwischen uns hat sich eine zarte Vertrautheit entwickelt. Ich bin dankbar für ihre Offenheit. Und nun ist sie sogar bereit,

Lena für ein paar Fotos zur Verfügung zu stehen.

Merci beaucoup, Mireille!

Am nächsten Tag fahren wir nach Mamère, wo es ein Konzert gibt, Chor und Solisten, geleitet von Mireilles Mann. Der Chor ist ein normaler Chor, wie er an vielen Orten existiert. Die vier Solisten sitzen vorne. Ein netter Chor mit guten Stimmen, aber für mehr als diese Dorfkirche reicht es nicht. Doch dann steht Mireille auf und öffnet den Mund, und über meine Arme und meinen Rücken laufen Schauer. Wo kommt diese Stimme her? Das ist nicht zu fassen! Aus diesem eher irdisch bäuerlichen Körper, diesem Gesicht, das Mütterlichkeit ausstrahlt und eine völlig unkokette Freundlichkeit, fließen Töne, die zu schön sind für diese Umgebung, zu einzigartig, kraftvoll und anmutig zugleich. Eine Engelsstimme. Ich kann es nicht fassen!

»Wo kommt diese Stimme her?«

Wir müssen eher gehen, weil der Mann unserer Freundin in der Kirche seines Wohnorts auch ein weihnachtliches Konzert hat. Als ich die Tür hinter mir schließe, werfe ich noch einen Blick zurück. Mireille winkt mir lächelnd zu. Sie wirkt genauso, wie sie es gesagt hat: in sich selbst zu Hause.

Gleich wird sie nach Nîmes fahren, heute Abend hat sie réservations, wie sie gesagt hat. Heute Mittag hatte sie auch schon Gäste im Restaurant. Und zwischendurch die Engelsstimme.

Als wir im Restaurant über die Gilets jaunes sprachen, sagte sie: Manchmal gibt es den Moment, da muss man den Mund aufmachen!

Ja, Mireille, so ist es. Aber wenn du den Mund aufmachst, perlen daraus Töne, die nicht von dieser Welt zu sein scheinen.

ÜBER DIE AUTORIN

Elke Vesper studierte in Köln, wo sie in Literatur und Philosophie promovierte. Sie war u. a. Fremdsprachenkorrespondentin, Lehrerin, Tanz-, Paar- und Psychotherapeutin, schrieb diverse Features für Rundfunkanstalten. Seit 1982 veröffentlicht sie auch Romane. Dabei bereiste sie die Welt, lebte in Köln, Frankreich, Spanien und heute in Hamburg. Sie hat drei Kinder und fünf Enkelkinder.

ÜBER DIE FOTOGRAFIN

Lena Jacobsen, 1981 in Hamburg geboren, studierte Medien- und Kommunikationswissenschaften und Ethnologie, bevor sie sich gänzlich der Fotografie widmete. Seit 2015 arbeitet sie freiberuflich als Fotografin für Mode, Beauty und Porträt, wobei in ihren Arbeiten auch gerne gängige Schönheitsideale hinterfragt werden. Nach einigen Jahren in Südafrika lebt sie mittlerweile mit ihrer Familie in Portugal.

DANKSAGUNG

Als Erstes möchte ich mich bei den wundervollen Frauen bedanken, die mir ihre Türen geöffnet und ihr Vertrauen geschenkt haben, und mit denen ich mal längere, mal kürzere aufregende Gespräche führen durfte.

2018 begann ich mit den Interviews. Vier Jahre sind eine lange Zeit.

Ohne die Unterstützung meiner Kinder, meiner Freundinnen und Freunde hätte ich dieses Projekt vielleicht zwischendurch aufgegeben.

Ganz besonders danke ich meinem Sohn Robin, der nach meinen beiden Krebsoperationen bei mir war und für mich und meine Hündin Luna gesorgt hat.

Tiefen Dank möchte ich auch meiner Freundin Ursula und meinem Freund Harald ausdrücken, die nach der Vergiftung meiner Hündin Luna so nah bei mir waren und mich aufgefangen haben. Und nicht nur dann.

Auch Regine und Bruno, Katja und Kai, Katja und Peter danke ich von Herzen für ihre Freundschaft und Wärme, für ihr Interesse an diesem Projekt und ihre Aufmunterung, wenn es nicht voranzugehen schien.

Edgar danke ich für sein Interesse und die Tipps, welche Frau vielleicht interessant für mich sei, was zu den Gesprächen mit Halima Krausen und Margot Käßmann geführt hat.

Meiner Tochter Mareike danke ich für die fast täglichen Telefonate auch während meiner langen Reisen, die ich ganz allein mit meiner jungen Hündin Minou in diesem Jahr unternommen habe.

Meiner Tochter Anja danke ich sehr für die wärmenden Socken, die sie mir aus Island mitgebracht hat. Wärme für die Füße ist auch Wärme für die Seele.

Seit einigen Monaten hat dieses Buch nun ein Zuhause im Knesebeck Verlag gefunden. Ich danke sehr Hans Peter Buohler, der sich für dieses Projekt eingesetzt und mich ermuntert hat, dranzubleiben.

Von Herzen gilt mein Dank Anja Sommerfeld, die mich im Verlag betreut und begleitet, sei es bei der Titelfindung, der Kürzung auf ein vertretbares Maß, der Herstellung eines ansprechenden Buches. Ihre präzise und zugleich sensible Art hat mich sehr beeindruckt. Dies ist meine 19. literarische Veröffentlichung, ich habe mit vielen Verlagen zusammengearbeitet, und Frau Sommerfelds Engagement ist etwas, das sich jede Autorin wünscht.

Auch möchte ich herzlich Werner Irro danken, ich war anfangs etwas skeptisch, ob ein männlicher Lektor in diesem Fall der richtige ist. Aber er ist sehr aufmerksam und respektvoll (besonders in Hinblick auf all die porträtierten Frauen) mit mir und meinem Text umgegangen.

Last but not least gilt mein tiefer Dank Lena Jacobsen, die in ihrem prallen Leben während der vier Jahre immer wieder Zeit gefunden hat, sich achtsam und professionell den jeweiligen Frauen zu nähern. Unsere gemeinsamen Reisen nach Spanien, Frankreich, Österreich, in die Schweiz haben viel Spaß gemacht.

Danke, Lena!

IMPRESSUM

Deutsche Originalausgabe

Ein Unternehmen der Média-Participations

Fotos © Lena Jacobsen

Projektleitung: Anja Sommerfeld, Knesebeck Verlag
Lektorat: Werner Irro, Hamburg
Gestaltung und Satz: Heike Kluge, Herdecke
Herstellung: Arnold & Domnick, Leipzig
Druck: DZS Grafik
Printed in Slovenia

ISBN 978-3-95728-694-9

www.knesebeck-verlag.de

MIX
Papier aus verantwortungsvollen Quellen
FSC® C106600